창업, 축의 전환

창업, 축의 전환

초판인쇄 | 2021년 8월 10일
초판발행 | 2021년 8월 20일

지 은 이 | 김삼문
편집주간 | 배재경
펴 낸 이 | 배재도
펴 낸 곳 | 도서출판 작가마을
등   록 | 2002년 8월 29일제 2002-000012호
주   소 | 부산광역시 중구 대청로 141번길 15-1 대륙빌딩 301호
　　　　　　T. 051248-4145, 2598　F. 051248-0723　E. seepoet@hanmail.net

ISBN 979-11-5606-173-1 03810　정가 18,000원

창업, 축의 전환

김삼문 지음

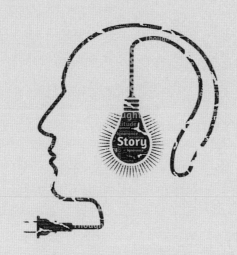

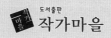

도서출판
작가마을

어느 세대보다 베이비부머 세대의 노동시간이 지고 있다. 세대융합의 정신으로 한 시대를 노동과 성장의 축으로 살아냈지만, 세계적인 3저 물결과 탈 노동사회로 어려운 환경을 맞이했다. 부모는 일자리를 구하기가 힘들고, 자식은 취업의 준비가 어려운 현실을 같이 겪고 있다. 그리고 코로나19로 겪지 못한 일을 겪으면서 세계보건기구(WHO)가 결국 신종 코로나바이스 감염증(COVID-19)에 대한 팬데믹(세계 대유형)선언을 했다. 현재 경제 환경은 무엇보다 위기를 잘 극복하는 협력정신이 필요한 시점이다.

새로운 세대와 산업은 세계적으로 4차 산업혁명으로 초연결 혁신의 시간들이 요동치고 있다. 이러한 현실에 기존 기업들의 혁신적인 성장도 있겠지만, 새로운 시장에 도전하는 스타트업과 재창업으로 경영은 사회적 공간으로 조성되는데, 창업을 선뜻 하겠다고 나서는 창업의 도전정신이 현저히 부족한 상태이다.

시장은 창업가가 적다보니 일자리 사정이 더욱 어려워질 것으로 예측이 되고, 사회는 농어촌 붕괴와 저출산으로 사회는 불균형으로 이동되고 있다. 우리 사회는 이미 초고령화 사회에 진입이 되었다. 그렇다보니 평균수명이 늘어나게 되면서 사회활동은 일생에 한번은 창업할 수밖에 없는 세상이 되고 있기에 세대의 흐름과 사고의 이상으로 도전을 할 수 있는 배경으로 편집해 보았다. 그동안 우리는 성장의 세대를 겪으면서 취업의 성장 시대에서 창조의 세대로 융합의 협력 시대를 맞이했다.

즉 창업을 시작한다는 것은 창의적인 사고의 종합적인 예술작품의 시작이다. 어떤 시인이 시의 언어조합 기술에 따른 하나의 시적 예술작품으로 고객의 심금을 울리는 것과 같은 종합예술의 시작이다 했다. 즉 시를 쓰는 작가들 작품이 자아가 중심이 되지 않고 대상 스스로 존재성을 드려낸다는 차원에서 창업을 시작하는 창업자는 고객 존재감에 대한 활동을 중시 한다는 것 자체가 공통점이 많은 창조의 예술이다.

그래서 인공지능 사회의 성장의 축은 새로운 창조의 연결성이 필요하다. 잘 아시다시피 창조는 살아 있는 생물체와 같기에 일반적인 창조는 의식주를 위해 일은 실존의 가장 기본이 된다. 그리고 사람이 생각하는 차원 높은 실존 일은 창의나 창조가 기본이 되는 생존의 충족만으로 인간사회에 만족한 삶을 실현될 수는 없다. 그래서 고객을 위한 창업은 기본이요, 하나의 상상의 가치를 기반으로 기존의 시장에 파괴적인 시장의 창조 혁명이 절실히 필요하게 된다.

자연을 통한 자연생태계의 파괴적 연결은 어떠한가!
수많은 자연생태계 중에 거미Spider는 생활 장소와 분류계통 사이에 밀접한 연관성이 있는 동물이다. 거물치기거미는 인간에게는 없어서는 안 될 익충 동물로 해충의 개체 수 조절에 커다란 영향을 끼친다. 또한 거미는 거미줄을 쳐서 곤충을 잡아먹고 살기 때문에 겉보기보다는 재주가 있다는 것으로 빗대어 가난한 사람이 스스로 위로하는 말로 '산 사람의 입에 거미줄 칠까' 라는 속담이 있을 정도로 모성애가 강하다. 그리고 거미 중에 그물치기거미는 공간에 그물을 친 뒤 먹이가 걸리기를 기다렸다가 잡아먹는 습성으로 유명하다.

창업의 파괴적인 연결도 거물치기거미와 비슷한 생태계로 볼 수 있다.
살아가는 공간 속에서 가급적이면 세계 시장에 거미줄처럼 연결 중심 사회에 필요한 창조적 가치 활동이 가능한 정신이 필요하다. 또한, 각국의 사회 공간은 누구나 도전 할 수 있는 창업 생태계를 제공하며, 창조적 가치로 성장이 되면 그만이다. 하지만 보편적인 창업이 대다수이다. 즉 스타트업은 준비 과정이 부족한 도전으로 창업자는 실패의 생태계로 경험하기도 하고, 재도전하는 뉴딜의 정책이 필요하기도 한다. 반대로 기술창업으로 준비된 창업자는 세계적으로 성공한 창업가 입지의 생태계로 가파르게 세계시장으로 성장, 기존의 시장을 파괴경제로 변화시키는 유니콘 기업으로 성장하기도 한다.

물론 이미 세계적인 기업으로 진입한 애플, 구글, 삼성전자, 아마존 등의 기업들은 전 세계 시장을 견인하며 성장하고 있다. 그러나 기업들은 지속적인 파괴적 혁신의 경제로 창업 생태계를 리드해야만 살아남을 수 있다. 이러한 시장에 젊은 일꾼들이 스타트업을 시작으로 페이스북, 유튜브, 인스타그램, 알리바바, 네이버, 카카오, 쿠팡 등 그 자체가 창조적 혁명이라는 사실을 증명하고 있는 것은 배울 점이 많은 기업가 정신이다.

그래서 우리에게는 파괴적 경제로 도전하는 기업가 정신이 무엇보다 필요하다.

과거의 빠른 모방의 일반적인 창업 형태보다는 4차 산업혁명 기술적 기반의 학습으로 파괴적인 창조경제 도전이 무엇보다도 중요한 시점이다. 왜냐하면 과거의 기업들 운영 방식과 정책구조는 다수 수동적, 집단적 행동중심으로 진입이 되면서 노동집약적 성장이 되었다고 볼 수 있다. 그리고 경영은 고도성장에 필요한 하향식, 중앙집권적 정책으로 운영과 성장이 되면서 성장과 여러 문제점을 남기게 되었다. 새로운 도약이 필요한 현재는 새로운 생산 방식과 파괴적인 연결구조로 고객이 원하는 가치로 바로 진입이 가능해야 하고 편리성과 합리적인 서비스 요구의 정신에 협업이 가능해야한다. 그리고 경영은 국경 없는 전략적 접점으로 연결중심사회에 능동적 기업 환경들이 소프트화 되어 가고 있는 것에 주목해야한다. 이미 세계적인 기업들로 성장하고 있는 기업들을 조사해보면 국가적, 지역적 참여 관습으로 인한 정책보다는 자율적이고 파괴적인 네트워크 환경으로 급성장하고 있는 것을 알 수 있다.

창업으로 성장이 가능한가?

창업으로 성장하는 국가는 국가적 정책과 창업의 생태계로 국가 거버넌스 정책 활동도 중요하다고 볼 수 있다. 그리고 창업의 생태계는 혁신자가 꿈꾸는 자들로 파괴적인 혁신이 가능하게 지원하고 관리가 필요하다. 즉 창업국가를 지향하는 정책을 입안하는 중앙정부와 지방정부간의 거버넌스 활동은 빠른 혁신이 더 현장에 필요하고, 그동안 대기업 정책과 수도권역이 왕성하였다면 연결의 사회에서는 전 국토를 고려하여 그 과정은 수직적 통제와 관습보다는 민간참여와 투자 정신을 이끌어 내기 위한 현장이 다양해야한다. 특히 중앙정부에 권한과다로 분산정책에 따른 지방정부의 혁신은 국가균형발전, 규제개선, 벤처정책, 중견기업 육성 등의 정책들로 늘려 나가야한다.

지방정부의 혁신을 이끌어내는 공간에서 창업의 한계성이 있기에 이 책에서도 시대적 흐름을 통한 혁신의 과정과 더 진화된 뉴딜의 정책이 필요한 부분에 서술하였다. 즉 MZ 전후세대 시대적 대안으로 현장을 중시하는 기업들이 느끼는 수평적 관계, 빠른 정책, 장기적 모형 등으로 참여하는 기업가 정신에 자율성과 독립성 정책은 아직도 갈 길이 멀게 느껴진다. 그래서 이 책에서는 해방 이후 고도화 성장시대의 혁신에 함께한 정부와 민간이 협업하는 정책 속에서 민주주의로 성장한 경험의 시간에 주안점을 두면서 민주화 경제에 필요한 기업가 정신을 펼쳐 보았다. 그리고 저자로써 기대지수는 '창업, 혼자 힘으로 하다'(도서출판 전망) 발간으로 창업을 이해하였다면 '창업, 축의 전환'(도서출판 작가마을) 편집으로 창업의 성장과 뉴딜의 정책을 견인하는 기반은 어떨까 욕심을 내어 본 도전정신의 필요성이다.

또한, 현재에 처한 베이비부머세대의 인생은 '이모작 인생'으로 혁신이 가능할 수 있고, 중소벤처기업으로 한 시대를 견인할 수 있기를 바라면서 부족하지만, 두 번의 벤처 경험과 경영을 통해 고객의 경험의 경제로부터 벤처 1세대의 정신의 성장에 매진해 보았던 경험자로 국내 스타트업의 도전정신에 한 단계 발전시킬 수 있는 창업 생태계가 되었으면 한다.

이 책에서는 시대를 읽어내는 사회 공간에 창업에 성공하기 위한 용기를 내는 것부터 어떻게 준비된 창업을 할 수 있는지 이해할 수 있도록 사례와 뉴딜의 정책을 통해 창업의 경험과 지식의 내용으로 소개하고 있다. 아울러 창업의 문제만 해결하고자 하는 것이 아니라 정치개혁, 정부혁신, 양극화 문제, 불평등 구조 등의 사회적 문제의 현실을 통찰하고 새로운 도전정신이 필요한 부분에 많은 주안점을 두었다.

누구나 도전의 뉴딜New Deal의 정책은 창업국가로 창업자는 기회로부터 파괴적인 경제로 공정한 기회로부터는 실패보다는 성공을 위한 혁신의 뉴딜New Deal로 창업국가의 일자리가 넘치는 이상이 되었으면 한다.
고맙습니다.

2021년
김삼문 교수

김삼문 창업 에세이

차례

창업, 축의 전환

● 제3장 _ 창업, 몰입의 뉴딜(New Deal)

제 1 장

창업, 촉의 발상

취업보다 창업(Venture start-up) 💡

  꿈 많은 청춘은 긴 터널을 빠져나갔다.

  터널 속에 있을 때에는 늘 거미와 함께 살아왔다. 어느 날 거미줄거미가 거미줄을 치고 기다리다 활동하는 모습을 관찰하게 되었다. 내가 본 거미줄거미는 거미줄 따라 빠르게 노련한 모습으로 연결의 왕의 귀족으로 살아가는 모습을 보게 된다.

  그러한 거미살이 자연의 생태계에서 먹이사냥을 하는 것을 보면서 한 젊은 청년이 손뼉을 치면서 '야 바로 이거야.' 나는 분명이 생각하는 사람으로 태어났어! 그러니까 나와 비슷하게 생각하는 사람 또는 나와 전혀 다른 관점의 사람들과 하루에 한명씩 만나 거미줄처럼 사람 속의 네트워킹 하면 어떨까, 이렇게 시작일은 빠듯하게 잘 짜인 공부보다는 끼가 많은 사람과 끼 많은 사람들이 현장에 있는 곳으로 향했다.

  그렇게 생각을 하면서 나는 늘 열정적으로 인맥 활동이 가능했다. 그러다보니 자신의 모습은 이미 파마머리로 사회를 두려워하지 않는 자유분방한 사내로 성장하고 있었다. 자연이 주는 넓은 초야에 야행성으로 밤낮 먹이사냥을 하는 늑대마냥 떼를 지어 다니는 문화에 익숙해졌다. 그러한 시간도 그리 길지는 않았다. 한 남자로 태어났으니 군복무는 꿈 많은 청춘, 인생의 설계에 주안점이 되어 그 꿈의 연결이 왔다 갔다 했다.

하지만 파마머리 총각은 호기심으로 사회의 소비층을 대상으로 하는 비정규직 직업이 생겨서 어른들처럼 일정 소득의 수입으로 성장이 가능했다. 그 소비층은 오늘날까지 이어지면서 강남의 부자로 살아가고 있다. 아마도 서울올림픽 개최를 앞두고 미래의 소비층이 늘어난 시기로 현재 우리나라 1번지 강남 구역이 개발된 시점이 된 것이다. 가끔 웃음 이야기로 그 때 강남에 가서 땅 1평을 사서 두었다면, 하고 농담 섞인 이야기들로 술잔을 나눠보기도 한다. 자랑 같지만 파마머리 총각은 군에 입대하기 전에 월 소득으로 축척된 돈을 금융권 장기 예탁될 정도로 성실의 대가가 되어 있었기 때문이다.

긴 터널의 험난한 가난은 친구이자 시련의 실마리였다. 하지만 누구나 국방의무를 마쳐야하듯이 국방의무 시작으로 남자답게 안정기를 거치면서 1987년 12월 제대를 하면서 긴 터널을 끝내는 큰 밑그림을 그리는 기회가 되었다. 꿈이 많은 사회의 시작은 일명 어른들 말로 세근이 든 까까머리 총각으로 사회관계망에 거듭날 수 있는 시작을 열고 있었다. 이미 한번 경험한 소비계층의 특성을 알고 있었기에 사회관계망은 그다지 어려운 생각이 들지는 않았다. 특히 1988년 서울올림픽 개최를 염원하는 축제는 커다란 기회의 시장이 될 수 있었고, 그동안 인적네트워킹 한 자원을 통해 충분하게 시장 진입에 검증이 가능한 자신감이 세워졌고 또 실행이 가능했다. 국가적으로 서울올림픽 개최를 남겨두고 국가의 성장을 전 세계에 네트워킹이 되었고, 끼 많은 국민의 한 사내는 짜인 공부보다는 스스로 자율적인 활동적 가치실현으로 성장의 실행설계를 완성하였던 것이다. 그 꿈이 가능한 대한민국 한 국민으로써 취업보다는 개인 벤처 창업 회사설립으로 활동이 가능했던 기억이 지금도 가슴을 설레게 한다.

잘 아시다시피 창업을 했지만 너무 젊은 나이이다 보니 주변에서는 모두가 불안해하였고, 사회를 그렇게 잘 알지 못하는 나이였기에 고객관계성 등이 걱정이 되었다. 그러나 남자로 태어나 다소 걸림돌이 되는 국방의 업무도 잘 마쳤으니 본인이 생각하고 진행하는 아이디어가 시장으로부터 왕성하게 진입만 할 수 있다면, 하는 용기는 어디서부터 왔는지 지금 생각해도 잘 모를 정도로 무無대뽀 정신이었다.

아마도 지금 생각해보면 가난에서의 탈출, 남들과 다른 길, 부족하지만 준비된 자원, 절박한 심정으로 강한 욕구가 있었기에 가능했다고 보여 진다. 남자든 여자든 누구나 처한 환경의 변화에 따라 사회에 진입하는 형태는 각자가 다르게 진입할 수 있다고 자신을 달래며 이겨 낼 수 있는 자아발견이 아니었을까 생각을 해본다. 특히 끼가 많은 성격이다 보니 창의적인 생각들을 실행력으로 옮기는 활동이 다른 분들보다는 빨랐기에 가능했다고 본다.

자연생태계 거미줄거미의 먹이사냥을 보면서 평소 생각하는 동물도 인적네트워킹 자원은 때로는 멘토로 때로는 친구로 창업의 시작부터 필요한 자원을 아끼지 않고 투자를 늘려 나갈 수 있는 것들에 힘이 되어 주었다. 그 당시 느꼈던 기억으로 분명한 것은 사회가 요구하는 사회적 활동 가치들이 서로가 다르게 시작될 수 있다는 것은 분명했고, 누군가에 의해 용기를 낼 수 있게 조언을 받았다. 그러다보니 취업보다는 창업으로 분명하게 남들과 다르게 살아갈 수 있다는 용기와 성공할 수 있다고 내내 자신을 되돌아보게 했다. 또한 평소의 생각하는 사람들과 인적 자원은 늘 나침반 같은 신뢰로 한 핵심지표에 의한 핵심목표 달성이 가능하게 신뢰경영을 할 수 있었다.

요즘 우리사회는 불확실한 정보가 풍부한 현대사회로 표출되기도 하고 표현하는 내용은 금 수저, 은수저 비교 대상에 따른 사회로 도전정신이 부족한 상태이다. 특히 불평등 사회와 고용 없는 성장시대를 맞이하고 있는 세계적인 추세이다 보니 우리나라도 피해갈 수 없는 현실을 맞이하였다. 그렇다보니 현재의 젊은 세대들은 각자가 문제점을 해결하기 위한 노력과 도전보다는 사회의 진입을 보다 장기적이고 안정적인 진입사회로 접근을 하고자하는 통계가 늘어나는 추세에 사회를 더 불안하게 한다.

필자는 벤처 창업을 시작으로 남들과 다른 사회를 경험했지만 현재도 살아가는 데는 아무런 불편점이 없다. 그렇다보니 보다 낳은 사회를 위해 현장에서 살아낸 세월을 엮어서 사람들과 생활권역에서 보다 다양한 사회적 변화와 혁신이 가능한 도전정신이 필요했다. 그래서 본인들이 펼쳐보는 희망의 씨앗이 되었으면 하는 일들로 사회를 보다 건강하게 대처 했으면 한다.

이미 우리는 불평등 사회를 해결해야 하는 문제점을 두고 있는 것이 사실이다. 이러한 불평등 사회는 여러 형태로 해결해야할 일들이 많겠지만 사회 초년생으로 또는 창업을 꿈꾸는 사람들이 취업보다 창업으로 살아갈 수 있는 길은 어떨까?

가령 불평등 사회를 해결해 나갈 수 있는 용기와 기회로 도전하고자하는 창업가에 때로는 멘토로 때로는 친구로 창업가 활동촉진에 북돋을 기업가 정신과 경험의 콘텐츠는 하나의 해결할 수 있는 비타민이 될 수 있다. 그래서 그동안의 경험과 지식을 편집하면서도 도전하는 불균형 사회에서 처한 환경은 그 어느 때보다 매우 어렵다는 것을 이미 다 아는 사실이고 그 사실은 우리가 혁신을 통해 리더 해야 한다. 특히 세대 불균형 사회로 이동되고 있는 문제점은 극한 처방으로 해결해야할 큰 과제이다. 이미 현실에 처한 환경은 잘 아시다시피 현대사회는 노인이 노인을 모시는 초고령화 사회 진입으로 세대협업이 매우 필요한 시대정신을 가지고 있다. 그래서 하루 빨리 세대융합에 필요한 정책을 입안하고 장기적인 처방으로 실행에 옮길 수 있는 혁신이 필요한 시점이다.

어디 그 뿐인가!

젊은 사람들의 결혼 문제는 어제 오늘의 일이 아니다. 불균형 도시로 겪고 있는 농어촌 도시에는 아기들의 울음소리를 들은 지가 얼마나 오래되었는지 까마득하다고 한다. 그렇다보니 불균형 도시로 인해 겪는 도시문제, 불균형 인구 감소 등에 따른

* 불균형 세대가 겪는 문제
* 적어지는 일자리로 인한 불균형 사회의 문제
* 세계적인 저성장으로 인한 저성장 국가문제
* 소득 저하되는 불균형 소득사회
* 취업의 관문은 노동권의 불균형 사회 등으로 사회 초년생이나 현재 사회에 동참하고 있는 세대들조차 한시 앞을 가늠하기 힘든 시기를 맞이하고 있다.

그렇다고 불평만 하고 있을 수는 없다.

취업보다는 창업으로 선택한 베이비부머 세대로 88년 그 당시는 지금보다는 훨씬 더 취업하기는 좋은 시절이었다. 물론 지금도 남다른 노력의 취업으로 장기적이고 안정적인 생활이 가능한 분야나 국민이 납부한 세금으로 월급 받는 사람들로 취업할 수 있다. 지난 일이지만 서울올림픽 개최로 우리나라는 국제적인 국가 위상을 드높이는 나라로 거듭날 수 있었다. 이 시기에 성장하는 국가나 개인 등 온 국민들은 희망찬 사회를 맞으며 아낌없는 지혜와 용기로 알찬 기회를 만들어 나갔다. 그러나 어느 시기나 국가 성장이나 개인들의 시장은 누구

에게나 취업의 시장도 중요하다. 또 창업도 취업보다는 위험 지수가 높더라도 한 카테고리로 해결 방안이 될 수 있다고 생각한다. 그래서 인지 이번 정부에서도 창업관련 정책과 많은 예산 투입으로 성장을 촉진하고 있다.

창업으로 사는 인생이 나쁘지는 않다.

지난 일이지만 벤처 창업(Moon 23세 나이)으로 살았던 젊은 날도 상당히 괜찮은 인생이었다고 생각한다. 왜냐하면 후회보다는 경험의 사회 일들에 준비된 벤처 창업가로서 행동으로 옮길 수 있었기 때문이다. 물론 취업으로 고용을 보장받거나 때로는 창업으로 성장하는 회사에 취업도 할 수 있었다. 그리고 도전시장이 실패로 인해 어려운 환경으로 위기를 맞이 할 수 있었을 것이다.

그렇지만 젊어서부터 취업보다는 창업자로 살아가기로 결심하고 창업 틀의 공간 속에서 고객으로부터 비즈니스 검증을 통한 맡은 바 책무를 다하며 살아가는 것도 크게 나쁘지는 않게 생각 되었다. 그런저런 잡다한 생각들을 저버리고 벤처 창업(Venture start-up)의 정신으로 무장된 총각 사내의 맨주먹(벤처정신)으로의 출발의 계기는 지금도 잊을 수 없는 열정의 시간이다. 바야흐로 1988년 4월의 봄은 어느 해보다 따뜻한 해로 그동안 준비한 쌈지 돈(벤처 창업)은 창업시작에 큰 힘이 되었고 끼 돌이로 평가 받은 사회 초년생의 왕성한 활동은 사업을 하는 동안 내내 큰 자산이 되었다.

그렇다 누구나 비슷한 경험을 했겠지만 젊은 시절 도전과 젊은 세대의 상상은 또 다른 콘텐츠 비즈니스 시장으로 성장을 견인한다는 사실이다. 세대융합의 창업이 아닌 스스로 창업한 88년 봄날은 지금 생각해 보아도 상당히 괜찮은 도전의 봄날이었다. 벤처 창업은 불확실한 시장이지만 도전하는 사람들에게는 언제나 기회의 시장(벤처성장)

으로 견인하거나 이동한다는 것을 경험과 언론을 통해 접할 수 있었기에 더욱 더 용기가 났다.

 잠시 근대사회를 되돌아보면 우리나라는 해방 전에 온갖 수난을 겪어낸 격동의 시련을 보낸 국가이다. 그러다보니 해방 이후 추구해온 사회는 자유로운 자본주의를 표방하며 국민소득 성장이 무엇보다도 필요로 하는 시대였다.
 특히 국가정책으로부터 산업화 성장에서 우리 사회는 보이지 않은 민주적 경쟁구도로 성장하는 자본주의 실증 국가였다. 그렇다보니 국가나 개인의 성장으로 인해 타 국가나 개인 소득이 남달리 빠르게 실현이 가능해졌고 추구해야 하는 그 이상의 가치들이 필요한 시장으로 혁신이 거듭 강조되고 또 실현되었다.
 그러한 현장에는 공공사업과 민간 산업화 육성으로부터 경제부가에 따른 성장과 복지 등이 다소 불균형으로 성장할지라도 가난한 나라가 잘 사는 나라로 거듭날 수 있는 성장 가능한 상호작용에 따른 국민과 개인, 가족으로 대기업 만족 프로젝트가 가능했다.
 우리는 이러한 사회가 추구하는 삶을 살고자 근검절약과 성실한 태도로 살아왔으며, 내 자식만은 남다른 학습으로 취업이든 창업이든 사회적 가치 실현이 가능하도록 교육에 많은 투자를 했다. 그래서 다른 나라에서는 국가보다 각 가정의 교육에 관심을 기울이며 부러워하는 벤치마킹 목적의 방문을 하기도 했다. 그러다보니 오늘날 가정으로부터 착한 사회인으로의 활동은 빠르게 착한 사회로 시작되었고 또 빠른 성장국가를 국민의 힘으로 거듭나게 되었던 것이다.

 취업(대기업과 공기업 성장 뚜렷 등)은 다양하고 좁은 문이 결코 아니었다.
 국가가 성장하고 국민이 보다 잘살게 되니까 성장 정책들은 국가가 표방한 학교 늘리기였다. 국민 스스로 우리 세대에는 공부도 못하고 어려운 시련 속에 살았지만 자식들만큼은 오직 학습이 가능한 교육열기와 산업화 실증은 그야말로 날로 성장할 수 있었던 것이다.

이 시기에 국가나 기업 성장이 왕성할 때 덩달아 개인 소득에 연관된 인건비 상승에 따른 취업을 하기에는 지금보다는 훨씬 쉬운 형태였으며 또 그렇게 취업한 사람들은 하나같이 열심히 일을 했다. 예로 그 때 당시 국가의무교육(중등교육) 이후 맞춤형 교육과 특화된 제도에 따른 공고, 상고, 농고, 야간고등학교, 검증고시 등 졸업을 시작으로 선 취업 후 진학이 가능했다. 이러한 환경은 경제 성장에 동반 성장이 가능한 노동문화로 연결이 될 뿐 아니라 우수한 인재들이 다양한 전공분야로 조기에 취업하면서 학습 과정을 다양하게 추가 전공 할 수 있기에 좋은 정책이었다고 생각한다.

그렇게 각 분야별 전공한 인재들은 선 취업으로 자동차 관련 산업과 금융업 등으로 동반성장을 견인하는 역할을 하였다. 그러다보니 산업체에 맞춤형 취업하는 것으로 취업자는 어쩜 평생직장을 보장받아 학습까지 지원을 받으며 직입과 공부를 하기가 수월했던 취업의 생태 환경이 좋은 편이었다. 그런데 다소 아쉬움이 남는 것은 그 당시 선 취업 후 진학이 가능한 구조로 전환이 되면서 대학에서 추가 전공을 살려 학습이 가능한 사람은 혜택이 부여 되었지만, 산업체 취업에 만족하면서 추가 학습이 전환되지 않은 사람들에게는 정책육성 프로그램이 개인 역량개발에는 많은 아쉬움으로 남게 되었다.

현재는 높은 교육수준으로 다른 구조 취업형태로 진행이 되고 있지만 취업의 관문이 많이 좁아진 것에는 틀림없다. 그러다보니 누구나 다多 체계적인 다多 학습으로 후 취업으로 사회에 진입하려고 하다 보니 여러 사회적 제반문제가 발생하고 있다.

예전의 정책이었지만 선배 세대들이 산업화 전선의 취업 활동을 통해 잘 사는 나라로 산업화 한 활동과 교육학습 추가 경험으로 회사의 발전은 물론 사회 공동체 정신의 열기는 대단했다. 지금의 정책들은 산업화 활동에 필요한 여러 기능들로 진행이 되고 있지만 취업들이 다소 불균형 구조로 고학력자들이 원하는 직장을 찾기에는 필요한 존재의 문지방이 더 어려운 환경이 아닐까 생각해 든다.

물론 더 나은 취업과 교육의 생태계로 더 좋은 산업화 활성화와 노조문화 등의 성숙된 시장을 이끌 수 있겠지만 현재 처한 환경은 참으로 어려운 숙제를 남겨 두고 있다. 특히 베이비부머 은퇴시기로 인한 현재의 사회적 취업의 관문 불균형(노동과 경영, 학습의 미스매치 등)으로 풀어야할 큰 숙제로 크게 남겨 두게 되었다.

창업의 환경은 어떠한가!

Moon이가 창업을 시작할 무렵은 국가성장 차원에서는 88년 서울올림픽을 개최로 국가적 이미지가 크게 성장하는 시기였다 그 당시 88년 서울올림픽(9.17~10.2)은 한국선수(477명, 임원125명) 외 159개국(8,397명)의 선수들이 23개 종목에 참가하여 성황리에 개최 되었다. 대한민국은 국제올림픽위원회(IOC), 대한체육회 통계에 의하면 종합4위(금12, 은10, 동11)의 성적을 거두며 그야말로 선수들의 축제요 국가적인 대 승리의 올림픽이 되었다.

서울올림픽은 국민들에게 꿈과 희망을 풍부히 안겨주었으며, 누구나 글로벌 대표들의 방문을 실감했다. 1988년 9월 17일에 개최되었으나 개최되기 전 나의 창업(4월 10일, 金寶 창립)은 평생 잊을 수 없는 창립한 날로 시작이 되었지만, 이미 올림픽 준비로 국민의 열망과 소비가 촉진되어 그야말로 기회의 시장으로 찾아오는 행운을 얻게 되었다.

이러한 기회는 초기 창업을 한 나에게만 있지는 안았을 것이다. 그때 당시 대기업으로 정책들이 몰입되어 있었기에 올림픽 호황으로 대기업들은 88브랜딩 마케팅으로 고객창출에 날개를 달아주는 형국으로 고용과 함께 성장이 견인 되었다. 그래서 거미가 태어나서 거미줄을 직접 만들고 틈과 틈사이로 장시간 준비활동을 하듯이 "창업은 준비된 창업이 필요하다"는 것이 나의 창업 론이다.

국가의 정책도 마찬가지로 준비된 시간이 필요했다. 서울올림픽 개최 창업이 되기까지 1981년 9월에 올림픽 서울 개최가 결정된 후부터 온 국민의 기대와 전 세계 관심 속에 준비된 창업이 시작 되었던 것이다. 창업의 시작은 1979년 9월에 국민체육심의위원회 7인 소위원회의 유치결의에서 시작되었다.

바로 이것이 "창업의 팀이고 역량이다"고 볼 수 있다. 이 유치결의는 9월에 정부에 의해 정식으로 승인되었으며 서울특별시장이 올림픽 유치계획을 공식 발표하므로 팀 역량이 투자자로부터 지원을 받으며 성공적인 개최를 위한 노력으로 국가올림픽위원회(National olympic committee, NOC) 조사단, 국제스포츠연맹(ISP)의 방한으로 순조롭게 "창업 성장이 국가브랜드로" 막대한 소득 성장이 진행되었다.

국가의 서울올림픽 개최 창업의 팀으로 활약한 기업가 정신의 역량이 함께 현장에 있었다. 여러분들이 잘 아시는 내용이지만 회장님의 기업가 정신은 맨주먹(벤처기업으로 대기업으로 세계기업으로 성장시킨 정신)으로 세계적인 기업가 정신을 이끌어내신 현대그룹 정주영 회장님을 위원장으로 하는 대한민국대표 추진위원회를 바덴바덴(제 84차 국제올림픽위원회 총회)에 파견, 본격적인 성공 활동으로 1988년 하계올림픽의 개최지로 서울이 선정 되었다.

물론 여러 기관에서 열망하는 염원으로 함께 했겠지만 참으로 국민의 한사람으로 아니 초기 벤처 창업의 초년생으로 그렇게 기쁘고 흥분이 사회로부터 교차되었던 날 또한 없었다. 또한 온 국민들의 환호는 각종 언론을 통해 보도가 지속 홍보 되었으며, 벤처 창업 초년생 나로서는 정주영위원장께서 티브이 나올 때 마다 그분이 살아생전에 남긴 "사업은 망해도 다시 일어설 수 있지만 인간은 한번 신용을 잃으면 그 것으로 끝이다"는 경영철학은 초기 창업자로서 어려움이 있을 때 마다 기업가 정신은 하나의 힘이 되었다.

그때 배운 학습은 '창업은 여러 사항으로부터 기업가 정신이 반복적으로 학습이 되어야 한다'는 사실을 배웠고 실천을 했다.

국가 차원에서 개최한 창업의 서울올림픽 개최가 인류 사회에 추구하는 기업가 정신은 "인류의 화합과 번영을 추구하는 스포츠의 정신이다" 는 슬로건 아래 혁신적인 두 가지 커다란 의미와 가치제안의 기업가 정신으로 혁신의 정신이 공유 되었다. 그 정신은 첫째로는 분단국가로서 한국에 여러 나라가 모이게 되었다는 사실이다. 두 번째는 선진국이 아닌 개발도상국이라는 점에서 새로운 의미와 가치 제안을 했다는 것이다. 이 모두가 성공적인 개최로 다시 도약하는 국가에서 보다 잘사는 나라를 건설하기 위한 국민의 희망이었다.

그 당시 벤처 창업이라는 회사를 설립했지만 초기에 제안하는 가치 제안은 고객으로부터 검증이 되지 않은 상태에서 다음과 같이 정의했던 일이 생각이 난다. 초기 회사의 시작은 첫째는 개인소득 부흥에 필요한 자산 가치(Gold Company) 자재유통 플랫폼이었다. 두 번째로 개인소장의 장식품 가치제안으로 디자인설계 상품 유통이었다. 그러니까 서울올림픽 개최로 많은 자금이 풀리고 열망하는 국민의 소비층을 공약하기 위한 시장이었다고 보여 진다.

창업은 대외적인 환경이 많이 작용한다. 국가 경영은 이 시기에 공산권 및 미수교국과 경제, 문화, 스포츠 교류를 활발히 추진되는 가치 제안들로 정책들이 준비되고 있었다. 그 정책의 중심엔 온 국민이 동반성장하는 서로의 기대의 지수로 서로에게 고객이 되었다. 특히 국가 차원에서는 국민들로부터 평화를 희망하는 민족임을 실천하는 계기로 올림픽는 개최를 시작으로 국제사회로부터 큰 호응의 고객이 되었다.

초년생의 벤처 창업 준비는 마치 거미줄거미가 거미줄을 쳐 놓고 먹이 감을 기다리듯 서울올림픽 성공 개최로 국가적, 국민적 성장에 따른 사회적 환경으로 기대가 되었다. 주요 고객은 나날이 큰 희망의 고객으로 사업을 잘 할 수 있는 기회의 시장으로 찾아오는 운도 따라왔다. 그렇게 하여 맨주먹으로 출범한 자본금(7백만 원)으로 시작한 벤처 창업은 단기에 주 고객 층으로 고객 관계성이 형성되었다. 단 장기 수익은 회사 성장으로 주택 한 채(그때 당시 주택가격 5천 정도) 가까운 현금보유를 획득하게 되었다. 그러다보니 초기기업은 고객으로부터 비즈니스가 수익을 통해서 검증되면서 투자 자본대비 많은 돈을 벌수 있는 기회와 희망을 담게 되었다.

그러니까 대외적인 사회 호황에 따른 한 개인의 회사가 성장하는 시장으로 자리 잡게 되었다고 볼 수 있다. 그래서 운이 좋은 사람으로 처음 창업한 회사는 88년 서울올림픽 개최의 최대 호황을 누리며 운 좋은 창업가 정신(88년 창업 고도성장)을 현장에서 경험적 가치를 느낄 수 있었다.

어디 보자. 벤처 창업의 용어는 첨단기술과 아이디어를 가진 사업자가 높은 기대수익을 확신하고 아무도 시작하지 않은 새로운 사업을 의미한다.(지식백과) 그 당시 벤처 의미가 정의되기 전에 창업을 하였기에 생각은 '무한한 가능성 있는 상상가치로 창업'을 성공시킬 수 있다고 생각했기에 오늘날의 벤처 창업으로 인식해도 무난할 것 같다.

오늘날 사회는 자원이 풍부한 사회로 기회는 누구나 상상의 아이디어로 도전을 하면 성공 할 수 있도록 많은 지원을 하고 있는 실정이다. 그 중에서 초기 기업으로 활동은 주로 벤처인증과 벤처 창업지원 정책에 참여로 정책자금 유치에 필요한 사업계획서 작성 등으로 대다수가 진행하고 있는 추세이다.

사업을 체계적으로 성장하는 과정에는 벤처인들이 만든 벤처기업협회 활동으로 서로 필요한 정책을 공유하고 네트워킹 할 수 있는 기회도 있다. 특히 벤처기업은 보다 효율적으로 지원관리와 초기 기업들의 성장 내용을 적시할 사항들을 직시하여 다양한 창업(기술창업, 일반창업)을 지원 하고 있지만 많은 대안 연구가 필요한 시점이다.

한국 내부에서 벤처 법을 촉진하여 여러 정책들을 지원하지만 선진 여러 나라와 비슷한 창업지원 형태로 볼 수 없는 정책이다. 그러다보니 우리나라의 창업지원 예산과 관리는 돋보이는 형국으로 부러워하는 언론보도가 종종 있다. 왜냐하면 다른 나라에 볼 수 없는 정책으로 크게는 두 분류(기술창업, 일반창업)로 나누는 형태로 분류하고 기관에서 지원하다보니 관련 업체에서도 많이 참여하고 있다.

하지만 대다수 창업이라고 하면 일반창업에 속하는 소상공인으로 출발하는 경우가 허다하다. 그러다보니 창업(5년 생존율 41%)으로 생존보다는 실패율이 높다. 자료를 통해서 그동안 창업 진입형태를 보면 각종 사회가 산업화 중심으로 국가성장이 가파르게 성장이 가능할 때와 비슷한 일반창업이 대다수다. 그래서 국가성장으로 일반창업을 하여도 무난하게 거점을 통해 성공적으로 자리를 잡으며 남들보다 잘 살 수 있었다. 그러나 이미 우리나라는 산업화 중심 성장 국가에서 정보화 시대 성장을 넘어 새로운 4차 산업혁명으로 이끌고 있는 지능화 사회 현실에 동참하는 창업이 필요하고, 기창업자의 혁신이 필요한 부분이다.

　즉 근대 산업화 시대의 창업 사례는 일반 보통사람들의 일반창업이 가능했다. 즉 산업화 사회에서는 일명 대기업이라고 하는 회사 앞에 구멍가게, 다방 하나 차려 놓아도 장사가 잘 되는 시대였다. 그런 산업화 창업 구조에서 88년 서울올림픽을 계기로 구멍가게는 슈퍼마켓으로 유통구조는 혁신이 가능했고 창고개방 서비스 형태 등으로 발전이 거듭되었다.

　어찌 보면 자연 생태계 이동과 비슷한 데, 시대가 바뀌면서 새로운 시스템이 구축 되다보니 고객층 이동으로 현재는 대다수 구멍가게는 망하고 흔적조차 찾아보기 힘들다. 어디 그뿐인가 슈퍼마켓 시장은 대기업 창고매출로 위기를 맞고 있으며 오프라인 창업은 온라인 창업의 기술발전과 함께 새로운 온라인 배달시장으로 진화되면서 서로의 창업 생태계를 바꿔가며 성장하고 또 몰락한다고 볼 수 있다.

　창업의 생태계는 세계 시장과 내수 시장의 물결 속에 슈퍼마켓으로 이동한 시장구조는 대다수 대기업 참여로 창고매출, 대형마트, 편의점 등으로 대 이동되면서 서민사회는 그야말로 일반 골목상권 창업으로 성공할 수 있는 길이 희박하게 되었다. 어디 그뿐인가, 현재는 이런 유통 시장구조마저 위협을 느끼는 형국으로 온오프라인(Online to Of-fline) 유통구조로 새로운 기술혁신(Technology Innovation)을 해야만 살아남을 수 있도록 위협하고 있다. 그래서 정부나 전문가에서는 가급적 4차 산업혁명(4th industrial revolution, 기술창업)을 권장하는 기술창업으로 이동하고 있다.

기술창업이라면 어떤 창업 일까?

아마도 최근 4차 산업혁명 이라는 거대한 물결 속에서 기술과 다양한 사장이다.

산업의 혁신은

* 다양한 산업협업사회

* 이동하는 글로벌문화

* 연결되는 플랫폼 경제 등으로 변화의 혁신 패러다임을 맞이하고 있다.

현재의 다양한 콘텐츠로 활동하고 있는 벤처기업들(카카오, 카카오택시, 배달의 민족, 직방 등)로 서비스와 신기술 융합으로 성장하고 있다. 즉 기존의 산업을 분석하여 새로운 기술을 혁신하면서 기존의 산업의 서비스를 파괴하면서 새로는 산업으로 촉진하는 창업 생태계로 대다수 성공기업으로 이동하고 있는 사실이다.

실제 기술창업은 갈 길이 먼 창업으로 생각하는 경우도 있지만 세상을 바꿀 수 있는 기술기업 창업은 이전의 산업혁명과는 비교되지 않을 정도로 획기적이고 파괴적인 기업들로 기술발달에 따른 성장의 견인이 너무나 다양하게 많다. 왜냐하면 기술창업들(바이오, 전기 차 산업, 인공지능, 자율주행 등)의 기술집약적 창업은 시간과 비용이 많이 드는 사업이다. 그렇다보니 국가적인 정책에 참여하고 그 참여하는 기업들의 혁신 주체가 투자와 고용으로 연결이 가능한 구조로 혁신은 거듭되고 있다.

하지만 4차 산업혁명으로 인해 기존의 산업과 직업이 사라지거나 새로운 산업과 직업이 등장하는 등 우리가 살아가는 미래의 일자리 변화에도 피할 수 없게 되었다.

이에 학계에서는 그동안 수많은 연구한 결과물을 공유하고 각종 산업체에서 기술사업화(연구소기업, 대학지주회사 등)하는 업무들에 지원과 협업을 이끌어 내고 있다. 또한 좋은 창업국가(기술이전, 기술사업화, 공동연구, 교과목 개설 등)의 정책방법으로 산학의 혁신이 거듭되고 있다.

기술창업은 4차 산업혁명에 무엇을 준비해야 할까?
세계적으로 기술혁신 형태 창업의 활성화는 이공계 등으로 기술집약적 지식서비스 관련 분야 청년들의 창업에 대한 관심은 매우 중요한 기술창업의 로드맵이다. 최근에는 10개 대학에서 창업 관심도에 필요한 교과목 혁신을 하고 있다. 하지만 기술창업에 특화된 4차 산업혁명에 지식과 스킬을 함양할 수 있도록 기술사업화에 많은 지원을 했으면 한다. 아래 도표에서 나타나 있듯이 창작, 창업이 매우 부족한 현실이다.

교육기관 졸업자 취업자 66.2% 구성 변화

구분	건강보험 직장가입자	해외취업자	개인 창작 활동종사자	1인 창(사)업자	프리랜서
2018년	90.5%	0.9%	0.9%	1.9%	5.6%
2017년	90.3%	0.7%	1.0%	1.4%	6.4%
변동율	0.2%P	0.2%P	−0.1%P	0.5%P	−0.8%P

기술사업화 벤처 창업준비는 어떻게 해야 할까
먼저 기술창업 대한 사례와 기술창업에 관한 다양한 체험활동이 중요하다. 벤처기업의 학습을 통해서 먼저 기업가 정신 프로세스(Entre-preneurial process) 검증된 활동이 필요하다. 기업가 정신은 학습을 통해 사전 아이디어 검증과 본인이 생각하는 기업가 정신 테스트를 통해 검증 할 수 있어야 하고 부족한 부분은 준비해야 한다.
각 개인의 검증을 통한 다음 활동으로 팀 구축이 필요하다. 팀원들이 구축된 활동으로 비즈니스 발굴에 필요한 다양한 학습으로 비즈니스모델 구체화 과정과 사전 사업계획서 작성으로 준비된 벤처 창업을 진행 할 수 있다.

물론 학습한 주제에 관한 기술사업화로 평소 가지고 있는 팀원들의 가치 활동을 통한 대학, 연구소 등으로부터 기술이전에 따른 벤처 창업의 기회인식, 개념설계, 실행설계, 자원조달, 벤처 창업, 성장단계별 창업가 정신 활동 협업이 가능하다

그러나 각 단계별 필요한 내용을 기반으로 반복적인 학습을 통해 준비된 창업이 반드시 필요하다. 또한, 각종 경력의 멘토의 유사한 직종으로 활동한 창업의 경험자로부터 멘토링은 미래의 예비 유니콘 기업으로 성장하는 스타트업에 반드시 필요한 활동이라 할 수도 있다.

기술창업의 학습대안으로 현재 정부에서 추진하고 있는 재취업 예산을 창업에 필요한 교육으로 젊은이들의 스타트업과 재창업 교육을 지원하고 5060(이모작 설계)세대 창업은 기존 창업에 비해 생존율이 높은 만큼 창업할 수 있는 정책을 촉진하고 4050(창업 준비 설계)세대 스타트업하기 좋은 사내벤처 육성을 통한 기회제공을 늘리는 정책이 시작되고 있으나 반드시 정책 예산확보와 4차 산업혁명에 대비한 기술창업가에 대한 마인드 전환 차원에서 창업 준비, 창업실행이 필요하다.

창업은 체험활동이 중요하므로 2030(창조 설계)세대는 경험의 창업을 할 수 있는 세대융합 창업의 좋은 사례가 되고 있다. 왜냐하면 각 대학에서 캡스톤디자인 설계 교과목을 늘리면서 기술사업화에 필요한 각종 경진대회, 공모전 등을 통한 창업지원 프로그램을 운영하고 있기 때문이다. 또한 창업은 체험활동이 실제 실행이 가능한 프로젝트로 예산, 정책, 참여가 가능하기에 우리는 지원을 아끼지 아니할 때 기술창업으로 전환되는 활동으로의 이양이 될 수 있기 때문이다.

4차 산업혁명은 현재는 국경 없는 경쟁의 시대를 증명이라도 하듯

이 고용 없는 성장으로 세계 시장은 요동치고 있다. 이러한 기업들의 기업 가치는 한 나라의 국가예산에 가까운 가치들로 비대한 성장을 거듭하고 있다.

이러한 사회의 불안은 몇 백만 실업자로 대규모 일자리 사태로 어닝쇼크(Earning shock) 현상을 유발하면서 기존의 기업까지 위험한 사회를 맞으면서 더욱 시대적 혁신이 필요한 시점이다. 고용이 위태로운 세상에 우리는 취업보다는 창업의 대안이 절실히 필요하다는 것을 알 수 있다.

고용 없는 4차 산업혁명이라고 거부 할 수 없는 시대적 혁명이 필요하므로 모든 공간과 시간 연결이 가능한 국가경영으로 거듭나야한다. 특히 IMF 이후 찾은 세계적인 벤처기업가 소프트뱅크 손정의 회장은 "한국은 하나도 인터넷, 둘도 인터넷, 셋도 인터넷"이라고 자문을 하였다. 현재 우리나라는 세계적 인터넷 강국이 되었다. 이번 정부에 추진한 5G 시범 서비스는 세계 최초라는 새로운 역사를 써 내렸고 다시 찾은 손정의 회장 방문은 하나도 인공지능(Artificial Intelligence), 둘째도 인공지능(AI) 셋째도 인공지능(AI)이라고 자문하기로 유명하다.

우리는 땅이 적은 나라이지만 삼면이 바다로 지형이 되어 있어 아름다운 나라이다. 이러한 나라임에도 도시는 수도권 중심으로 비대칭 구조로 발전하고 있다. 그렇지만 가급적 국경 없는 시장에 경쟁 시장에 살아남기 위해서는 4차 산업혁명에 필요한 학습으로 기술창업과 일반창업을 시작으로 개념설계(비즈니스모델과 디자인설계) 활동이 매우 필요하다. 이러한 혁신의 활동은 전 국민적 동반자로서 내 생에 최고 선물로 찾아 더는 창업으로 실행설계(기술경영과 자원경영 활동)까지 실행 학습이 가능하기 때문에 IT강국의 장점을 최대로 살려서 도약이 가능하다.

그리고 가장 중요한 준비된 기업가 정신(준비된 경험과 정신테스트) 활동
이 필요하다. 미리 언론을 통해서 많이 알려진 내용이지만 세계경제
포럼(WEF 2016)의 보고서에는 4차 산업혁명과 관련하여 '향후 5년간 선
진국과 신흥시장 15개국에서는 일자리 710만개사가 사라질 것이다.'
하였고 현재 어린 아이들 중 7세 이하는 65%가 사회로부터 얻는 직
업군은 새로운 직업을 갖게 될 것으로 전망 하였다. 아래 도표는 대
학에서 졸업하고 취업한 데이터 조사로 볼 수 있다. 그러나 전공에 비
해 취업률은 꾸준한 활동으로 볼 수 있으나 취업 후 이직률이 높은 것
은 큰 문제점으로 연구가 필요하다.

지난 5년간 전체 취업률 추이

구분	통계	통계	통계	동계
취업률	67.5%	67.7%	66.2%	67.3%
년도	2015	2016	2017	2018

출처 : 교육기관

그렇다면 4차 산업혁명으로 시작한 벤처기업(Venture start-up)인증은
어떻게 준비하는가? 사업을 하다보면 지식재산권 확보가 우선시 되
어야하는지 아니면 사업부터 시작하면서 해야 하는지 궁금할 수 있
다.

창업의 활성화로 현장에서 경험도 해 보았고 다양한 전문가들의 활
동도 주변에서 많이 보면서 느껴보았지만 지식재산권 확보가 창업
전, 후라는 정확한 정답은 할 수 없지만 다양한 지식활동은 창업활동
에 매우 중요한 활동으로 반드시 보유하고 관리될 필요성이 있다. 그
가운데에서 벤처기업인증으로 정책을 활용하는 것은 창업가로서 준
비해도 좋을듯하다. 벤처기업인증(정부정책 95년)은 몇 가지로 등록하는
것으로 되어있다. 벤처기업인증으로 벤처기업협회(민간단체 95년 시작해
오늘까지) 가입으로 다양한 정보습득과 네트워킹 통한 벤처정신을 함께

담아 낼 수 있는 장점이 많은 제도이다.

  기술발달에 의해 다양한 산업이 융합, 개편되면서 벤처기업인증을
받을 수 있는 방법은 다음과 같이 정리 할 수 있다. 벤처 인증제도는
첫째로는 벤처투자기관으로부터 투자를 받는 것으로 투자받은 금액
이 자본금의 10% 이상이 되어야 하고 투자유치 한 금액은 5천만 원
이상 되어야한다. 두 가능은 투자내역을 기반으로 인증제도가 진행되
는 만큼 벤처확인 요청일의 직선 연속하여 6개월 이상 기업이 유지
되어 있어야 한다.

  두 번째로 기술개발촉진법 제7조 규정에 의한 기업부설연구소 보유
에 따른 인증제도로 각종 업력에 따른 기준 부합한 평가 인증제도이
다. Moon은 경영을 진행하면서 이 부분의 벤처기업인증으로 활동을
하였다. 본 제도는 벤처 창업을 진행하면서 성장단계의 창업 3년 이
상 기업은 매년 매출대비 연구 개발비가 5천만 원 이상이 되어야 하
고 연구개발 비율이 벤처 인증기준 이상일 때 인증이 가능하다. 그리
고 벤처 창업기간이 창업 3년 미만 기업의 인증기준은 연구개발비가
5천만 원 이상일 것에 인증기준을 두고 있다. 물론 전체적인 사업을
동시에 평가하므로 사업성이 우수할 것과 착한 벤처기업으로 성장을
견인 할 수 있는 기반 조성이 되어 있어야한다.

  세 번째로 주로 청년, 초기 기업들이 많이 진행하고 있는 제도로 기
술평가보증기업(기술평가대출기업)으로부터 기술보증기금 기관에서 일정
금액 이상의 기술보증을 받으면 벤처기업으로 인증을 받을 수 있는
제도이다. 그러다보니 예비, 초기 창업패키지를 진행하면서 사업자
들이 기술보증기금(기술평가보증기관)을 찾아 보증제도 금융활용과 벤처

인증을 동시에 수행을 하는 경우가 대다수 진행하고 있다. 그러다보니 기술평가와 금융대출 보증을 받았다고는 볼 수 있으나 고객검증을 통한 회사 수익증대 활동 미비 검증에 따른 벤처인증제도 남발로 이 제도는 보강되었고 다소 부작용에 따른 벤처인지도 하락 활동으로 추락하는 부작용으로 영세성 벤처로 부각되기도 하였다.

벤처기업의 본질의 가치에 충실해야한다.

벤처기업 인증 제도에 따른 벤처기업의 이상은 상당히 높은 편이고 벤처정신으로 창업국가로 가야하는 중요한 필수 활동이 되었다. 만약에 창업을 촉진하다보니 다소 벤처기업 정신에 다소 떨어지는 활동을 하였다면 기존 벤처 창업가 정신이 잘하고 있는 벤처기업들로부터 눈총을 받은 경우가 있다면 반드시 문제점 해결에 필요한 인증기관들의 활동은 매주 중요한 활동으로 변신이 되어야한다.

우리가 벤처기업을 운영하다보면 많은 정부정책을 활용하며 혜택을 부여 받는다. 그러나 정부정책 활용하는 혜택도 중요하지만, 벤처기업들의 벤처 인증 제도 목적에 부합하는 목표에 준하여 벤처기업 인증기관과 벤처기업 운영을 촉진 하면서 기업들 관리가 필요하다.

벤처기업은 실패가 많기 때문에 명확한 경영기간이 정해진 구간을 설정할 수 없지만 벤처기업 경영을 하는 동안 매출과 고용을 늘릴 수 있는 영향에 각종 세금혜택과 특례 주식상장 등에 각 기업들의 지원 활동 참여도 매우 중요하다. 그러나 민간 벤처 창업정신으로부터 선배 벤처사들의 경험적 기업가 정신 이양과 선 성공 벤처기업들의 투자 생태계는 그야 말로 민간 벤처기업가의 선순환구조로 혜택과 성장을 받을 수 있는 벤처제도, 협회 등 가치 활동은 4차 산업혁명을 촉진할 수 있는 계기가 될 수 있을 것이다.

벤처인증 기업 혜택

구분	세금혜택	감면
3년 이내 벤처 인증 기업	소득세, 법인세	50%
5년 이내 부동산 취득	취득세, 부동산세	75%, 면제
기업부설 연구소	인건비, 연구비용, 설비투자	감면, 세제지원

동의대학교 LINC+사업단과 부산 동구는 지난달 28일 오전 11시부터 코모도호텔에서 '2020 동구 지역발전포럼 성과보고회'를 개최했다. 사진=동의대 제공

[대학저널 백두산 기자] 동의대학교(총장 한수환) LINC+사업단(단장 이임건)과 부산 동구(구청장 최형욱), 부산진구(구청장 서은숙)는 지난달 28일과 29일 '2020 지역발전포럼 성과발표회'를 개최했다.

28일 포럼에는 동의대 김선호 대외부총장과 이임건 동의대 LINC+사업단장, 최형욱 동구청장과 지역발전포럼 위원들이 참석했으며, 동의대 응용소프트웨어공학전공 김삼문 교수가 '노후아파트의 무제점 파악을 통한 활용 방안'을 주제로 연구과

출처 : 대학저널

서울올림픽 개최는 💡

    1986년부터 88년 서울올림픽 개최 시점에 통계자료에 의하면 우리나라 경제성률(10% 성장 중)이 대단했다. 88년 서울올림픽을 개최로 국가적 이미지가 크게 성장하는 시기였다.

    1988년 서울올림픽(9. 17~10. 2)은 477명의 한국선수(임원 125명)가 참가 하였으며 159개국(8,397명)의 세계 선수들이 23개 종목에서 열띤 경기를 펼쳐 성공적으로 개최 되었다고 세계적인 언론사들이 보도하였고 아시아 국가에서 가장 잘 사는 성장하는 국가가 될 것이라는 전망이 자자했다. 경제적 효과는 올림픽 개최국의 경제 성장에 큰 도움이 될 것이라는 전망도 중요하지만 개최국의 위상으로 국가와 개최 도시를 전 세계에 알렸으니 큰 성장으로 경제적인 부를 예견하였다. 그러나 우리나라도 다른 개최 국가와 마찬가지로 올림픽 개최 후(1989년 6.7% 성장)는 개최국의 저성장으로 전망이 엇갈리기도 했다.

    IMF 조사에 따르면 주변 국가들의 일본, 멕시코, 캐나다도 올림픽 개최 후 경제성장률은 떨어지는 것으로 조사가 되었다. 특히 일본은 1964년 올림픽 개최를 했을 때(13.3% 성장)와는 달리 개최 이후(5.7% 성장)에는 성장이 떨어지는 것으로 조사되었다. 이웃 아시아 국가로서

2008년 베이징 올림픽 개최 전(14% 성장) 후에는 한 자리 숫자로 성장이 둔화되는 것을 알 수 있었다.

왜냐하면 올림픽 전에는 올림픽 관련 투자에 집중하여 경기부양 정책이 나타나면서 성장률을 견인하지만 올림픽이 성공적(골짜기 효과)으로 개최가 끝나는 시점부터 투자가 감소하면서 성장률이 하락하는 것을 볼 수 있다. 경제적인 효과에 대해서는 다양한 의견이 있을 수 있지만, 올림픽을 통한 초기 창업한 나로서는 올림픽이 기회의 장(벤처 창업 88년4월 이후 고도성장)이 되었다.

창업의 기회는 타이밍 싸움이다.

주변 국가들의 올림픽 개최 후 성장둔화는 개최 전 성장이 개최 탈락국보다 평균 2%P 이상 높아 창업의 기회를 제공 했다고 볼 수 있다. 필자가 87년 군복무를 마치는 계기로 실감한 창업리스크 체크는 술자리나 미팅자마다 일명 자고 나면 노가다 인건비가 오른다는 이야기들로 가득했다. 이러한 이야기들은 시중에 많은 돈이 풀려 소비층이 다양하게 이동하고 있다는 것을 찾을 수 있었다.

지금의 코로나19, 2021년은 어떠한기?

문대통령 출범으로 최저인건비, 소득주도 성장 정책으로 최저 임금비가 가파르게 오르면서 현장에서는 죽겠다는 소리들로 일부 정책 실패 론까지 들고 나온다. 이러한 어려운 시점에 서민경제가 무르익을 무렵 중국 우한 바이러스 전파를 시작으로 또 한 번 현장에서는 서민경제로부터 위기를 맞이했다.

그야말로 우리나라도 대구지역 첫 코로나19로 인한 피해는 고스란히 여러 지역으로 전파되면서 변이된 바이스는 전국의 시장을 나쁜 경제로 강타해 나갔다. 그것도 모자라 국가적 차원에서 사회적 거리두기로 모든 시스템 구조가 흔들리는 형국으로 그야말로 모든 국민들이 불안과 고통 지수로 위기를 함께 인내 해 나갈 수 있는 시간 싸움이 시작되었던 것이다.

그러나 위기 속에 기회는 반드시 있는 법이다.

그동안 마스크 공장이나 유통업으로 창업을 시작하고 있는 사람들에게는 다시 올 수 없는 기회의 시장으로 성장하고 있었다. 이러한 위기는 곧 새로운 창업가 정신으로 연결되어 곳곳에서 신규 창업으로 일어나고 있다. 그 중에서도 확진자를 조기에 측정이 가능한 4차 산업혁명으로 개발된 키트 기술적 환경은 세계적으로 어려운 환경에 처한 환경에서 표준화 활동이 되는 것처럼 K-방재 우수사례로 성장하고 있다.

창업은 이래서 타이밍 싸움이 될 수 있다고 볼 수 있다. 세계적으로 성장한 마이크로소프트재단 등 창업가들의 활동과 봉사는 세계에서부터 한국이 슬기로운 국가로 대처한 코로나19 해결점을 높게 평가하고 지원도 아끼지 않았다.

이러한 위기 속에서도 새로운 창업국가로 가능성과 기업성장으로 혁신할 수 있는 기회의 시장은 확실한 신뢰를 주었다. 그 신뢰의 빛이 온 누리에 내려 앉아 마치 따스한 봄날에 고스란히 햇살을 보듬은 아름다운 꽃들의 향연을 보는 것 같았다. 그런 가운데 우선 국민들이 가장 필요로 하는 마스크를 제조하는 아버지가 아들에게 독점하는 유통형태의 나쁜 기업가 정신을 곳곳에 드러내면서 웃지 못 할 사연들이 언론을 통해 흘러나와 보는 국민들의 아픈 가슴속에 싸늘한 시선이 담아졌다. 그래서 기업가 정신 함양이 곳곳에 반드시 필요하다는 것을 다시 한 번 실감나게 했다.

국가는 해방 이후 국제적인 도시로 거듭날 수 있는 스포츠 정신으로부터 88년 서울올림픽이 성공적으로 개최되었다. 바야흐로 올림픽의 성공적인 개최는 대한민국의 국가 이미지 제고에 크게 성공하면서 다음 세대들에게 세계적으로 나아 갈 수 있는 꿈과 희망을 크게 심어 주었다.

그 희망의 세대들이 한 강산이 바뀔 무렵 2002년 아시안게임과 한일 월드컵은 우리에게 또 다른 희망을 주었다. 경제적인 효과가 26조 460억원과 이미지 효과만 14조7600억에 달했다고 통계 자료는 또 한 번 성공할 수 있는 기회의 시장으로 견인 했다. 특히 투자와 소비 지출 유발효과가 4조원 대 달성으로 국가브랜드 효과가 7조7000억 원에 달했다고 한다.(문화체육부 자료)

어디 그뿐인가 국가가 성장하면서 겪어서는 안 될 국가경영이 97년 말경에 위기를 맞이하면서 재도약에 필요한 2002년 아시아게임은 재창업이라고 볼 수 있다. 한편으로 국민은 IMF 시기를 겪으면서 피로도가 높을 수 있으나, 새로운 희망으로 창의적 디자인사고(Critical Design Thinking)로 전환할 수 있는 희망의 메시지로 온 국민들이 응원한 '대한민국' 모습이 아직도 가슴을 뭉클하게 한다.

4차 산업혁명과 우리의 자세
가상 vs 현실
online vs off line
소유 vs 공유
개인 vs 플랫폼

촉의 정신 💡

첫 창업 88년 봄에 핀 꽃은 이웃들과 함께했다.

꽃은 흔하게 피고 지지만 88년 4월 창업의 꽃은 새로운 희망의 꽃이요 그 꽃은 사회로부터 정의로운 꽃들로 자리를 잡았고 다음 년에도 활짝 필 수 있는 기회로 변화고 있었다.

꽃은 누구나 좋아하면서도 우리 주변에 너무 가까이에서 두고 있다. 그러다보니 많은 꽃들로부터 소중한 가치를 때로는 까마득하게 잊고 살아갈 때가 많다. 즉 "가까이 있을 때 잘해"라는 노래가사가 있듯이 가까이에서 선택된 꽃들이 활짝 피기까지 주변의 환경은 꽃들이 좋아하는 환경으로 많은 사랑이 필요하다. 그러면 주변의 사람들과 활짝 핀 꽃들이 머물 때까지 서로 아름다운 시간이 되는 기회와 향기로 서로가 필요한 시장으로 이동이 가능하고 서로에게 많은 사랑해가 된다.

아마도 우리들이 벤처 창업을 하는 실행의 꽃들과 비슷하다고 볼 수 있다. 벤처 창업의 도전이 수많은 사람들로부터 상상의 가치들이 만들어진다. 그리고 실행의 가치는 다양한 학습으로 많은 벤처 창업 꽃들이 세상에 모습을 드러내면서 주변사람들로부터 고객이 되는 꽃들로 피어났으면 한다. 즉 고객으로부터 아름다운 꽃으로 선택되기까지 수많은 향기로운 창업은 고객 꽃으로 오랜 인연이 되는 꽃이어야 좋다. 그 고객층의 진정한 창업의 꽃들은 고객으로부터 사랑받는 꽃으로 탄생될 수 있는 기회를 제공하기 때문이다.

　자연이 주는 꽃들도 이름 있는 꽃으로 살아내다가 지기도 한다. 그러나 우리 주변에는 수많은 이름 없는 꽃으로 피고 지는 꽃들도 세상을 미워하지 않고 묵묵히 자기 자리를 지키면서 살아 낸다. 우리들이 사회로부터 사랑 받는 꽃으로 변신이 가능한 벤처 창업 꽃으로 피어나기 위해서 다양한 고객층 꽃으로 시장을 찾아 잘 살아낼 필요성이 있다. 그야말로 자연이 주는 사계절 꽃과 향기로 모두 사랑하는 꽃들로 말이다. 그러나 스타트업의 시작으로 벤처기업 사람들의 창업 꽃들을 보면 자기 자신만의 아름다운 창업 꽃에 도취되기도 하고, 고객층 꽃으로부터 꽃들에 대한 진정한 실상을 찾지 못하고 바로 실패의 꽃들로 지기(실패)도 한다. 그 영혼은 이름 없는 꽃에서 이름 있는 꽃으로 다시 태어나기 위해 다음을 기약하며 지천의 향기가 필요한 영혼을 맞이하게 된다.
　그러다보니 실패 한 창업의 꽃들에 꽃말을 엮어 재도전 할 수 있는 기회를 많이 제공해야 진정한 영혼의 창업 꽃으로 태어날 수 있다. 재도전의 창업 꽃들의 소비계층 별로 꽃다운 나이로 팔려 나갈 수 있도록 실패를 용인하는 사회의 꽃들이야 말로 그야말로 아름다운 영혼이기에 서로 사랑할 수밖에 없는 재도전(창업)의 꽃으로 피어날 수 있다.

　자연이 향기를 주는 꽃들도 꽃으로 피어날 수도 있지만 꽃 몽우리 상태에서 그만 지고 마는 경우도 허다하다. 재도전의 꽃들도 자연이 주는 꽃들처럼 재도전(창업)의 꽃으로 피기까지 더 어려운 시련을 겪을 수 있다. 실패는 실패의 꽃으로 살다가 실패의 늪에서 영영 지고 마는 아픔이, 꽃 몽우리 이름 없는 꽃으로 지는 경우처럼 지는 경우가 허다하다. 그래서 '창업, 실패의 뉴딜' 편집을 통해 창업을 촉진하고, 실패를 용인하는 사회로 재창업을 할 수 있는 기회 뉴딜 활동이 가능했으면 한다.

자연 생태계도 수많은 이름 없는 꽃으로 꽃말 없이 살다가 지는 꽃처럼 가령 재도전(창업)한 실패의 꽃이 고객층 꽃으로 많은 사랑을 받지 못하고, 잠시 피어났다가 지더라도 재도전 하는 꽃들에 반해 지천을 떠돌며 방황의 꽃들이 사랑에 빠질 수 있도록 더 많은 지원제도를 늘려 나가야 하는 정책이다.

우리들이 창업하는 꽃들이 이름 있는 꽃이면 얼마나 좋겠는가!

그리고 고객층으로부터 꽃말이 있는 자가 브랜딩으로 수많은 사람들을 만나는 꽃으로 향기를 피운다면 얼마나 좋겠는가!

마치 인간으로 태어나 누구나 각자의 이름을 짓고 살아가듯이 처음 창업한 창업의 브랜드 이름으로 살아가는 꿈들이 경제로 만들어지면 얼마나 좋겠는가? 그렇지만 인생사 꼭 만나야 하는 사람의 인연으로 한 평생 살아갈 수 있듯이 창업의 꽃 이름의 브랜드는 자가 브랜딩으로 고객들로부터 어떻게 하면 사랑받을 수 있을까?

먼저 고객층 분석이 중요하다. 그 분석은 가급적 타킷 층으로 사전 조사를 통해 자가 브랜드가 어울리는 작명으로 꽃밭을 이루었으면 한다. 또한 그 창업의 꽃 이름은 가급적 고객으로부터 꽃말들이 온오프라인(o2o)으로 연결되면서 다양한 데이터에 의해 새로운 고객층 꽃들로 피어날 수만 있다면 세상에 가장 아름다운 꽃이다.

물론 향기 찾아 연결하고도 연결된 꽃들이 서로에게 필요한 가치 있는 향기로 연결이 가능하게 빅 데이터 분석이 필요하다. 한 벤처기업 창업 꽃 사례로 국민 메신저 주식회사 카카오 웹, 앱 서비스 회사이다. 초기 창업 꽃 카카오로 태어나 카카오 브랜드 작명을 시작으로 카카오 메신저, 카카오택시, 카카오 메이커스, 카카오 이모티콘, 카카오게임, 카카오 페이지 등 이름 있는 꽃들이 만발하고 있어 이미 벤처기업에서 대기업으로 성장 했다.

자가 브랜딩으로 고객층 꽃들에 향기에 의한 고객의 접점에서 일어나는 가치는 엄청난 부를 가져다주는 이름 있는 꽃으로 살고 있다. 어디 그뿐인가 꽃이 있는 이름마다 꽃말은 그야말로 실시간 가치 데이터가 살아 숨 쉬는 데이터 경제로 성장이 가능하기에 온 누리에 창업 꽃들이 고객으로부터 활짝 피었다.

88년 봄날은 유난히 따뜻하여 꽃들이 잉태하기 좋았다.

초기 창업을 시작할 무렵 꽃 이름은 작명가를 찾아가 태어난 사주에 넣어서 지은 회사 이름 꽃이 "金寶" 작명을 시작으로 11년 꽃으로 살다가 국가부도 위기 친구 삼아 그다지 길게 살지 못하고 지는 예쁜 창업 꽃 이름을 남기고 떠났다. 그 당시 기억을 되돌아보면 고객층 브랜딩 꽃의 이름으로 향기를 내고 있었다. 그러나 핑계 같지만 사회적 대 격동으로 본인의 영역보다는 국가에 의한 실패의 이름으로 향기가 차츰 없어지는 계기로 보여 진다.

왜냐하면 국가의 위기는 너무 과했기에 창업 11년 나이로 살고 있어도 비바람은 너무나 거칠게 몰아쳤다. 그래서 보통 사람들은 운이 있어야 한다고 한다. 지난 일들을 돌이켜보면 운도 있어야 하지만 사회로부터 인지할 수 있는 학술과 예감이 있으면 더 좋다고 생각해 본다. 어찌되었던 새로운 벤처 창업을 꿈꾸는 창업자는 꽃 이름과 꽃말이 고객으로부터 브랜딩이 가능한 활동과 운이 따르는 기회의 포착으로 이름 있는 창업 꽃으로 시작 했으면 한다.

두 번째 창업은 99년 겨울로 11년 창업 꽃이 지는 해로 유난히 추운 겨울이었다. 왜냐하면 첫 번째 창업 88년 봄에 따뜻한 햇살을 한 아름 안으며 피었던 창업의 꽃이 활짝 피어 향기를 품다가 지는 해였기 때문이다. 그동안 꽃길 따라 고객의 꽃이면 어디론지 맞이하며 온 누리에 만나는 인명들만 남기고 실체가 폐업의 꽃 이름 얻었기 때문에 한편으로는 슬픔이 있는 이름을 남겼다. 그리고 내 생에 폐업이라는 꽃향기는 처음으로 겪어 내어야하는 운명을 맞이했기에 더욱 더 추운 겨울을 맞이했던 기억들이 선하다.

우리는 사계절이 뚜렷한 나라에 태어났으니 새로운 봄소식으로 곧 봄날이 찾아 들겠지 하고 자신을 달래본 시간들을 가져본다. 하지만 한동안 한 가장으로써 신중함을 중시하면서도 내면적으로는 시련의 긴 시간이었다. 지금 지천명 중년으로 살다보니 인생이 돌고 돈다는 것을 어느 정도 이해할 수 있고, 세상사 세세하게 알 수는 없지만 장기간 성공했다는 창업가로 살았기에 대외적 환경인 폐업의 꽃으로 돌변하는 시간을 그 당시는 알 수 없었을 것이다.

평소에 주변에서는 운 좋게 맺어지는 창업의 꽃들이 고객으로부터 만발한 창업 꽃은 사랑을 많이 받았고, 비롯하여 11나이로 지는 폐업 꽃으로 아마도 그 당시의 주변에서도 많이 섭섭하게 생각했으리라 본다.

실패는 새로운 마음으로는 이해하는데 많은 시간이 필요 했지만, 닷컴시대로 국가는 재건이 가능하고 국가의 부채는 기업들의 구조조정과 국민들의 마음과 행동으로 새로운 미래를 준비했다. 이러한 정책은 재도전(창업)을 할 수 있는 기회로 지금도 아련한 추억으로 남아 있는 실패의 뉴딜은 가슴을 설레게 한다.

창업의 연으로 꽃이 피는 동안 소중했던 가족이 떠났다.

첫 창업 꽃이 피는 과정 속에 가족 꽃이 지는 슬픔으로 찾아 들었다. 89년 봄이 오는 길목에서 있었던 아픈 기억이다. 어찌 보면 나로서는 창업의 꽃으로 브랜드 이름으로 바쁘게 생활할 무렵 갑작스러운 아버지를 잃은 슬픔은 무엇 하고도 바꿀 수 없는 꽃이었다. 한 사내로 태어나 한 갑 잔치도 못하고 하얀 국화꽃 한 송이 꽃으로 보내야만 하는 가족 잃은 슬픔은 지금까지도 목마른 갈증을 느끼듯 애탄 그리움에 목이 매여 온다.

창업 꽃으로 맞이했던 꽃들에 89년 추운 봄이 오기까지 얼마나 좋아했던가!

유난히 가난했던 아픈 추억을 잊고 가족 품으로 살았기에 봄에 지는 꽃이 이토록 슬픈 가족의 꽃으로 지는지 미처 알지 못했기에 그 싸늘했던 아버지 체온은 영영 잊을 수 없는 애틋한 불효의 사랑으로 고스란히 남아 있다.

이 또한 한 가정으로 하나의 팀이었지만 실패한 팀이다. 그래서 실패의 뉴딜은 늘 가까이에 있다는 것들에 유념할 필요성이 있다.

국가가 경영하는 사회의 공간에서 한 가정의(김해김씨, 달성서씨) 팀으로 결혼을 하면서 가족이 구축(1녀 3남)되면서 서로 신뢰의 팀이 되었다. 이 팀원은 어느 누구도 바꿀 수 없는 팀으로 가족경영의 팀 빌딩이 가능한 장점을 가지고 있다. 조상의 얼을 받들어 가정의 문화는 보다 나은 평화와 내리 사랑으로부터 국가가 추진하는 공간 속에서 착한 가족사회로 이음이 될 수 있게 경영이 필요하다. 그런데 아쉽게도 리드해야 하는 경영자가 죽음을 맞이하면서 더욱 아름다운 가족경영이 불가하게 되었다. 어쩜, 우리들이 창업한 사람들이 한 팀원으로 조직이 구축되면서 활동을 하다가 조직이탈로 인한 실패의 꽃과 비슷한 구조이다.

실패를 용인하는 사회는 어떠한가!
한 가족이 떠난 자리를 불효의 마음으로 달래며 새로운 모습으로 살아가듯이 창업의 실패도 새로운 모습으로 재창업의 시작으로 다시 조직을 만들고, 창업 팀의 경영으로 팀원들의 꽃들로 피울 수 있도록 자원을 지원하며, 각종 실패의 뉴딜로부터 협상이 필요하다.
하지만 실패로부터 얻었던 경험이 떠안아야하는 일들이 많다.
실패는 각종 세금이나 거래처로부터 지불해야할 금액 등으로부터 해결해야할 문제점도 많지만, 조직경영을 했던 조직원들에 대한 죄책감 등은 주변으로부터 용인하는 사회로부터 관심과 배려가 있을 때 재창업으로 다시 일어설 수 있는 시장을 만들 수 있다.
물론 실패로부터 각종 정책을 활용해서 법정관리나 파산신청 등으로 해결할 수 있는 지혜와 용기는 재도전을 할 수 있는 큰 기회가 될 수 있으므로 많은 전문가 자문이 필요한 영역이다. 우리가 살아가는 가정도 마찬가지이다.
실패의 경험은 지금 생각해도 창의적으로 88년 서울올림픽 개최 전에 가파르게 성장할 수 있도록 경영을 리더한 부분에 대해서는 가끔 더 깊이 연구하고 싶은 충동이 생긴다. 왜냐하면 사회 초년생의 총각으로 경영했던 벤처정신이 많기 때문이다. 그리고 가족 잃은 슬픔, 결혼으로 새 가족의 기쁨, 성장에 필요한 기업가 정신 등이 많은 인생 구간이기 때문이다.

고객은 누구인가? 뉴딜의 정의
스텝A – 시장 세분화
스텝B – 거점 시장
스텝C – 최종 사용자
스텝D – 유효시장
스텝E – 거점시장의 패르소나 정의
스텝F – 예비 고객 조사 및 테스트

실패는 많은 것을 잃게 한다.

얼마 전에 지역에서 오랜 된 기업이 법정관리(동신유압) 신청했다는 소식을 접했다. 대기업은 아니지만 지역에서 2세 경영까지 연결이 되면서 활동이 되었기에 장수 기업으로 어디서나 자랑거리로 이야기하기도 했다. 아마도 성장이 둔화 되는 과정을 거치는 동안 혁신을 거듭하면서 부실로 인한 실패가 아닌지 싶어서 걱정이 되기도 했다. 이러한 기업에 실패의 뉴딜은 정책적으로나 기업의 회생차원에서 반드시 필요하다. 실패의 뉴딜은 함께했던 조직과 가족을 위한 지침서와 같은 역할이 필요하기에 서로 겪으면서 실패의 뉴딜이 될 수 있도록 서로 양보할 것은 과감이 하면서 뉴딜이 될 수 있는 부분에만 매진해야 재생할 수 있다.

긴 창업과 재창업 시작에는 좋은 꽃밭으로부터 사람 꽃들을 불러 모으는 향기가 있어야 하는 경영이 필요하다. 지난 일들이지만 2세 경영자와 일자리 위원을 같이 활동한 시간이 있었다. 한 여름 날은 다소 무더운 날이었지만 긴 창업의 꽃밭으로 일구어 낸 창업자의 정신을 들을 수 있었다. 창업자는 매사에 찾아준 새로운 고객층 만남을 위해 출발의 전환점은 초심으로부터 시작이 된다고 하였다.

그리고 긴 창업의 흑자 경영으로 진입할 수 있었던 것은 산업격동기에 맞춤형이 가능했기에 성공했지만, 시대적으로 대응하는 제조 및 소재 연구에 미흡하게 대처도 했지만 가파르게 오르는 인건비 부담은 해외 인프라로 집중할 수 없는 한계성에 몹시 아쉬워했던 기억이 스쳐 지나간다. 이러한 창업 문화는 한 시대를 대변하듯 마치 자연 꽃에 찾아든 벌과 나비들이 한가롭게 꽃향기에 취하면서 부지런히 자기 할일을 다 하듯이 회사는 꾸준한 연구가 필요하다.

첫 창업을 시작으로 슬픔은 새로운 가족을 맞이하게 했다.

살아생전에 찾아뵙던 한 여인의 아름다운 꽃을 맞이하기 위한 꽃말들이 무성하게 온 누리에 펴져 저장되고 있었다. 그 꽃말들은 새로운 한 여인의 집안(경주최씨)의 꽃들이 우리 집안 꽃들과 다방이라는 공간의 제공에서 만남의 꽃으로 가문과 가문이 한 팀으로 형성되고 있었다.

가문의 꽃들은 오랜 역사성을 가지고 서로가 필요로 하는 꽃들로 거듭나는 일들이 척척 진행 되고 있었기에 혼례를 할 수 있었다. 그 때에 느낀 일이지만 실패의 아픔은 오래 가지 않는다는 것이었다. 그러하기에 예비, 초기 창업에 도전하는 일이야 말로 설상 실패로 돌아온다고 해도 오래가지 않기에 재도전으로 성공할 수 있다는 것이다.

그리고 사업을 성공하는데도 가족의 경영이 비례한다는 것으로 보아도 무난하다. 즉 가족을 챙기지 못하면서 사회를 성공적으로 이끌어 내는 것에는 한계가 있을 수 있다. 가령 서로 필요로 하는 창업 초기멤버로 창업했더라도 다른 창업 팀의 이탈로 조직의 경영의 어려움을 겪을 수 있다는 것이다.

지금 생각해도 자랑 같지만 창의적으로 창업했던 그 시간 그리고 운이 좋게도 88년 서울올림픽 개최 전 후에 가파르게 성장할 수 있는 사회 환경이었다. 또한 사회 초년생으로 설립한 회사 및 총각으로 경영했던 벤처정신은 오늘날에도 필요한 영역이기에 감사할 따름이다.

아침 밥상

꽃들이 피어
이름 있는 꽃으로
가족 꽃이 되어

꽃은 꽃이요
이름이 머무는 지천으로
사회 꽃이 되기까지

아침 밥상의 시간
참다운 꽃이요
사람이 사람을 품은 꽃인가

꽃의 이름
지천 따라
피어오르고 내리는데
아침 밥상
사람 냄새
피어오르고 내리는데

그 누구의 선물인지
꽃의 이름으로
화사한 봄이 찾아드네.

💡 축의 창업 정책은

6월 항쟁으로 계속된 국민들의 민주화 요구는 지속되었다.

1987년 12월(5공화국 81년~88년 전두환 정부)에 국방의무의 입대를 마치고 이른바 혼탁한 사회를 원망보다는 새로운 정부가 시작되는 1988년 2월에 노태우 정부(6공화국 시작, 6.29선언, 10.13 특별 선언 등)가 출범하는 계기로 문민정부를 앞당기는 민주화 염원의 꽃으로 가득한 시기였다고 볼 수 있다. 이러한 시기에 한 사내는 새로운 직업을 찾기 위해 취업보다는 창업의 성장 꽃으로 성장시키고 싶은 충동은 사회를 강타하고 있었다.

드디어 Moon창업과 결혼은(88년 4월 창립, 89년 결혼) 어찌 보면 혼탁한 시기에 비슷한 또래는 최루탄으로 전쟁을 하고 있을 때이고, 정부는 군부정권과 민주정권이 새로운 합의로 정치적 융합의 정부 시작으로 출범하는 시기였다. 이른바 노태우 대통령 정권으로 북방 정책을 추진하는 리더십으로 성공적으로 추진한 부분은 오늘날에도 높게 평가한다. 앞의 글에서 이야기 했듯이 군부정권에부터 정책의 창업을 시작으로 서울올림픽은 성공적으로 개최가 되었고 국가위상을 한층 높이는 활동으로 국가의 창업이 성장했던 시절이다.

특히 노태우 정부는 국교가 단절된 국가가(중국) 수교되면서 이웃국가 동반성장의 기반과 글로벌 정책을 늘려 나가는데 핵심파트너가 되어나갔다. 그리고 글로벌 정책으로 정부에서 추진한 정책은 유엔에 가입하는 기회는 대한민국과 조선민주주의인민공화국이 함께 가입 세계 국가들과 가까이 하게 되는 기회의 시장이 되었다.

그러다보니 몇 남아 있지 않은 분단국가로서 남북 고위급 회담을 시작으로 평화 통일을 위한 논의가 활성화 되던 시기로 한때 눈물의 장이 되기도 하였다. 물론 국민들의 민주주의 열망과 민주화 국가 정의와 불의로 불만이 극도로 커지자 결국 전두환 정부(5공화국 정부)는 시국 수습방안으로 노태우 정부에 이른바 5년 단임의 임기를 기초로 하는 대통령제(대통령직선제)를 마련하게 되는 계기가 되었다.

국민은 정치를 알 권리와 책임이 있다는 것을 그때 알게 되었다.

그렇다보니 국민은 1인 선거권을 가지고 국가경영에 자질이 충분하고 능력이 있는 지도자를 선택할 기회가 있다. 특히 국민이 알 권리와 발전된 모습으로 국민과 소통하는 정치인에게 어쩌면 국민으로써 한 표 선거권 행사로 선거를 임하는지 모르겠다. 그렇다보니 정부도 다른 정부 때와 유사한 군부정권을 민주화 정부로 혁신의 정치는 거듭되고 있었다.

그러나 6공화국 정부는 그동안 신군부 출신 장기 집권으로 이해 집단의 정치는 혼란한 길을 걷고 권력의 투쟁을 하는 정치는 언론을 통해 민낯으로 공개되고 있었다. 그렇다보니 사회나 국민들의 민주화 갈망으로 여기저기서 사람이 할 수 없는 사건들이 학생운동과 시민운동으로 사회는 다소 혼란하게 성장하고 있었다.

물론 정치는 88년 당시 여당(민주정의당)이 과반수 의석 확보에 실패하였다. 이에 여소야대 정국을 타개하기 위하여 정치적인 논리와 지역 갈등 해소로 3당 합당(민주정의당, 통일민주당, 신민주공화당)이 되면서 앞으로 찾아올 여러 시나리오가 언론을 통해 홍보가 되기도 했다.

그 언론 보도 중에서 전 정부에 민주계(김영삼 총재) 합당으로 총재의 리더십이 강력해졌다. 차기 대권구도는 더욱 정치적 혼란 속에 한치 앞을 볼 수 없는 언론보도로 국민들은 이해집단에 편 가르기에 치중보다는 일들에 충실한 모습으로 성장해 나갔다.

사회는 정치적 불안으로 요동치는 형국이지만, 다소 안전을 되찾는 듯 했다. 그러나 정치는 살아 있는 생물체라는 정치인들의 요람답게 여러 정치논쟁(전교조, 정권의 연장선상 등)의 끝은 보이지 않은 진행형으로 보였다. 그러한 사회는 여러 사사건건 일들이 주변사람들의 소주잔을 기울 때마다 단골 메뉴로 찾는 일이 많았다. 그중에서도 지방자치제도(1991년 부활)를 부활시키라는 정치론과 시민단체의 요구를 수용하면서 대한민국 지방선거가 치러지면서 30여년 만에 지방자체제가 시행되었다.

이리한 정책에 Moon은 지방에서 사업을 진행하였고 같은 세대보다 다소 사회적 경험이 현실적으로 빠르다보니 사회활동 자체로 이미 지방 자치 체험을 하고 있는 행운도 있었다. 왜냐하면 평소 인적 네트워킹을 즐겨 했던 부분으로 사회에 필요한 각종 단체활동을 하면서 지역 주민들과 수많은 소통을 통해 지방자치제 출범의 시작을 직접 몸으로 체험하면서 지방자치제 출범의 필요성을 느끼고 있었기 때문이다.

그러던 어느 날 동네방네를 가장 잘 아는 지식인들이 지방자치제 출마로 등장했다. 평소 출마한 분들의 교류로 능력을 어느 정도 알 수 있었지만, 그 분들의 취향은 가장 잘 사는 동네로 성장 시키겠다고 정책개발과 공약으로 당선을 위한 활동을 요청했다. 나로서는 보다 잘 사는 동네를 위해 의원을 하겠다는데 안도와 줄 수가 없게 되었다.

그 당시 지방자치제는 사실 잘 알지 못하였지만, 창업으로 경영하는 초년생의 기업인의 젊은 나이로 지방의회의 관심을 가지는 계기로 동시에 학습을 할 수 있는 단계였다. 하지만 정치적 영향력이 있는 지방자치제에 관심으로 주변 분들의 출마는 여러 사회관계망을 통해서 당선과 낙선으로 이분들의 창업은 알 수 없는 기회와 위기로 지역의 발전은 요동칠 수밖에 없었다.

누가 관심을 가지든 가지지 아니하든 지방자치제는 시행되었다.

정책은 주민참여가 가능하였고 30여년 만에 시행한 지방선거는 민자당이 압승을 거두는 계기가 되었다. 그 당시 알 수 있었던 것은 정치란 이런 것이구나. 하는 가치관이었다.

처음으로 알게 되었던 것은

* 정당정치
* 패거리정치
* 과다 비용정치 등의 정치의 창업이다.

정부가 창업한 국민의 정책으로 도입한 주민자치제는 처음 시행하다보니 창업자(출마자)의 성향이 다소 전문가의 집단이기보다는 평소 지역의 동네 토박이나 거주지에서 사업을 주로하고 있는 주체의 대다수가 당선이 되었던 것 같다. 그러다보니 그 당시에 당선되었던 분들이 현재의 오늘날까지도 지방 정부나 지역민의 대표성을 가지고 활동하는 것이다. 이러한 시장에 전문가들의 기회들이 참여된다면 전문성이 있는 분들의 참여 정신으로 혁신의 가치로 발전이 되지 않을까 생각을 해 본다.

필자로서는 지방분권(황한식 교수)교육 프로그램 기회로 뒤늦게 배움을 해보면서 주민자치제도는 지역 주민들이 스스로 선출한 대표성을 가지고 그 지역의 일을 처리하는 것으로 지방자치제도라고 칭하고 있는 의미를 알게 되었다. 즉 우리나라에서 30여 년 만에 부활된 지방자치 제도는 중앙정부에서 살림살이를 모두 처리하기에는 많은 어려움으로 전국의 형편성에 맞게 정책을 나누고 그 지역 사람들이 살림을 맡으며 그 지역의 일을 스스로 처리하게 하는 제도라고 정의 하고 있다. 이러한 정신을 창업으로 응용해보면 팀원들에게 권한을 부여하고 관리체계를 통해서 전반적인 경영을 리드하는 기법이라고 볼 수 있다.

그 당시 지역에서 초기 창업의 정착과 신혼의 청년은 잠시 파트너로 참여하는 기회였다.

젊은 청년에게는 사업을 진행하면서 처음으로 참여하게 된 주민자치제 출마자 선거캠퍼 사무실 일을 도우면서 더 실감 있게 지방자치제도를 알 수 있었다. 주변에서 출마한 출마자를 위해서 동네방네 정책을 개발하고 출마자를 돕기 위해 찾아오는 동네 분들과의 만남을 통해서 전반적인 선거를 수행하는 과정을 학습할 수 있었다. 아마도 사회네트워크를 통해서 청소년선도위원, 주민방범위원, 새마을금고 대위원 등의 활동으로 어느 정도는 도움이 되었으리라 생각해 본다. 사업으로 인한 주민 봉사활동은 주로 동네 분들을 접할 수 있는 봉사활동이 계속 되었다. 그렇게 선거는 당선자와 낙선자로 명함은 많이 엇갈리는 형국이었지만 나로서는 많은 배움으로 사회와 지역의 현안을 더 알게 되었다. 지난 일이지만 한 정치인으로부터 정치에 관심이 있는지 시작으로 누군가의 제안 계기로 가딱하면 정치인을 위한 정치인으로 직업이 변경 될 수도 있었던 추억이 떠오른다.

어른 분들의 충고, 송충이는 솔잎은 먹어야한다는 속담으로 인도했다. 벤처 창업 초년생인 내가 정치에 관심을 가진다는 것은 그 당시 생소한 일이었기에 거리 두기는 잘 선택하였고 지금에도 좋은 판단이었다고 추억을 꺼내 본다. 그러나 사람이라는 것은 늘 변화의 동물적 성향으로 지난 일을 생각해보면 어찌 보면 주민자치제가 처음 도입이 되었고, 주민을 위한 정치를 배우기 위해 여의도 정치계나 지역의 의원으로 변신을 하는 것도 나쁘지는 않았겠다 싶을 때가 있는 추억이 있어 좋다. 그럴 때마다 나 자신을 위한 기도는 정치로 인한 가족들의 불행한 시간들이 초래할 수 있다는 생각들과 나로 인해 펼치고자 하는 정치철학이 부족한 상태에서 주민을 위한다 치고 자칫 정치로 인해 실패할 수도 있었다고 자신을 달래 보지만, 아직도 정치는 알 수 없는 형국의 창업이다.

그렇다. 정치는 내가 참여하지 않아도 지방자치제는 정착이 되었다.

3당 합당으로 15년(1972년 이후)만에 민간이 직접 선거로 선출된 대통령을 뽑을 수 있는 의미 있는 6공화국이 출범 했다는 것은 민주주의 꽃이다.

국민이 염원하는 민주주의는 앞으로 혁신이 매우 필요했다. 민주주의는 사회의 안전망으로 국민을 위한 정치로 정착이 되었다. 그 정치적 공간에 한사람으로써 취업을 하지 않아도 개인이 생각한 아이디어(벤처 창업)로 얼마든지 성공할 수 있는 기회의 사회적 공간을 제공하였다.

그리고 민주사회로부터 민주주의 꽃이라고 하는 지방자치제 사례를 남겼다는 것에는 국민 누구나 만족한 사회 활동이 아닌가 생각해 본다.

정치는 3당 합당으로 서로 실패한 경험으로 실패 뉴딜로 새로운 정치 혁신을 이끌어 냈다. 바로 이러한 실패의 정치 자원을 새로운 가치들의 창단, 실패의 뉴딜로 새로운 희망의 정치로 함께 하면서 진정한 국민의 원하는 정치를 할 수 있는 긴 창업이 필요했다.

기업들도 마찬가지다 각자가 창업한 스타트업도 때로는 합치가 필요하다. 서로의 실패의 자원들로 인해 새로운 성장 모델로 성장이 가능할 수 있는 기회가 더 많기 때문이다.

무한한 창업의 사회를 통해서 이미 정치나 기업의 민주화 시장은 검증이 되었다고 볼 수 있다. 그래서 정부는 이러한 정책들에 과감한 정치개혁과 긴 창업을 할 수 있는 민간 스스로의 변화와 투자가 될 수 있도록 리드하고, 지원관리가 되었으면 한다.

긴 창업을 위해서는
* 정치는 민주화 사회를
* 정책은 먼 추구의 사회를
* 실패는 새로운 뉴딜의 사회를 할 수 있는 정책과 기회를 제공해
  야 한다.

고객을 위해 무엇을 할 것인가?
스텝A – 전체 생애주기 및 고객 검증
스텝B – 높은 제품 및 서비스 정의
스텝C – 가치 제안 명확성 및 정량화
스텝D – 주된 핵심 역량
스텝E – 확실한 경쟁적 우위

주민자치단체 💡

88년 2월에 노태우 새 정부(6공화국 시작, 6.29선언, 10.13 특별 선언, 북방정책, 지방자치제 등)가 출범하는 계기로 지방자치제가 시행되었다.

30여년 만에 처음으로 시행한 선거는 민자당이 압승을 거두었다. 물론 정치적 계산에 따른 3당 합당을 계기로 입법기관인 국회에서 개헌 선을 넘는 거대여당을 출범 시켰으나, 여러 보수단체나 보수 진영 중심의 국민적(주택문제, 물가상승 등) 반발로 제반 정책의 실패(주변지역 건설로 일산, 성남신도시 바다모래)로 정치적 통합력 또한 실패하면서 새로운 뉴딜의 시장이 필요 했었다.

잘 아시다시피 선거는 국민의 마음을 사는 것이다.

그래서 정치는 국민을 위한 정치가 되어야하고 국민은 정치가 올바르게 갈 수 있도록 깨끗한 선거에 동참해야한다는 마음이 성숙해야 한다. 이때 성숙이 익숙할 무렵 노태우 정부는 후계자 이양으로 정치는 더욱 혼탁한 길을 예고하고 있었다. 3당 합당의 구심점이 된 민주계(집단 탈당과 반정부 투쟁)의 정치적 입지에 따른 후계자(김영삼 총재)는 기존 세력화의 후계자(박철원)와 치열한 수 싸움이 시작된다는 언론보도의 사회를 접할 수 있었다.

그러는 동안 지방 자치 제도는 자리를 잡아가고 있었다.

지방 정부가 중앙 정부의 간섭 없이 지역의 사무를 스스로 처리할 수 있는 일부 재정과 자율성을 확보하고 자립해야 하는 목적을 두고 지방정부가 성장하고 있었다.

지방정부 주민자치는

* 주민의 주체적 정신

* 주민의 자발적 참여

* 주민의 자치 역량을 강화하는 목적을 두고 혁신이 거듭된다.

하지만 지방 자치 단체장 선거에 임하게 되면 중앙정부 입법과 감사기관(정당 정치, 지역 국회의원)이 막대한 지역에 행사를 함으로 진정한 지역민이 참여하는 기회를 놓치는 경우가 허다 하는 연구가 많다.

우리나라의 지방 자치 제도는 민주적 자치 체계로 창업이 되었다.

광역자치단체(특별시, 광역시, 도)와 기초자치단체(시, 군, 구)로 구성되어 운영되고 있다. 그 운영 과정의 지방자치단체 구성은 직접 지역 주민이 지방선거(현재 4년마다 선거)를 통해 주민의 대표를 선출하는데 주안점을 두고 있다.

직접 주민대표가 되면 주 업무

* 조례, * 제정, * 현안, * 감사, * 심의, * 의결을 시작으로 주민 스스로 활동을 촉진하며 선거를 통해 지방 자치 단체(집행, 규칙)업무를 지원하게 된다.

벤처기업도 유사하게 창업되어 운영이 된다.

* 개인회사 * 법인회사 * 유한회사 * 협동조합 등으로 창업이 가능하다.

개인회사로 설립이 되던 법인회사로 운영이 되던 개인. 주주에 따른 주 업무(경영, 구성원, 책임, 정책, 감사) 등이 회사 스스로 조직을 구성하고 경영을 촉진한다. 일반적으로 회사 구성원은 주민 자치로 보면 말 그대로 주민과 회사 구성원과 동일한 성격을 가지게 된다고 보면 된다. 그리고 자치 단체장은 주주의 대표 격인 경영자와 같은 역할로 보면 된다.

물론 정치보다는 혼탁하지는 않지만 현재의 기업들 현안은 그다지 좋은 환경은 아니다. 왜냐하면 그동안 국가의 창업으로 고도성장에 따른 가파른 노동의 질, 정책 등으로 인한 서로간의 갈등구조가 지속되어 다음세대를 위해 반드시 엉킨 실타래를 한 올 한 올 풀어나가야 한다. 즉 노동정책과 혁신을 통해 엉킨 실타래 실마리 풀어 나가야하는 운명의 시간을 맞이했다고 볼 수 있다.

물론 정부의 창업도 마찬가지이다. 지방자치제가 되었다고는 하나 아직도 중앙으로부터 이양될 자원이 부족하고 불균형적 발전이다. 정책은 불균형 지방으로 이양이 많이 되었을 때 보다 나은 지방자치위원회, 지방자치단체 등으로 바른 지방자치정부 체계로 운영될 수 있을 것이다.

지방자치는 지방 주민이나 자치단체가 자신의 행정사무를 자주적으로 처리하는 정치제도이다. 그러다보니 정치적 제도의 중요성도 있지만 무엇보다도 주민과 소통하는 것이 가장 바람직하다. 왜냐하면 주민이 정책을 만들고 함께하면서 주민을 위한 공감의 주민자치 제도이기 때문이다.

벤처 창업도 마찬가지이다.

* 조직 구성원
* 조작 경영인

*주주 구성원, 기관 회사를 위한 업무에 참여하고 빠르게 정책들을 공유하면서 처리 할 수 있는 리더십과 전문경영이 필요하기 때문이다.

또한, 각 구성원과 경영자가 회사를 위한 노동정책으로 서로 상생할 수 있는 기반을 마련할 수 있어야하고, 그 기반의 활동적 가치는 경쟁사회 구조에서 살아남는 방안과 발전이 필요하다. 특히 각종 의결을 처리와 공정한 경영은 기업의 꽃이라고 하는 이익 창출을 위해 서로간의 집행. 규칙의 업무를 지원하고 운영하는데 충실해야 한다.

오늘날 국민정서에서는 정치가 가장 먼저 혁신이 필요하다고 모두가 입을 모은다.

지난 정부의 창업, 6공화국 출범에서 정치 혁신으로 지방 자치 제도 행정이 새롭게 시작되었던 해였다.

아마도 여러 민주화 운동으로

* 대통령직선제

* 지방자치 제도

* 주민참여 정신 등으로 한층 앞서가는 민주화를 건설 했다고 볼 수 있다. 그러나 아직까지 정치가 국민으로부터 신뢰를 받으면서 정치적 신뢰현안이 될 수 있는 부분이 많이 부족하기에 지속적인 혁신이 필요하다.

그렇다. 정치는 그렇다 치고 기업은 어떠한가?

해방 이후 성장으로 기업들(주주경영, 구성원) 혁신도 한층 앞서는 혁신 주제들로 기업민주화(대기업, 벤처기업, 소기업 정책 등)에 필요한 여러 대안들이 필요했다. 어느 정부에서나 규제완화에 따른 기업지원들을 통해 혁신을 하고자 하는 주체는 늘 있었다. 하지만 기업의 현장에서 실제 기업들에 피부에 와 닿는 부분은 그때나 지금이나 미비한 부분은 모두가 인식하는 부분이다.

장기간 기업에 참여했던 사람으로서 기업들에게 많은 권한과 혜택을 부여하고 정부는 소통과 관리의 업무를 늘려 혁신을 하는 것도 좋을 대안이 될 것이다. 또한 모든 기업들이 살아 있는 생물체와 같이 생존이 우선 시 되는 영역인 만큼 단기간에 해결해 나가는 처방보다는 장기적인 전략과 기업들의 선진문화를 만들어 나가는데 우선을 두어 정책을 입안하고 지원해 나갔으면 어떨까 한다.

오늘날 정치는 어떠한가?

탄핵 정부로 탄생한 촛불혁명 정부도 이게 나라야 나라다운 나라를 만들겠다는 정치는 어떠한가?

주요정책으로

＊최저인금

＊소득주도

＊공정한 사회 등으로 출범하고 혁신을 시작했지만 다소 국민들로부터 피로감이 있는 정책으로 인식이 되고 있는 실중이다.

그러다보니 정치 정당 야당으로부터 많은 택언을 시작으로 해결보다는 싸움으로 변질되는 정당정치에 피로감을 느끼는 국민이 많은 모양새이다.

평소의 정당정치 자체가 국민들로부터 혁신의 모습보다 국회 내에서 싸움으로 피로감이 있는 과정에서 오늘날 정치도 대래 국민의 피로도가 쌓이는 결과를 초래하는지 되돌아보면서 정치를 해야 한다.

그리고 정치는 많은 권력이 보유된다. 그러다보니 정부는 소통과 협치를 위한 정치가 살아 있어야 한다. 기업을 경영하는 주체도 사회적 안전망과 정책적으로 매우 필요한 현실적 가치를 실현해야하는데 정치적 혼란으로 기업들은 신중하게 데이터에 의해 혁신이 진행되고 있어 모두가 불안한 경제로 이동되고 있다.

정부나 기업은 자칫 혁신이 대래 어려운 환경으로 초래하여 그 어느 때보다 어려운 현실을 극복하고 있기에 현장을 수시로 모니터닝 하면서 사회적 혁신을 이끌어낼 필요성이 있다.

물론 정부는 기업들을 돕는 정책과 감사 기능이 나오면 상대성 이론에 따른 상반된 정책이 나오기 마련이다. 이번 정부의 혁신사례로 최저 인건비가 단 기간에 많이 상승되고 나니 주요 고객의 소상인부터 기존의 구성원을 퇴사를 시키는 구조를 바꿔가며 어려움을 극복하는 것을 볼 수 있다. 또한 4차 산업혁명으로 인해 비대면 장치개발과 소프트화로 고용 없는 시장으로 빠르게 이동되는 것도 코로나19로 인해 변화의 시장으로 느낄 수 있었다.

언론에서는 최저인건비 상승으로 국내에 외국노동 근로자가 돈 다 벌어간다는 아우성이 들리지 않나, 이게 소득주도 성장이 맞나 등으로 최저인건비 상승의 정책은 다소 혼탁한 시장으로 견인해 나갔다.

기업들의 혁신은 어떠한가?

기업이라는 것은 살아있는 생물체와 같아서 최저인건비 상승에 따른 문제로 인해 여러 기업들이 기술혁신으로 해결책을 찾았다. 앞서 말 한데로 소상인 문제만은 아니다. 이미 세계적으로 4차 산업혁명 기술융합을 적용하며 문제기능이 기술적 해결형태로 도입되면서 고용 없는 성장에 많은 직업군 변화가 예상 되고 있다.

그동안 기업의 성장으로 고용의 시장은 확대해 나갔다.

그러나 최저인건비 상승과 신 기술도입의 한 예로 매장 내에 키오스크를 도입하여 찾는 고객들로부터 예약, 결제 기능까지 가능하게 함으로 기존의 매장 구성원 일자리가 사라지게 되었기에 흔한 아르바이트 자리도 없게 되었다.

　이러한 시장은 기존 매장의 관리 주체를 바꿔 놓은 것으로 젊은 세대는 익숙하지만 시니어 대상으로부터는 다소 불편한 기능으로 도입되면서 세대 융합이 필요한 사회로 발전을 이끌어 냈다고 볼 수 있다. 어디 그 뿐인가. 매장 방문고객을 얼굴인식이나 주문데이터 등으로 빅데이터(Big data) 분석을 통해 매장을 찾는 고객들의 맞춤형 방문 서비스가 가능하다 .특히 인건비 비용측면 보다는 고급화 하는 기술적 전략으로 고객층을 한층 고용 없는 성장으로 인식해 나갈 수 있도록 新문화도 만들어 나갔다.

　이렇다보니 지방자치제로 많이 접하는 소상인의 몰락과 도시와 주민들이 겪는 불경기와 불안으로 돈의 흐름이 사회적 혼탁으로 다소 불안한 정부로 이동하게 했다.

　사회적 자본이 투여되는 현장은 스스로 움직이는 힘이 없으면 계속해서 투입하는 돈이 많이 필요하게 된다. 즉 자본은 특정한 곳으로 흐르는 것 보다는 공동체 인식을 통한 고통분담 같은 문화로 이동이 되었을 때 공동체 사회에 대한 불만이 없어지게 된다. 즉 일이라는 것이 돈이 될 만한 곳으로 이동하면서 가지려는 가치들에 중시하는 시대에 살고 싶어 하기 때문에 불균형 사회로 변화가 되었다.

　공동체를 위해서는 주민자치 제도를 보는 관점도 달라져야 한다.

　어느 지역에 살아가면서도 하나의 국민으로 그 동네의 현안에 대해서는 알 권리가 있다. 국민의 한사람으로써 그 지역에서 주민으로 공동체 구성원으로 혜택을 누리고 국민으로 책무를 다하는 것도 중요하지만, 주민으로써 참여하는 기회가 있을 수 있도록 참여하고, 지원해야 할 의무를 가지는 것이다.

그래야 살고 있는 지역을 위한 정책들이 개발이 용이하고, 그동안 모든 일들이 잘 되었겠지만 다소 실패한 정책의 내용들로부터 실패의 뉴딜을 할 수 있어야 주민자치가 활성화 될 수 있다. 이러한 영역에는 주민자치 행정을 기반으로 현장을 중시하는 주민자치를 통해서 예산과 실행을 할 수 있는 기반을 만들 수 있고, 다양한 지역의 혁신이 가능한 지역의 생태계로 만들 수 있는 정신에 함께 해야 한다.

소통이 가능한 뉴딜의 정책으로 보면 지방정부 행정기관이나 주민 참여의 정신이 하나하나의 측면에서 행정기관과 주민 참여의 정신이 다를 바 없는 공동체 의식의 주인의 책임이 있는 제도이다. 특히 그 지역을 혁신하며 추구하고자하는 정책과 경제적인 측면에서는 봉사와 희생의 정신으로 소외 계층이나 독거노인 등에 필요한 가치 활동은 무엇보다 중요한 일들로 오늘도 진행형이다.

또한, 지역 현안에 대해서는 누구보다 많이 알고 있어야하고 알아야한다. 그래야 그 지역이 안전한 공간의 가치와 공간의 경영으로 그 지역의 가치제공 현안들이 해결될 수 있다.

특히 주민지치제도의 창업은

* 주민자치위원회
* 주민협의체
* 주민의 선거에 참여정신 등은 무엇보다 중요한 역할이다.

왜냐하면 그 지역의 대표성이 있으면서 지역의 현안에 대해 의제 발굴, 심의안건, 설계 실행 등으로 각 현안들을 처리 할 수 있는 기구로 각 요소에 필요한 시스템으로 혁신적인 선도자가 되어야 되기 때문이다.

그래서 주민자치제도는 늘 새로운 활동 정신과 새로운 주민으로 매번 창업이 되어야 한다. 그 매번의 창업에는 주민이 참여하는 정신은 필수이다. 그렇게 함으로 주민자치 행정과 주민이 팀원이 되어 변화의 혁신을 할 수 있다.

특히 성장을 위해서는 그동안 성공한 모델의 사례를 계승하고, 실패한 모델은 실패의 뉴딜 정책으로 함께 분석하고 연구할 필요성이 있다. 그러한 문제들은 뉴딜의 정책으로 해결할 수 있다. 주민자치제도 정신으로 지역을 성장시켜 나가는 것이 바람직한 사회관계망을 위해 무엇보다 참여할 수 있는 정신이 매우 필요하다.

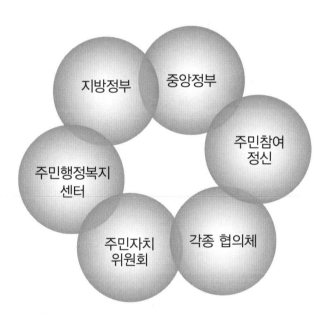

💡 정보통신부(1994년) 신설

1948년 정부 수립과 함께 체신부가 발족 되었다.

한동안 체신부가 국가경영에 큰 역할을 한 부분은 모두가 인증한다. 이러한 역량을 김영삼 정부 1994년 출범으로 정부조직법 개정(1994년 문민정부 시절)에 따라 21세기 정보사회에 능동적으로 대처하기 위해서 정보통신산업을 국가발전 전략산업으로 집중 육성하기 위해 신설(과학기술처, 공보처 및 상공자원부 흡수로 개편) 통합하여 정보통신부로 개편되었다.

정보통신부의 창업으로 설립된 조직구성을 보면 장관과 차관 각 1명 아래 2실(기획관리실, 정보화기획실), 3국(정보통신정책국, 정보통신지원국, 전화방송 관리국)이 있으며, 하부조직으로 6관 27과를 두었으며, 외처로 체신청이 있으며 소속기관으로는 전파연구소, 중앙전파관리소, 통신위원회사무국, 우정사업본부가 있었다.(지식백과)

그 당시에 젊은 창업가로서 국가정책과 성장전략을 정보사회를 준비한 희망찬 정부조직법 개정은 대 환영은 물론 국민의 한사람으로 살아 있는 정치를 실감하게 되었다.

그러나 정치는 계속 여야로 요동치는 형국으로 출범을 하게 된다.

1994년 신설된 정보통신부가 2008년 정부조직법 개정과 출범으로 일부는 산업자원부, 과학기술부 통합(일부 지식경제부, 문화관광부, 체육관광부 개편)하는 아픔을 겪게 되었다.

벤처기업을 경영한 사람으로서가 아니라 세계적인 기업들의 정책과 흐름을 역행하는 과오로 정보화 사회의 정책을 집중화하고 지능화 사회의 선택에 따른 성장을 견인해야하는 정책의 실패로 볼 수 있다. MB정부의 국가 재창업의 정보통신부 합병은 매우 안타까웠다.

재창업으로 정보통신부가 산산조각으로 개편되면서 국경 없는 세계 경제에 기회를 내어주는 꼴이 된 것 같아 가슴이 지금도 아파온다. 다아시다시피 세계적인 정보통신기술(ICT)혁명가 스티브잡스(2007년)가 설계하고 오프닝을 앞두고 있는 시점에서 정부조직법 개정으로 인한 여러 기능이 분산되면서 집중과 선택으로 산업육성과 기업성장이 세계 시장에서 타이밍을 놓치는 시간을 초래한 것 같아 더욱 불안해왔다.

이러한 국가경영에 실패의 뉴딜정책이 매우 필요했다.

국가의 재창업으로 조직이 분산되면서 각 부서로 이동한 조직은 세계적으로 모바일 시대 혁명이 시작된 시점이라 흩어진 조직들은 누구보다도 현실을 안타까워했을 것이다. 그러나 우리나라 구조상 대통령 5년 단임제로 다음의 임기를 기약하는 것은 다 아는 사실이다.

그렇게 흘려간 세월로 인해 모바일 시장의 하드웨어 스마트폰, 소프트웨어 인공지능이나 로봇산업 등의 시장에 선도할 기회를 놓치게 되었다는 전문가들의 의견이 많았다.

그 당시 나라는 존재도 재창업으로 정보통신기술(ICT) 회사를 왕성하게 현장에서 하고 있었기에 현장에서 들려오는 아우성은 지금도 생생하게 기억한다. 아마도 지금 생각해보면 김 대중정부 닷컴열풍으로 노무현 정부에서부터 닷컴버블과 벤처인들이 진행해온 벤처기업 부실과 정책 피로감으로 인한 정책변화가 아닌가 생각해 볼 수 있다.

그 정책들에 함께한 벤처기업들의 성장 없는 거품 경제에 따른
* 국민들의 피해 확산
* 주식거래의 피로도
* 벤처 부실기업의 몰락 등으로 지난 정부에서 추진했던 벤처기업들은 한동안 역사 속으로 사라지는 아픔을 겪으면서 다음을 기약해야 했던 부분의 기업들의 경영이다.

지난 산업혁신은 정치로부터 함께 했다고 볼 수 있다. 우리나라 정치는 한동안 군인(박정희 6.16 군사정변 이후 32년 전두환, 노태우 군사정권)이 긴 정치에 참여 하면서 산업 혁신들이 동반 성장 되었다고 볼 수 있다. 그래서 민주항변을 시작으로 대통령 직선제가 실시되면서 통치하는 정부(1993년 문민정부 출범)가 출범 되었다. 정부출범으로 지난 정권 통치한 군사 독재 문화를 청산하고자 하는 의지를 들어내면서 민주주의 문화를 정착시키기 위해 많은 노력을 정치가나 국민이 함께 하였다.

즉 문민정부 출범으로 역사 바로 세우기(5.16군사 정변, 12.12 군사 반란 재평가)로 문민정부와 군부정부는 많은 대립과 평가들로 사회는 다소 혼탁했다. 그 시점 가장 큰 정책(금융실명제)을 실시해 금융 제도 개선을 앞장 서 나갔다. 그러나 정책은 아쉽게도 정책을 완성하지 못하고 임기를 맞으면서 경제 정책은 큰 대란으로 큰 경제 위기(국제 통화 기금IMF 격동)를 겪게 되면서 IMF원조를 받게 되는 국민의 아픔을 선사했다.

출범한 정부는 군부정권의 청산으로 군부정권의 조사위로 많은 사

람들이 청문회를 통해서 대통령을 비롯한 참여했던 다양한 사람들이 구속되기도 하였다. 군부정권의 역사는 청문회를 통해서 많은 정책들이 드러나면서 브라운관을 통해서 국민은 부정의 사실을 알게 되었다. 언론에서는 문민정부 정치에 응원이라도 하듯 지난 정부의 실패한 정치에 술잔을 기울이는 횟수가 늘어났다. 우리경제도 피할 수 없는 시련의 시절이었다. 정치의 개혁에 몸집이 크고 정치세계로부터 자유롭지 못한 대기업들의 주축이 될 수밖에 없었다.

우리나라의 구조는 어느 정도 알고 있듯이 빨리 경영을 촉진하기 위해 정부가 지원하고 협업을 하면서까지 대기업의 빠른 성장에 함께했다. 그러다보니 정치로부터 거리두기는 한계성으로 대기업의 중심의 경제 생태계는 균형을 잃고 정치인들과의 근친으로부터 독과점과 수직계열화로 인한 부실이 드러났다. 정치나 대기업의 부실은 고스란히 국민의 세금으로부터 피할 수 없는 부실의 늪이다. 그러다보니 더 국민으로부터 정치계나 대기업의 부실은 자유로울 수가 없었다.

벤처 창업을 한 나로서는 94년 문민정부는 또 다른 문화의 학습이 되었다. 즉 현장에서 답을 찾고 싶었다.

이미 전 정부에 지방자치제도 진입에 따른 지방분권화 시작과 지방 부실 방지책으로 지방분권 정책에 참여하는 기회가 더 많아졌다. 지방에서 사업을 하고 있었기에 지방자치제도는 주민으로부터 참여와 사업가를 통해서 지원과 봉사 학습을 하는 것에는 큰 보람찬 일이었다. 그래서인지 아무리 인적 네트워크로 활동이 촉진된다고 해도 전문지식이 겸비한 사업가로 성장하고파 갑작스럽게 공부를 하고 싶었다. 아마도 지금 생각해 보니 그 당시에는 정치개혁도 원만하게 진행되고 주민자치제도도 정착하는 단계로 비롯해 사업가로 활동을 하고 있지만 사회를 좋게 맞이하고 있었나 보다. 그러나 얼마 있지 않아 정치는 요동치고 IMF 제도권으로부터 원조를 받게 되는 사회로 이동한다. 그렇다 국가의 경영도 책임이 있다. 경영의 조직은 정부나 정치인 등이 국민에 의한 경영을 하겠지만 분명한 것은 국가부도 위기로 겪어서는 안 될 경영으로 예측되고 있었다.

 이 어려운 시기에 기업을 경영하다 갑자기 공부는 왜 하고 싶었을까.

 아마도 창립(6년차로)한 기간이 비즈니스 확산으로 정착하는 기간이 되었다. 기업은 안전기로 접어들었다 하더라도 지속적인 혁신이 필요하다. 그런데 경영자가 경영에 몰입하지 않고 시간을 외부로 돌린다는 것을 실패의 늪에 빠질 수 있고 그렇게 쉬운 일은 아니었다고 본다. 그리고 사업을 시작으로 당시 가족(아들, 딸 귀염둥이)의 경영을 하고 있었으니, 가족도 불안한 일이 있었다고 보여 진다. 어찌되었던 언론 홍보를 통해 부산대학교 언어교육학에 원서 접수로 배우겠다는 의지로 합격 원서 통보를 받았다.

 시회의 초년생으로 사업하는 생각들에 다양한 언어(영어)가 필요 했다.

 접수해서 합격한 통지서는 언어 학습으로 능숙하게 소통 할 수 있는 교육 프로그램으로 생각을 했다. 그러나 합격 통지서를 받고서 오리엔테이션에 참여하게 되었다. 아, 공간 속에 멤버들은 온통 나와는 관련이 먼 거창스럽고 고품이 넘치는 나이층 그룹으로 참여하고 있었다. 아, 공부에 때를 늦춘 만큼 기대했던 지수가 높아서일까? 오리엔테이션 참석으로 본 학우들 분위기는 이미 때는 늦었단 말인가 하는 실망의 시간이 흘렸다. 물론 본인이 생각하는 프로그램과 완전히 다른 학습 그룹으로 느껴지는 이유가 무엇 때문에 그럴까, 또한 집에 가서 집사람에게 어떤 말부터 어떻게 이야기를 해야 할까, 온통 머릿속에는 걱정거리로 후회의 화살이 머릿속을 가득 메웠다.

어차피 등록을 했으니 부산대학교 교문을 넘나들면서 마치는 것이 기업경영에도 많은 도움이 되겠지 자신에게 위로를 시작으로 참여 했다. 본 교육 프로그램에 참여하면서 학습한 내용보다 선배들로부터 인생 공부가 더 많은 것으로 그야말로 차츰 프로그램에 빠져 갔다.

그러나 그룹에서 나이는 프로그램에는 어울리지 않다는 것을 알고 있을 때였다. 안교수의 영어실력으로 오리엔테이션 시간에 최고령 학우와 최연소 학우를 무대 앞으로 불러 소개를 하는 것이 아닌가! 그야말로 무대는 화기애애했지만 나로서는 세대차에 처음 서 보는 무대로 많이 긴장되고 있었다. 한다고는 했지만 세대격차를 상당히 느끼는 계기로 남들보다 더 열심히 해야겠다는 의무감으로 늘 프로그램에 성실하게 임하게 된 동기로 창업가 정신에 많은 도움이 되었다. 아마도 그 동기는 훗날 재창업 당시에 진행했던 해양(IT)관련 연구와 사업으로 진행하는 네트워크 분야에 많은 도움이 되었다.

정보통신부가 설립이 되었고, 정부가 바뀌면서 해산되었더라도 지난해를 회상해보면 문민정부부터 벤처기업의 정책을 시작으로 김대중 정부에 가장 활성화 되면서 경제적 이동이 가능하였고 치열하게 정보화 산업이 확산되어 나갔다. 어찌 되었던 산업전선에 늘 있었기에 두 번째 창업한 실패의 뉴딜은 닷컴 인프라와 해양(IT)관련 연구의 시작이 되었다.

물론 재창업을 시작으로 어느 정도 기업이 성장을 했을 때 기업부설연구소에서는 컨테이너 자율통신 장치를 개발하는 세부에 직접 참여하면서 정보통신기술(ICT)육성 정책에 함께 했다. 그 연구의 책임자로써 세계적인 항만을 직접 찾아 방문하고 항만관련 실태를 분석하고 조사하면서 각 나라 항만 발전방향을 제시할 수 있는 기반으로 항만을 비교분석을 할 수 있는 석·박사논문으로 학위를 취득할 수 있었다.

정보통신부 신설은 선 취업. 창업 후 진학을 할 수 있는 기반이 되었다.

교육부 프로그램은 여러 대학에서 학부, 학과 개설로 새로운 교육환경을 제공하였다. 그러니까 교육 정보화시스템에 의한 교육방식을 통해서 학점이수가 용이하게 지원이 되었다.

이런 활성화 기회는 놓칠 수 없는 기회로 부산대학교 과정 실패의 뉴딜이 하기에 너무 좋은 새로운 학습뉴딜의 정책이 되었다. 왜냐하면 그동안 직접 현장에서 일들로 체험 했던 연구는 기존 연구보다 다른 가치를 제안할 수 있기 때문에 학습은 쉽게 느낄 수밖에 없었다.

또한 현장에서 일을 통해서 고객들과의 접점의 데이터 기반으로 연구하는 모형 설계가 가능하다보니 어느 연구 모형 설계보다 구체적인 참여 활동이 가능했다.

대학에서 학습이 더 세세하게 학습할 수 있었다.

기존의 학생들은 교수지도, 연구원, 동아리 활동 등으로 참여하고 연구하는 방식도 다양성을 나타낼 수 있기에 차별화가 될 수 있다. 그러나 분명한 것은 선 취업 후 진학도 기존 방식의 틀에서 차별화로 학습이 가능하다. 그 차별화 전략으로 늘 현장중심에서 데이터 기반 고객들과 함께할 수 있으면서 데이터를 얻을 수 있는 장점과 데이터화할 수 있기 때문이다. 또한, 현장 맞춤형 연구과제 발굴과 연구하고자 하는 주제가 조기에 발굴될 수 있고, 산업체 경험 학생이 지도교수로부터 지도가 원활하게 학습 할 수 있는 기회가 많다. 그러다보니 실제 연구한 결과물 도출로 연구 자료 정리를 할 수 있었다는 장점이 많다.

연구 과제물은 시범테스트 서비스 형태보다는 더 진보적인 사고로 실제 사용자로부터 테스트와 비용을 받으면서 사업에 참여했기에 유익한 고객을 만날 수 있다. 고객층으로부터 비용을 지불하는 데이터를 상용화 서비스에 적용할 수 있는 기화와 가치로 접근이 가능한 부분은 분명한 장점이다. 하지만 아무리 좋은 장점이 있다고 하여도 교육 과정에는 근무환경에서 반드시 배려와 집중관심 지도가 있어야하는 문제점이 따른다. 그래서 정부나 대학에서도 이러한 문제점을 잘 알기 때문에 학습과 연구하는 과정에 협업정신으로 큰 어려움 없이 해결 할 수 있다.

다시 정부의 창업으로 돌아가 보면 '정보통신부 신설'로 정보통신 관련(천리안, 삐삐, 폰, 카폰, PDA 등)시장은 현장에서 탄력을 받으면서 성장하고 있었다. 정보화 산업 특색은 누구나 새로운 창업으로 기회를 잡을 수 있는 기회의 장으로 3차 산업영역의 정보화 산업이 발전되어 나갔다. 그러하다보니 정부나 학계에서 관련 산업체에 필요한 정책이 다양하게 펼쳐졌다.

관련 업계에서는

* 정보통신 관련 신지식을 찾고자하는 정신
* 산학연구소 활성화의 연구
* 대학의 인재육성 등이 왕성하게 정책의 효자 상품이 되었다. 특히 정보통신부 획기적인 네트워크 선도적인 투자는 신사업화로 성장할 수 있는 초석이 되면서 새로운 콘텐츠 시장으로 성장하는 인터넷 산업의 융합으로 발전을 거듭하는 계기가 되었다.

정보통신부 신설이 되기 전에 삐삐 산업 창업의 성장의 유명세를 아는가!

삐삐 장비의 신 시장 사회적 활동이 더 기억에 남는 것은 주로 사람들을 호출하는 서비스로 장비를 허리에 차고 있으면 상대번호가 인식이 되어 상대와 바로 통화할 수 있는 정보화 장치이다. 현장에 주로 일들이 많은 사회 활동으로부터 빠른 습성의 민족의 문화를 빠른 기획. 설계가 더 용이한 시장으로 준비된 통신정보 장치라고 볼 수 있다. 온 국민들은 정보통신 기기 사용과 소프트 기능사용을 늘려 나가는 색다른 정보화 시간들을 느껴본 시간은 대 만족이었다. 그러나 한 기기의 혁신은 그렇게 오래가지 않았다 기존의 삐삐 시장에 문제점 발견으로 실패의 뉴딜 정책으로 더 좋은 핸드폰 기기가 탄생되었기에 고객과 바로 통화할 수 있는 시장에 고스란히 시장을 내어 주고 말았다.

디바이스를 통해 늘어나는 연결시장 사용은 대단했다.

Moon이는 창업을 시작한 날이 몇 년이 지났고 다소 안전기에 접어들면서 정보통신부가 신설 되었다. 개인적으로는 정보통신부 신설은 그동안(도스, 천리안, 삐삐, 폰) 사용자로서 연결 산업의 중요성을 인식하고 있었기에 한편으로는 신바람 나는 시간이었다. 어디 그뿐인가 정부의 새로운 정책을 스크립트 하면서 미래를 설계하고, 컴퓨터 사용과 학습을 늘려나가는 열정의 계기는 오늘날 살아가는데 큰 힘이 되었다. 물론 아직도 타자 치듯이 컴퓨터를 다루는 습관은 있지만, 컴퓨터 변화의 사용자 기술자이다.

사회를 인식하는 긴 안목으로 정책과 예산을 확보하기 위해 논문과 언론을 통해서 정보를 습득하는 자세가 필요하다. 그러나 정보화 사회를 거치면서 정보는 넘쳐난다.

그러한 정보는 성공의 경험보다 실패의 경험들에 실패의 뉴딜정책으로 찬스를 잡을 수 있는 자료가 매우 부족하다. 그래서 책을 쓰고 있지만, 글을 쓰다 잠시 창밖으로 바라본 따스한 햇살이 보듬는 피부결이 피로감을 풀어준다. 저 햇살의 고요함처럼 컴퓨터를 통해서 상호작용이 가능한 준비는 시간이 고요 속에 파고든다.

정보화 산업의 시작은 성장의 미래였다.

이 시기에 자동화 장치에 컴퓨터 연계 자동화시스템이 구축되는 기회로 하고 있는(Good processing, jewelry processing) 창업 아이디어를 대량생산하기 위해서 투자를 늘려나갔다. 유 경험의 직원을 채용해서 직접 가공하는 기법을 대량생산이 가능한 모델(Good processing)이 기획, 설계되면서 똑 같은 디자인으로 대량생산이 가능한 제품이었다.

한 모델 장인정신으로 상품화 제품으로 나오는 과정 단계가 기존 공법의 실패의 뉴딜정책으로 인기가 많은 A디자인 모델을 생고무에 심어서 산업용 초 작업으로 여러 모델이 나오게 되는 과정을 거치면 A디자인 같은 모델을 대량(AAA)으로 생산하기 위한 장비로 1차 디자인 작업환경이 진행되는 과정이었다.

그 A디자인 과정을 연구를 그치게 되면서 가공할 공장운영을 겸하고 있었기에 산업용 초 작업한 모델을 여러 개 동시에 생산이 가능한 석고작업을 거치게 했다. 그 다음 대량생산이 가능하게 석고작업 된 곳에 열을 가해 놓은(금) 소장이 가능한 재산권이 있는 물체의 형체를 만들어 낼 수 있게 제품이 생산된다. 그 장치를 이용하면 선 컴퓨터로 디자인 설계 작업이 필요하고 설계된 디자인은 상품으로 가능하기에 예술적 손놀림이 가능한 구성원들이 많이 필요한 분야로 투자를 늘려 나갔다면 대량생산 공장운영이 가능 했다.

그 당시 제품서비스를 세세하게 설명을 할 수는 없지만,

∗ 단계별로 디자인 설계

∗ 대량생산 석고 준비작업

∗ 소장 가공 처리가 가능한 제품생산 등으로 1차 가공을 거쳐 2차 가공기술로 고객 맞춤형이 가능한 장비 도입과 생산이었다.

대량생산 장비를 통해서 제품이 완성되면 주요 고객사, 고객으로 유통 채널을 통해 돈벌이가 가능했다. 새로운 기술과 연구로 대량 제품으로 가치를 가지게 되지만 장인정신에 의한 소장가치는 없을 수 있다. 그러나 기존의 수작업을 고집하다가는 실패의 뉴딜정책으로 실행하기 전에 실패하고 만다는 인식으로 전환이 되면서 차츰 혁신이 현실이 되었다.

그 당시 도전했던 대량생산 제품화에 필요한 장치 연구로 대량생산이 가능한 시스템 구조로 성장이 가능한 시장에 함께한 시간은 지금도 좋은 추억으로 남아 있어 좋은 정보화 구축 사례이다.

그 당시 성장한 자랑을 늘여보면 주요 거래처에서는 대량생산으로 한 모델이 기기 시스템화로 이십 개 이상 한꺼번에 생산이 가능하므로 대량주문이 들어와도 한꺼번에 해결할 수 있는 기회의 시장으로 기뻐했던 기억이 좋다. 주요 거래처 성장을 보면서 산업은 소장의 가치가 성장이 높을 것으로 보인 중국시장 진입의 목표였다.

인구가 많은 국가로 소재 개발로 인한 시장은 크게 성장할 것으로 예상되는 중국 수교에 따른 시장조사이다. 단 둘이서 중국 상해에서부터 이웃시장을 들러 칭다오까지 보름동안 시장을 조사하고 다녀온 기억은 지금에 와 생각하면 목숨을 내 놓고 한 도전이 아닌가. 아슬아슬하다.

어디 도전 없이 희망찬 시장으로 성장할 수 있겠는가. 사업을 추진

하다보면 시장은 고객들로부터 나오는 영감으로 예감을 느낄 수 있다.

　그 당시에 고객들로부터 실감된 예감이 사업 확장성(B2B, B2C)은 대량생산 변동성으로 두 마리 토끼를 잡을 수 있는 기회를 제공했다. 그러나 기존 시장으로 안주했던 실패 원인에 대량생산이라는 뉴딜정책을 활용하면서 두 성장을 촉진할 수 있었다. 자랑같이 이야기 했지만 지금 와서 생각해보면 실패한 뉴딜의 정책의 실패이다. 왜냐하면 확장성 자체를 선 구축 후 대량생산 시스템으로 선정하고 공장가동에 주안점을 주기보다는 현금 유통성이 좋은 고객접점으로 비즈니스(B2C)는 확장에 더 무게를 두고 프랜차이즈(줄리아나)시스템 구축으로 확대를 하고 있었기 실패의 뉴딜 정책이었다.

　지금 생각해보면 뉴딜의 실패는 비즈니스 자체가 대량생산 시스템(B2B)비스니스로 선행하고 대량생산으로 프랜차이즈(B2B)를 했어야 했다. 젊은 나이다보니 고객접점으로 현금화 유동이 좋은 비즈니스(B2C, 프랜차이즈 사업화)로 진행하면서 현실에 안주했던 경영은 실패한 경영이다.

　물론 그 당시에는 실패로 볼 수 없는 관점이었다. 창업의 천재적인 소질을 갖고 성공했다는 소리를 주변으로부터 많이 듣고 살았기 때문이다.

　지난 일이니까 그때 그렇게 했으면 얼마나 좋았을까 생각을 더듬어 보지만, 어찌되었던 비즈니스(B2B, B2C, 프랜차이즈)는 할 수 있는 범위까지 시스템을 만들었고 후회 없이 사업을 해 보았으니 그래도 복 받은 사람임에는 틀림없다. 성장하는 사회로부터는 동반성장해 고맙다는 말을 자주 들었다.

　젊은 창업가로 맨주먹으로 출발한 젊은 사람의 성실성의 주요 사업에 뉴딜은

＊과감한 도전정신

＊정보화 사회의 연구

＊변화에 리드하는 철학 등 성장에 필요한 실패정책을 인식하고 매
번 마다 실패의 뉴딜정책을 스스로 해결해 왔기에 후회 없는 삶
을 살았다. 이 책을 읽는 분들도 과감하게 도전을 했으면 한다.

사업은 운이 따라야한다.

주변으로 많이 듣는 이야기이다. 1988년 첫 사업을 시작할 무렵 운
이 좋게도 국가차원에서 서울올림픽 창업이 시작되었다. 서울올림픽
은 성공적으로 개최가 되었고 서울올림픽 후광으로 시중 경기는 너무
나 좋았다. 전국적인 현장에는 경기호전으로 민간에서 시작한 삐삐
서비스는 빠른 대중에 연결 산업의 접점으로 성장할 수 있는 계기가
되어 사람과 산업을 연결 성장했다.

오늘날은 더 진화된 모바일 연결 산업이 되어 세계적으로 성장하고
있다. 이러한 세계화는 한 사회인으로 사회 활동을 할 수 있는 인프
라로 무한대로 성장할 수 있는 기회를 제공한다. 또한, 문민정부 진
입으로 정보통신부 신설로 취업보다 창업의 벤처기업 정신에 함께할
수 있는 기회와 정보화 사회로 미래를 설계하기에 더욱 고마운 일이
었다.

그리고 주민자치제도 도입으로 지방에서 산업과 주민으로 참여 정
신이 가능했고, 국가는 산업촉진을 위한 정책의 일환으로 한전과 포
항제철 국민주 코스피 상장으로 기업가 정신에 함께 했다.

개인적으로는 처음 창업한 회사가 개인회사로 주식을 경험할 수 없
었는데 주식 공모 참여로 주식회사 주주의 가치 학습으로 새로운 주
식회사를 경험했다. 그렇게 늘 사회로부터 많은 빚을 지고 살아가고
있는 국민의 한사람으로 성장했다.

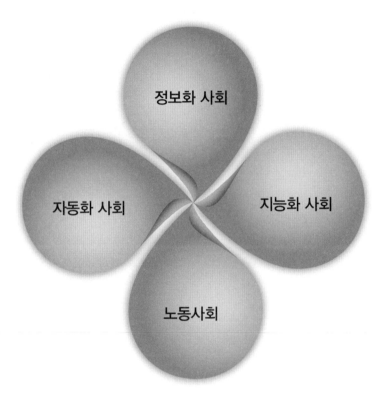

정보화 사회

자동화 사회

지능화 사회

노동사회

사랑 꽃

떠도는 사랑 꽃으로
둥실둥실 자연 꽃을 피우는데

흙내임 천국에 사는
사람 꽃들이
더불어 사는 자연에게

잉태한 바람아
구름을 사랑하고
구름은 바람을 사랑 하겠지
그렇고말고,

시작과 끝이 보이는
세상살이
자연의 너처럼
사는 날 오겠지 그렇고말고

국가 벤처정책은 💡

21세기 정보사회에 능동적으로 대처하기 위해서 정보통신기술(ICT) 산업을 국가발전 전략산업으로 집중 육성하기 위해 신설(과학기술처, 공보처 및 상공자원부 흡수로 개편) 통합하여 정보통신부로 개편되었다. 그러다 보니 정부의 1995년 벤처정책, 벤처기업협회(95.12. 설립, Korea Venture Business Association)가 지원과 함께 민간 기관이 설립되었다.

오늘날까지 벤처정책은 왕성하게 활동하고 있다.

그 중에서 한국벤처기업협회는 본부와 지역의 7개 국내 지회, 53개국 90개 해외지부 운영으로 경영이 되고 있다. 주요 회원사로는 일반 벤처와 IT 벤처로 15,000(2008년)개사가 활동하고 있었으나, 현재는 4만개사가 활동 중이다. 정부 정책에 함께 하고자 민간 차원에서 구축이 되었지만, 벤처산업 촉진의 선순환 벤처 생태계의 조성과 벤처기업들의 권익 신장은 산업계로부터 시작으로 정부의 주요 고객으로 성장에 함께 했다. 그리고 상호교류를 통한 기술 혁신을 위해 설립된 사단법인으로 기업가 정신 확장에 돋보이는 기관이다.(벤처기업 육성방안 허가)

벤처기업협회 설립을 시작으로 벤처기업 육성방안으로 첫 큰 그림은 코스닥(1996년) 설립과 벤처특별법 법률 제정에 참여(1997년) 도입으로 벤처 창업 생태계는 날개를 다는 형국으로 벤처기업 활성화 초석이 되었다. 특히 지구촌 한인 벤처 기업가를 하나의 네트워크로 두는 한민족 글로벌 벤처(INKE)를 설립하여 벤처 종합상사로서 벤처 기업들의 해외 진출을 적극 지원이 가능한 구조로 동반성장이 가능했다.

벤처기업협회(1995년 인가설립)가 설립되기 전부터 창업(1988년 창립)을 진행 하고 있었지만 처음부터 참여는 하지 않았다. 어쩜 밥상을 차려놓은 곳에 숟가락만 얻어 놓은 것 같아 훗날 벤처기업에 참여할 때는 그 어느 업체. 벤처인들보다 열심히 현장에서 뛰었다는 것에 자랑 할 수 있을 것 같다. 초기 창업으로 진행할 때는 벤처의 용어를 사용하기 전으로 재창업으로 기업이 성장하고 개인적으로 여유가 있을 때 활동을 활발하게 했다.

지역에서 부산정보기술협회(PIPA) 활동으로 사단법인 벤처기업 지회가 되어 있었기에 사단법인 벤처기업 부산지회장(2012년~2014년)을 역임할 수 있었다. 회장으로 취업하면서 벤처산업 정책과 산업체 참여의 정신으로 함께한 날은 오늘날에도 가슴 벅차오르는 심장의 소리를 듣는다. 마치 나보다 더 훌륭한 벤처기업들과 네트워킹으로 벤처산업의 선순환구조로 발전하고 있는 것처럼 행복을 동시에 느낀다.

행복은 가까이 있다.

그 행복은 벤처기업을 운영하는 경영자는 존경의 대상으로 행복을 나누었으면 한다. 벤처의 경영자는 현장에서 살아남기 위해 모든 방법과 수단으로 경영을 하면서 수익을 낸다. 그 누구보다도 뉴딜의 시장에

* 관찰 하는 습관

＊창조 하는 조합

＊학습하는 실행 등으로 사회를 통해 반복적 학습을 통해서 실패하기도 하고 성공하기도 하기에 미래가 보장되지 않은 상태에서 도전하는 정신이 바로 벤처기업이다.

기업가 정신으로 도전정신 하면 맨 주먹 사나이 정주영 회장님이 매번 경영 과정마다 현장에 있었던 신화가 궁금했다. 그 분 신화의 내용은 기업가 정신이 너무나 많지만, 그 중에 유명한 신화의 언어 "너 해봤어"로 유명하다. 오늘날 현대그룹을 세계 기업으로 이끈 정주영 회장님의 벤처정신은 누구나 기업을 경영할 때마다 응용을 했던 '너 해봤어'는 많은 벤처인들의 교감이 될 것이다. 나 역시도 벤처기업을 장기적으로 경영하면서 어려운 시련이 있을 때마다 '너 해봤어' 슬로건으로 위기를 넘기는 지혜로 헤쳐 나간 시절이 많았다.

정부에서도 벤처촉진법으로 창업이 되었으니, 이미 창업한 나로서는 열심히 힘차게 살아야겠다! 는 것 보다는 더 지혜로운 꽃길을 걷겠다! 는 각오와 실천으로 이미 창업의 나이는 7년차 새해를 맞이하고 있었다.

정부의 창업을 하던 시절 서울올림픽으로 국민을 한마음으로 뭉친 열광으로 국민적 소득성장과 세계에서 바라보는 시각은 정말 대단했다.

그 당시에 정부 창업의 국민주 신탁은 포항제철(88년)과 한국전력(89년)이 상장될 당시 지금의 카카오게임, 빅히트 등과 같은 주식의 열광으로 돌변했다.

그 정책은 전 국민을 대상으로 실시한 당시 국민주청약 금융상품은 큰 경제 상품으로 인기와 부의 지도를 바꿔 놓았다. 이 시기에 국민

대상 청약시장은 이미 한마음으로 참여하고자 하는 기업가 정신에 참여하기에 충분한 사회적 분위로 막대한 자금을 유치할 수 있었다.

민간이 초기 개인 회사로 창업이 되었지만, 주식 관심 고조로 창업도 주식회사로 주주의 가치에 청약주식 시장에 참여하는 계기로 향후 주식회사로 성장되었으면 좋겠다고 많은 학습이 진행되었던 기억이 소록 살아난다. 어찌되었던 그러한 흐름으로 정부의 창업과 정책은 기존의 주식시장의 코스피(주식거래장) 시장에 새로운 벤처촉진 정책에 의한 코스닥(주식거래장) 등록이 가능하게 벤처정책이 설립되었다. 설립을 시작으로 두 기관이 청약시장이나 기존의 회사들의 주식 시장을 이끌다보니까 종합지수는 사람들로부터 부를 창조할 수 있는 유혹의 시장이 되었고, 막대한 자금은 기업의 경영에 기업가 정신으로 참여할 수 있으니 두 마리 토끼를 잡을 수 있는 절호의 기회로 인기가 짱이었다.

누구나 창업으로 이 기회를 놓칠 수 없었다.

코스닥 기관 설립으로 벤치기업들은 닷컴이라는 새로운 화두로 주식회사를 설립하고 다양한 닷컴 콘텐츠로 주식으로 투자할 수 있는 국민들을 설득하기에 사회는 분주했다. 지금은 고인이 되신 이민화 교수 등의 역할로 벤처특례법, 코스닥 등록 등을 할 수 있었다.

나로서는 창업을 벤처촉진법 전에 하다 보니 개인 창업으로 7년 차로 무난하게 진행이 되었기에 기업공개를 통한 활동은 소극적이었다. 지나고 나니 전문가(Mentor)가 참여 할 수 있는 기회가 없었던 시절이 잠시 후회되기도 했다.

어디 그뿐인가 공개된 주식거래를 통해서 돈을 벌어보겠다고 주식 거래장에 찾아서 주식 거래장(대신증권)을 개설한 부분은 인생의 실패

작품이었다.

　본인이 주식을 공개하지 않고 남의 회사 주식을 매입에 필요한 자금으로 공개된 주식매입을 시작해 나갔다. 그 당시는 컴퓨터 기반 인터넷 환경이 개인화가 미흡한 상태로 주식거래장 방문고객으로 주식거래 매니저 직원들의 도움으로 주식거래를 주로 하고 있는 형태가 대다수였다. 그러다보니 객장은 주식전광판으로 주식거래가 촉진이 되었고, 온통 주식거래자 및 전문가 매니저 활동을 통한 일거래 횟수와 거래금액에 따라 수수료와 세금을 지불하는 방식이 활발했다.

　지난 일이지만 주식거래는 세금하고 관계성이 많으므로 객장은 주식거래를 촉진하기 위해 객장이 무르익게 유혹이 심했다. 그러다보니 전 고객이 볼 수 있는 전광판은 실시간 주식거래가 한 눈에 볼 수 있는 장점도 있지만, 여러 고객이 보면서 '저 상한가' 거래 충동이 만들어지는 문화로 전광판 장치는 큰 역할을 하기에 충분한 무대형태로 꾸며져 있었다.

　주식거래 객장에는 주로 일 방문하는 출근 형태로 퇴직자나 노인세대가 하루 내내 매장을 가득 메우고 있었는데 어찌 보면 은퇴자나 여유자금 소유자들의 문화로 젊은 필자로서는 방문하는 자체가 부끄러운 일이었다. 그러나 주식거래 객장은 하루 도박이 가능한 구조로 거래의 독이 되어 돌아올 줄 모르고 객장에 사람들의 방문은 대단 하였다.

　나로서는 사업을 하고 있는 상태로 일 매장방문 어려운 관계로 하루 주식거래를 할 수 있는 온라인시스템 사용을 하고 말았다. 아마도 증권 회사에서 제공하는 단말기 거래시스템(홈 트레이닝)을 시작으로 일반 고객들이 주식거래 촉진을 스스로 하므로 주식 거래세금 인하도 있지만 증권사는 주요 고객의 거래에 따른 이익이 늘어나는 형국이었다.

일반 사람들은 주식정보가 부족하고 온라인 인프라를 통해서 자기가 매입한 주식이 빠지고 있는지, 오르고 있는지 궁금증과 주식 시장 거래에 빠지게 된다. 고객들은 주식에 빠지는 계기로 하루에도 주식 거래가 끝이 나야 일이 손에 일이 잡힐 정도로 무서운 중독성이 있는 줄 모르고 몰입하게 된다. 누구나 절제하기 힘든 구조로 한동안 허무하게 시간을 보내면서 재미의 시간보다는 필요 없는 시간으로 허비하며 일확천금을 벌겠다는 허황된 꿈을 꾸게 된다는 사실을 알게 되었다.

나 역시도 창업에 경험이 있었지만, 다른 회사의 주식가치로 주식 거래가 어떻게 일어나는지 자꾸만 궁금했다. 그 당시 일부 수익금으로 주식의 거래는 손실이 눈앞에 있었고, 구체적인 기업을 알듯알듯한 반풍수로 도사로 나 역시도 주식에 빠져 들고 말았던 시절이 있다. 손실의 금액을 찾기 위한 실패의 뉴딜이 절실히 필요한 시점이었다. 실패의 뉴딜은 투자한 기업을 경영하는 사람과 주식거래 사회를 분석하는데 주안점으로 주식상승과 내림을 주는 것은 다 아는 사실이었다. 특히 대외적인 투지정보에 따른 주식 거래량과 주식 하향곡선으로 거래되는 빠른 대처 방안과 상승으로 잡은 기술적 비교 관점으로 실패의 뉴딜정책으로 적용하는 계기가 절실히 필요했다.

그러나 경영자는 사업화에 집중하면서 미래를 예측하고 조직을 이끌어야 하는데 사업화에 몰입하지 않은 주식 거래에 매로 되었던 한때의 부끄러운 한 시절에 실패의 뉴딜정책은 주식회사 설립에 앞당기는 행운이 다가오고 있는 것은 그나마 다행이었다.

실패의 뉴딜은 주식으로 인해 수많은 학습이 되었다.
인생은 연습이 없다고 했지만 주식으로 인한 인생 연습은 실패의 뉴딜을 할 수 있는 기회를 제공했다. 특히 공개된 주식거래 비용과 시간을 소비하는 한 시절로 인해 주식거래 인생 연습은 실패로 막을 내렸지만, 투자한 기업들의 성장과 몰락을 보면서 새로운 주식회사의 꿈들에 부자의 잠룡이 승천하는 기회로 실패의 뉴딜을 노리고 있었던 것은 분명했다.

벤처기업의 성장 사회는 기업가 정신이 다양하게 공유의 가치로 연결이 되었다. 그 활동에는 벤처기업. 벤처협회 하면 고 '이민화 교수(메디슨 1985창립~2001년. 벤처 초대회장1995년~200년)를' 빼놓을 수 없다. 벤처기업의 시작으로 벤처촉진법 문화를 만들어 낸 위대한 벤처정신을 확산하는 일들에는 일등 공신이다. 이런 한 산 증인이 오래 동안 성공한 벤처인들과 실패한 실패의 뉴딜정책의 일들에 연구하고 확산하는 것에 다양했다.

그 분은 회사를 엑시트 하고는 사단법인 창조경제연구소 경영 등으로 활동을 하시다 그만 우리 곁을 떠난(2019년 작고) 아픔을 벤처인들에게 주고 말았다. 그러나 1주기로 그를 맞이한 벤처인들의 애도와 존경은 대단한 했으며, 벤처기업의 위대함을 느끼게 했다.

어디 그 뿐인가 벤처 신화 다음커뮤니케이션(1995년) 공동설립자(이재용. 이택경)의 신화는 한국 벤처기업의 큰 희망을 주었고 한동안 벤처기업으로 큰 획을 그렸다 그들은 일찍 인터넷 창업으로 평소 학습주체가 된 컴퓨터 기술을 기반으로 다음커뮤니케이션(이하 다음) 벤처 창업으로 선봉에 서면서 벤처정신을 확산하는데 나섰던 사례는 존경받을 만하다.

90년대 중반에 벤처 인터넷 기업을 운영하면서 개인에게 주식 공개에 따른 벤처붐 선봉에 섰다고 볼 수 있다. 선봉에 선 벤처기업 주식

거래는 기업에도 많은 도움이 되었겠지만 개인 투자자에게도 벤처 주식의 독특히 혜택을 누린 세대가 아닌가 생각한다.

현재는 사회로부터 혜택을 받은 부분을 사회에 기업가 정신을 확산하기 위해서 은퇴로 후배들 위해 매쉬업엔젤스(이택경 대표) 공동 창업자의 벤처 2세들의 조력자로 변신한 역할에 주목받고 있다. 이들의 공동 창업자 사례를 보면 선후배(연세대 전산과) 사이로 학창시절부터 PC 통신 동아리 활동으로 인연이 되어 앞으로 인터넷 시대가 올 것이다. 예견하고 공동창업을 결심하게 되었던 계기로 기업가 정신을 담을 수 있었다.

당시의 인터넷 사회의 환경은 모뎀과 전화선을 통한 PC통신(월드 와이드 웹, WWW) 기반에 인터넷 제공으로 연약한 환경으로 운영되고 있었다. 그렇다보니 일부 고객은 주식거래를 한다든지 극소수 일부 전문가, 연구관련 등 사용하는 분야로 일부 사용자의 영역이었다.

이러한 환경에 젊은 두 전공자의 공동창업자 정신은 존경할 대상이다. 특히 두 전공자 의기투합으로 창업도 중요했지만, 정부기관에서는 초기 기초연구에 참여한 한국과학기술원에서 국내 첫 웹사이트를 개발에 성공하게 되었다. 연구원의 초기 연구한 세상은(WWW) 곧 인터넷 환경으로 대중적으로 도래할 것이라는 희망들이 자자했다. 그 와중에 두 청년이 창업한 비즈니스모델이 대학 근교의 서울 청담동에서 자본금(5천만 원) 시작을 했다는 것에 주목할 필요성이 있다. 바로 젊은 도전 정신이다.

국내 학생창업 1세대 닷컴 벤처가 탄생되었다.

그 당시에 자본금(5천만 원)은 청년들에게는 큰돈이었다. 다음에 만나는 기회가 되면 자금은 어떻게 마련하였는지 묻고 싶은 충동이 생긴다. 그 때는 주식회사 최소 자본금이 오천만 원부터 설립이 가능했기에 무엇보다 자본금 준비는 창업의 걸림돌이 될 수 있었기 때문이다.

아마도 젊은 학생 신분이 남아 있어 자본금 기준에 맞추어 공동창업을 어렵게 진행했다고 보여 진다. 그러나 오늘날에는 주식회사 설립이 용이하다. 박근혜정부 규제완화 정책으로 누구나 싶게 온라인과 소자본금(100원부터)이라도 설립 할 수 있게 규제를 완화하며 정책을 지원 했다.

다음으로 벤처정책을 학습해보자.

사실 1995년 당시의 벤처라는 말도 생소하였고 이미 나같이 창업으로 성공 길을 걷고 있는 산업 주체에서는 그다지 벤처 정책들에(벤처협회, 인증 등) 필요성을 느끼지 않은 기업들이 많을 수 있었다. 왜냐하면 사회적 분위기가 이미 대기업 정책으로 하층의 구조로 형성이 되어 있는 구조와 꼭 공동체 네트워크가 아니더라도 각자 기업경영에 큰 어려움은 없는 분야로 인식이 되어 있었기 때문이다.

그러나 이민화 교수 외 벤처인들이 추진한 벤처기업들의 자금수혈이 될 코스닥(상장. 주식거래)은 벤처기업을 뭉칠 수 있는 기회가 되었다고 볼 수 있다. 먼저 주식회사 창업으로 기업공개 가치로 등록된 회사들의 유치자금과 벤처정신 네트워크 활용 등으로 정보교류 네트워크가 무엇보다 필요했기 때문이다.

물론 정부의 대기업 중심 정책에서 '벤처기업의 육성 정책'으로 지원하는 계기가 되었기 때문에 더 유리한 네트워크가 될 수 있었다. 또한, 주식거래 시장의 과열에 따른 닷컴 기업의 위상과 성장에 큰 도움이 된 뉴딜의 정책시장으로 동반성장 할 수 있는 기회 획득 정보이다. 그러한 정보는 대한민국은 벤처의 정신으로 '닷컴 벤처붐'을 일으킬 수 있는 절호의 기회의 시장으로 성공한 뉴딜정책은 곳곳에 상장의 회사들로 찾아 들었다.

오늘날 벤처기업을 경영했던 재창업은 어떠한가?

벤처기업을 오래 경영하다가 공동창업자(이재용 대표)는 기업을 카카오에 매각하고 재창업의 정신으로 모빌리티(쏘카, 타다) 혁신의 시장으로 새롭게 도전정신을 피웠다. 그 분의 모빌리티 시장 확산에 필요한 선도 혁신으로 사회적 규제에 아이디어로 과감한 도전정신은 젊은 청년들에는 매우 희망적인 활동이었다. 그러나 '재창업의 타다' 의 혁신적 주제들이 기존의 사회로부터 외면당하면서 실패의 뉴딜정책으로 변화고 말았다. 긴 벤처기업을 위한 뉴딜의 모빌리티 시장에 경영이 었지만 기존 시장으로부터 사회적 주목을 이끌어 냈지만, 실패의 뉴딜에 벤처인 출신의 한사람으로 가슴이 아픈 일이다.

그러나 사회적 협의를 통한 반드시 벤처 신화와 실패의 뉴딜을 이루어 낼 수 있다고 믿는다. 왜냐하면 긴 벤처기업으로 창업한 정신과 새로운 시장에 두려워하지 않고 아이디어를 창조했기 때문이다. 또한, 벤처기업을 창업한 경험과 지식은 실패의 뉴딜정책을 충분히 새로운 시장으로 만들 수 있다고 보여 진다.

그 분의 벤처기업 사례를 보자

초기 창업했던 벤처기업은 인터넷이 막막한 황무지 시장에서 개척한 비즈니스모델 한 메일, 카페 등으로 인터넷 벤처 정신이 고스란히 남아 있기에 더욱 응원을 하고 싶은 것이다.

어디 그뿐인가, 벤처정신으로 경영한 부분의 인터넷포털이 미래의 인터넷 산업으로 될 것이고 인터넷포털 시대에 웹 메일서비스나, 온라인 커뮤니티 시작은 미래의 뉴딜이 확장될 것이라고 확신하고 조직을 경영했던 벤처경영 정신이 있기 때문에 응원하는 것이다.

다음 회사가 추진한 연도별(95년 가상갤러리, 패션넷, 96년 영화웹진, 여행 정보 등) 커뮤니티 공간을 통해 성장한 회사를 분석해 보면

* 포털 서비스
* 다음쇼핑
* 코스닥 상장(99년 상장)을 하고 나서 포털사이트는 체계적으로 성장을 거듭하는 것으로 조사가 되기에 모빌리티 시장도 여러 고객으로부터 필요로 하는 시장으로 뉴딜의 정책이 체계적으로 진입이 할 것으로 예측이 된다.

비롯해서 모빌리티시장은 실패의 뉴딜정책으로 시간과 싸워야겠지만 실제 90년 후반부터 벤처붐을 타고 우후죽순 등장한 벤처기업들의 계기로 뉴딜의 정책은 벤처촉진으로 왕성했다. 또한, 여러 성공기업들이 배출되면서 우수한 인재들이 참여정신으로 벤처기업으로의 조직경영이 성장을 견인하고 있다. 물론 이러한 벤처기업들도 시장에 선봉서면서 벤처기업으로 보다 잘 사는 나라로 만들 수 있다는 신념과 실행을 함께했던 기업가 정신이다.

그러나 '다음 회사'는 최고점(2003년)을 찍고 벤처붐 거품으로 비켜갈 수 없는 시련을 맞이하게 되었다. 닷컴 버블붕괴로 인한 내리막길을 걷는 불운이 다음 회사도 피할 수 없는 시장이 되면서 최고의 경쟁자 네이버의 등장으로 뉴딜의 시장과 문제해결력이 절실히 필요한 시점을 맞이하게 된다.

이러한 시기의 시대에는 여러 닷컴회사와 함께 버블이 있었으며 다음회사뿐 아니라 여러 벤처기업들의 부실경영으로 세상에 알려지게 되었고, 벤처기업들의 실패의 뉴딜정책은 사회로부터 외면 받으면서 어려운 시기와 실패의 뉴딜의 시장을 겪게 된다.

Moon이도 이 시점에는 '닷컴 회사 재창업'으로 벤처붐의 환경으로 부자회사로 거듭나고 있는 시기였다. 운이 좋게도 주식공개로 주식거래를 하면서 동반자 역할을 했던 미국 나스닥 1호 업체 '두루넷 회사'와 성장했다. 그러나 인터넷 선두 업체 '두루넷 회사'의 거래처 부실로 인해서 벤처버블을 체험하게 된다. 이러한 영역은 한 번도 경험하지 못한 '실패의 뉴딜정책으로 법원으로부터 법정관리 인가'를 기다리는 계기를 맞으면서 실패의 뉴딜정책을 협상으로 해결해야할 책임경영이 매우 필요했다.

　인터넷 회사 두루넷은 '인생의 가장 큰 스승은 뼈아픈 실패다.' 경험했던가! 하고 하늘을 보고 깨달음이 있는 시간을 가졌던 기억과 그 당시 경영자들의 아픔을 이해하려고 노력했었다.

　누구나 한번쯤 경험할 뼈아픈 실패는 여러 경로로 고통의 절정을 보여주기도 하고, 고통의 근본적인 변화를 만드는 실패의 뉴딜정책을 설계하게 하여 기업가 정신을 확산하기도 한다. 물론 지식적으로 뼈아픈 경험의 복기는 자신의 약점이나 무지, 실수를 정면으로 실패의 뉴딜정책을 실행하게 하는 구간이기도 하다.

　그래서 경영자로서 자체 회사와 조직 경영도 중요하지만 주요 거래처나 회사의 경영 요소마다 실패의 뉴딜정책이 가능하게 협상의 기술이 필요하다. 특히 사업은 상상하는 것들과 해결해야할 가치들의 그 이상으로 성장을 거듭하면서도 주요 사회적 변화에 따른 예측과 대처가 가능한 능력을 발휘해야 한다.

　주요 거래처 주시회사 두루넷(미국 나스닥 1호, 1차 부도)에 따른 화의신청 동반자가 되어 실패한 기업가 정신의 큰 문제를 해결할 과제를 남겨두고 뉴딜의 정책의 시장을 찾아야 했었다.

국가부도(1997년) 위기 초래 💡

　소문만 듣던 일이 드디어 현실로 찾아왔다.

　국가나 기업이나 창업을 시작으로 경영을 하면서 위기를 맞이할 수 있다. 그래서 아픈 역사의 일제감점기로 독립을 하기 위한 수많은 뉴딜의 정책으로 해방을 맞이했다. 나로서는 해방 전에는 알 수 있지만 해방 후 현장 학습을 통해서 접할 수 있지만 이번의 국가부도 위기초래는 실제 체험을 할 수 있었다.

　국가의 위기를 처음으로 접하고 있었기에 한편으로는 두렵기도 하고, 다른 한편으로는 어떻게 실패로부터 위기의 뉴딜을 할 수 있는지 매우 궁금했었다. 국가는 민간의 기업들과는 다른 구조형태와 협상의 정책이 필요한 부분이라서 국민 속으로 성공의 뉴딜정책은 분명히 다른 문제해결에 주안점을 두고 해결하고 있었다.

　그러나 국가가 처한 환경은 이미 국가의 자원이 고갈되어 해결할 가치들에 혜안과 실타래를 풀어가는 과정으로 외자유치가 필수사항으로 보였다. 결국은 국가는 외부로부터 문제해결 능력만큼 투명하고, 빠른 구조조정 경영이 필요한 부분으로 선회하고 있었다. 그 어려운 시기에 총괄했던 정부 부처에서는 국가의 부도 위기 해결점을 찾으며, 대통령은 국민 속 소통으로 위기를 극복해나갔다.

기업경영을 하다보면 언제나 상상하는 것 그 이상의 난관에 부딪히게 된다는 사실을 경험하고 있었기에 이번 국가 부도위기로 처한 경영을 각종 위기로부터 빠른 의결기구로부터 해결할 수 있는 대안들의 혜안을 빠르게 피부로 느낄 수 있었다. 특히 국가의 위상이 하락하다 보니 금융권으로부터 국가나 기업들의 어려움이 연결되어 일부 부채가 높은 기업들의 수순으로 부도를 받아들일 수밖에 없는 현실이 곳곳에 터지고 말았다.

　현실에 처한 국가부도(97년 11월) 용어는 언론의 메인을 통해서 불안한 사회를 실감나게 한 시간을 맞이하고 있었다. 언론에서는 각종 국가부도 위기의 불안보다는 국민들이 이해가 가능하게 국가부도(Sovereign debt)는 학습이 되었다. 위기는 국가가 자신의 채무를 상환하지 못하게 되는 시대정신을 말한다며, 우리나라의 국가부도 위기에 직면한 상황을 국가채무위기(Sovereign debt crisis)로 표현했다.

　그러나 이 용어가 무색하게 현실은 빠르게 대한민국의 IMF 구제금융 요청을 지원하였다. 그러니까 국가부도 위기에 처한 대한민국이 국가부도 위기를 해결하기 위해서 처한 처방이다. 처방을 했다면서 국가의 경영 실패로부터 뉴딜정책으로 위기대응에 필요한 시점을 세세하게 국민은 학습하는 기회가 되었다. 그리고 강조했다. 그 처방으로 대한민국이 IMF으로부터 자금을 지원받는 나라가 되었다며 서로의 협정에 의해 양해각서(97년 12월 3일)체결이 되었다고 정부 관계자는 선포 하였다.

　그렇다 국가가 외부 자금유치로 위기를 면하게 되었지만, 극심한 외환 시장은 원활하게 사용처들이 막히면서 기업들의 부도는 잡을 수 없을 만큼 늘어만 갔다. 언론에서는 기업들의 부도 소식으로 외환자금의 주요 거래처 해외 투자처에서 투자했던 자금이 급물결로 빠져나가면서 외환보유는 바닥을 드러나 국가의 위기의 체감은 이루 말 할 수 없을 정도로 위기의 길을 걷고 있었다.

결국 IMF 경제 위기를 초래하는 형국으로 언론. 매스미디어를 통해 들려오는 소식에 국민들이 불안을 동조했다.

즉 불안을 느낀 국민들은 국가의 실패 론에 매우 불안한 사회를 동조하면서

* 생활 제품 사제기
* 높은 이자 놀이
* 환율상승 편승 등 국가는 위기를 초래하면서 불균형 사회로 진입을 하였다.

그야말로 사회는 총칼 없는 전쟁터 같이 보였다. 이러한 정국을 국가의 경영 주최자들은 위대한 국민들과 국민 스스로 고통을 분담하면서 위기에 처한 국가의 위상을 되찾아야한다고 호소를 하였다. 그러나 이미 시장은 가장 먼저 위기를 처한 기업들의 연쇄부도로 실패의 뉴딜정책은 끝이 보이지 않았다. 그렇다보니 두 달 정도 만에 국가부도는 기업들의 부도 위기로 부도의 문 앞까지 도달하여 매우 정국이 불안했다.

그나마 나라는 IMF에 긴급자금(20억 달러) 요청으로 자금이 수혈되지 않았다면 국가부도를 면하게 되었다.

우리나라는 어떤 국가인가!

실패의 뉴딜정책은 선 IMF로부터 자금이 수혈이 되었다고는 하지만, 국가부도의 위기는 여러 실패의 대안과 협상의 대안이 절실히 필요한 시점 이었다. 이러한 현실은 매스미디어를 통해 국가나 기업들이 긴급하게 돌아가는 상황들과 국민들의 불안한 일상은 언론을 통해

서 접하는 수준이었다. 그래서 언론을 통해서 흘러나오는 실패의 대기업 경제인 및 정치인들의 유착에 따른 외환위기 초래의 심각성을 접하면서 국민들의 실망의 늪은 깊고 깊어서 풀어나가는 일들이 태산만 같아 더욱 불안했다.

아무리 위대한 국민이라고 서로를 격려하지만, 그 때 기업들이 흑자 경영하면서 국가부도 위기를 갑자기 체감할 수밖에 없었기에 각자가 겪는 현장 체험은 이루 말 할 수 없을 만큼 고통을 주는 온도차로 역행을 할 수밖에 없었다. 어쩜 지금의 코로나19, 사태의 위기는 그 당시의 경험으로부터 학습으로 위기 대응을 다른 국가보다 대처를 잘 하고 있는지도 모르겠다. 사실 그때나 지금이나 사회의 불균형 생태계는 비슷한 형국을 맞이했다고 볼 수 있다.
　왜냐하면
　＊첫째로 인구 유동 감소로 경제활동 주체가 무너지는 위기를 맞이 했다.
　＊두 번째로 국가가 위기대응에 앞장서면서 경제로부터 스톱된 경 제를 살리는 일이 매우 필요했다.
　＊세 번째로 기업인이나 국민들이 동조하지 않고, 위기 대응자세와 자체가 동기부여가 될 수 있는 현장감이었다.

그러나 실패의 정책은 마치 한치 앞을 내다볼 수 없을 만큼 안개가 자욱한 태산 같다. 이러한 사회는 위기로부터 시간과 비용으로부터 지불을 하면서 화창한 날씨를 맞이할 수밖에 없다. 즉 현재의 위태로운 상황으로부터 실패의 뉴딜정책이 비용으로부터 곳곳에 필요한 부분으로 처방이 필요한 것이다. 어디 그뿐인가 사회가 위태롭게 경제가 돌아가다 보니 서민경제가 가장먼저 타격을 받게 된다. 국가부도 때에는 무엇보다 시중에 돈이 없었고 시중에 금리상승(어음할인, 대출규제 등)으로 인한 기업들의 부실이 심하게 곳곳에 내관이 터지고 말았던 기억이 선명하다. 그래서 실패의 정책은 그만큼 비용을 지불하게 된다.

지금 생각해봐도 그 당시의 불안한 사회 생각을 떠 올리기가 민망할 정도로 국가의 위상은 추락했고, 기업인으로 다시는 돌아가기 싫은 악몽으로 인식이 된다. 그렇게 국가부도 위기는 실패의 정책으로부터 실패의 뉴딜정책으로 이겨낸 국민으로 역사에 고스란히 남게 되었기에 현재 처한 코로나19 위기도 뉴딜의 정책으로 잘 해결할 수 있을 것이다.

국가의 실패의 정책은 대 수술을 통해서 살아내야 했다.

즉 국가의 위기 속에 국가 경영은 IMF로부터(195억 달러) 구제금융이 유치되었다는 보도가 흘러나왔지만, 국가는 구제금융 지원으로 간신히 국가부도 위기를 면할 수 있었다. 그러나 국가의 손실이 너무나 컸다.

문민정부의 출범으로 군부정치 청산과 유착된 대기업 처방 등 국가의 뉴딜정책은 하나 둘 모습을 보이기 시작했다. 특히 국가의 부실은 국내로부터 혁신을 하겠다는 처방으로 협상이 되었기에 국가의 금융정책은 막대한 기업들의 부실과 손실에 따른 혁신의 구조조정이 필요했다.

국가의 구제금융 지원으로 대기업들과 벤처기업, 공기업과 유사한 업종은 주변 국가로부터 시작으로 또는 경쟁업체로부터 기술과 시장을 고스란히 내어주는 아픔을 겪어야했다. 그래서 국가의 뉴딜정책은 국내정치와 대기업들의 결탁으로 부실을 초래한 부분은 반성하고 처방을 만들어 갔지만, 그동안 국내 기업들의 경영자체가 문제는 심각

했다.

큰 기업들은 각종 문어발 경영을 하면서 국가에 많은 부실과 손실을 초래했다는 내용들은 감사기구 청문회를 통해서 국민들이 세세하게 알 수 있었다.

대통령 단임제로 실패의 정책은 다음 정부나 다음 세대에게 큰 부담을 안겨주게 되었다. 특히 기업이나 국민이 겪어야 하는 현실은 차마 말할 수 없을 만큼 아픔의 고통을 이겨내야만 하는 큰 과제를 안게 했다.

대한민국은 위대한 국가이면서 국민성이 매우 높다.

국가는 첫 문민정부(김영삼 대통령)의 출범은 시험대에 서 있는 모양새였다. 그 당시에 경제부총리(강경식, 11월 10일 보고)로부터 통화 이전까지 외환위기의 심각성조차 모르고 있었다는 언론 질책으로부터 국민들은 국가 경영 실패의 정책을 알게 되었다. 그래서 국가의 실패로부터 기업의 부실로 이어졌고, 처방은 빠른 정책과 자금 수혈로 유망한 많은 회사들을 구해 내야하는 뉴딜의 정책이 절실히 필요했다.

국가가 부도위기까지 갔으니 위기대응 부실과 부도로 인한 경영은 곳곳에서 기업들의 위기로 나타나는 것은 당연한 사실이었다. 이러한 흑자 도산하는 기업들로부터 고통은 그 구성원들의 조직경영은 경기 악화로 인해 대량해고 사퇴로 인한 국민들의 고통은 험난했다. 그야말로 암흑의 사회로 장기간 이동에 따른 온 국민이 큰 어려움을 겪었던 기억은 누구나 회상하기 싫은 대목이다.

문민정부는 3당 통합으로 여당이었다. 국민들로부터 정치. 경제 실패 론으로 다시 다가올 선거(1997년 12월 18일)판에 큰 영향으로 미칠 파장이 곳곳에 드러나고 있었다.

국민들은 한 표 선거 표가 실타래처럼 꼬인 사회를 구하고자 투표하고자 하는 열망은 높을 수밖에 없다. 잘 아시다시피 정치는 사회를 심판하고 투표결과는 냉정했고 국민은 심판을 했다. 야당의 승리로 정권 교체가 이루어졌다.

그렇게 김대중 정부(1998년 2월 취임)가 들어서게 되었다.

새 정부는 IMF 시대를 극복해야하는 과제부터 각종 실패의 정책은 기존의 IMF 개입을 전면적으로 받아들이면서 경제개혁과 국민보건에 앞장서야 하는 실패의 뉴딜정책이 필요했다. 그 과정은 대기업 혁신정책(사업교환 및 통폐합)들이 많았으며 대기업 구조조정으로 경제는 바닥을 치고 있었다. 그야말로 실패의 뉴딜정책은 막대한 자본과 자원이 필요한 시점으로 해결해야할 과제가 한두 개가 아니었다.

Moon이가 창업하고 있는 지역도 위기는 마찬가지였다. 지역에서는 멀쩡한 기업이 망했다. 기업사장이 자살을 했다는 등으로 혼탁한 사회를 걷고 있었다. 어디 그뿐인가 이웃집은 자고 나면 한 가족이 이혼을 했다는 둥 경영을 했던 사람이 행방불명되었다는 등으로 사회는 가정까지도 망하게 했다. 그러다보니 국가적인 실패는 실패의 뉴딜보다 온통 사회적 비난은 가정으로부터 사회로 파고드는 못 땐 관습이 생기는 문화도 생겨났다. 어디 그 뿐인가 자고 나면 영세업자들에 날치기 수법(카드깡, 대출폭리)의 금융대란으로 인한 영세업자들의 부실들이 쌓여만 가는 것과 생활필수품 사재기는 보는 사람들 눈을 찌푸리게 했다.

국가나 가정이나 실패의 늪은 깊었다.

특히 국가를 비롯해 정치는 야당으로 바뀐 정치개혁을 시작했지만, 불안을 초래하는 금융 위기로부터 서서히 빠져나가는 실패의 뉴딜정책이 눈에 뛰었다. 특히 정부도 뉴딜정책으로 극복을 잘 해야만 했겠지만, 국민들의 불안을 해결할 수 있는 극한 처방이 필요했다.

처방은 국민들의 정신으로 위대한 실패의 뉴딜정책이 전국적으로 일어났다. 위대한 처방은 국민 스스로 국민금모으기 행사가 시작되었다. 그러다보니 세계 언론에서는 특집으로 다루는 것은 물론 위대한 국가다운 모습으로 IMF 외환위기를 빠른 시일 내에 극복이 가능하다는 취재는 넘쳐 흘렀다.

그렇다. 국가경영은 이러한 타이밍을 놓칠 수 없는 실패의 뉴딜정책으로 리더 해야 한다. 국가나 국민이 위대해서 긴급하게 유치한 외환금융에 조기에 상환한 것을 계기로 국제 통화 기금의 차관을 상환(18억 달러)이 가능했고, 김대중 대통령은 뉴딜의 정책 발표로 IMF 위기에서 완전히 벗어났다는 선언(2000년 12월 4일)으로 국민적 위기극복으로 공을 돌렸던 기억이 생생하다. 정말 위대한 국가였고 국민이었다. 위대한 실패의 뉴딜정책이었다.

나로서는 그 다음의 뉴딜정책이 궁금해졌다. 대통령을 시작으로 외환보유액을 꾸준히 늘려나가는 정책들로 국가의 살림은 보다 잘 살게 되었고, 경제부흥을 위해 닷컴 열풍은 꾸준히 성장의 길로 걷고 있었다.

정부의 실패로부터 뉴딜정책 중에서 가장 기억에 남았던 것은 대기업 간의 사업교환 및 통폐합 정책이다. 그 당시 기업들로부터 육성되고 있었던(삼성그룹과 LG그룹)에서 반도체 시장의 뉴딜정책이 눈이 뛰었다. 한동안 대기업의 성장에 쌍벽을 이루며 성장하는 반도체 산업의 L그룹(LG반도체)이 기업 간의 합병의 대상이 되면서 지금의 SK하이닉스 인수합병(M/A)된 회사로 경영되고 있는 현실이다.

현재의 반도체 산업이 세계 시장에 왕성한 활동을 하고 있지만, 그 당시 합병을 당했던 회사들에게는 아픔이 있는 실패의 뉴딜정책이다. 어떻게 되었던 삼성그룹과 SK그룹으로 현재는 세계적인 반도체 시장을 성공적으로 이끌고 있다. 그래서 합병으로 인해 성장과 실패의 뉴딜정책은 세계적인 시장으로 이끌고 있는 것은 위대한 기업가 정신이다.

특히 합병의 실패 혁신이 가능 했던 연구는 새로운 혁신의 시장을 만들 수 있고 가능한 시장이기에 지속적인 연구가 필요한 것이다.

국가의 부도위기로 합병은 아마도 기업을 하는 입장에서 보면 L그룹에서는 너무나 아파하는 합병의 뉴딜정책이었다고 볼 수 있다. 왜냐하면 그 당시 L반도체 미래 산업의 전략은 한 기업의 핵심활동이었다고 보았다. 같은 기업을 경영하는 입장에서 본다면 손해가 막심한 뉴딜의 정책이 될 수밖에 없었다는 생각이 든다. 하필이면 그 반도체 회사의 주식을 보유하고 있으면서 합병된 주식으로 전환되면서 손실과 이득이 교차한 경험을 더 많이 가졌기에 아픔이 있는 실패의 뉴딜정책을 경험했었다.

또 다른 대기업의 합병과 실패의 정책이다.

'세상은 넓고 할 일은 많다'고 했던 김우중 회장과 한보그룹 등은 위기였다. 국가의 부도 위기로 IMF로부터 부실기업, 국가경영지표 등으로 기업의 위기와 부도를 맞이했다. 어떻게 되었든 간에 국가적인 차원에서는 국가부도 상태를 위기 극복으로 기업들을 성공적으로 혁신을 이끌어 내야했기에 때로는 실패의 뉴딜정책이 실패했다고 볼 수도 있다.

하지만 모든 혁신의 주체성은 국가의 리더로 국가는 현재까지도 완성되는 국가이념으로 세계 시장에 필요한 혁신경영으로 위상을 다시 찾아야 했다. 때로는 국민으로부터 기업으로부터 실패의 뉴딜정책으로 실책이 있다고 하더라도 혁신은 실패의 시장으로부터 실패의 뉴딜 정책은 지속되어야하고 동참하면서 파괴적인 혁신을 해야만 했다.

젊은 청춘에 경험했던 국가부도 위기 초래는 그 당시 대한민국의 참 모습을 볼 수 있었다. 그리고 국가의 외환보유액보다 지속 증가에 따른 달러 선(1,000억 달러)은 국민의 힘으로 보유액이 돌파하였고, 드디어 국가의 실패는 실패의 뉴딜정책을 성공적으로 이끌어 냈던 위대한 정신을 학습할 수 있었다. 특히 국가의 위기는 IMF 구제금융 조기 상환에 따른 IMF관리 체제를 졸업(2001년 8월 23일)하게 되는 영광을 얻게 되므로 국민의 한사람으로 그렇게 기쁠 수가 없었다.

이게 웬일이야. 시상으로 잠시 쉬엄쉬엄 살아가는 것도 IMF 극복의 위대한 정신이요 국민들의 아름다운 삶의 대안들이 될 것 같은 꽃밭이 찾아 든다.

꽃길만 걷겠다더니
이게 웬일이야
꽃은 지천인데

꽃은 길을 내주었는데
이게 웬일이야
꽃길 걷는 터줏대감

피는 꽃은 한 시절뿐인데
이게 웬일이야

꽃이 꽃밭에 시더니

아, 꽃은 바람의 길이였고
아, 바람은 꽃의 친구인데
이게 웬일이야
꽃길만 걷겠다는 바보 같은 마음

사랑이 익어가는
꽃길인 것을 미처 몰랐네.

　자연이 주는 꽃은 지천인데 사람들이 간직하고자 하는 소중한 꽃을 가지려는 인간의 욕심이 가하면 한 주먹에 불과한 욕심의 덫에 걸리고 만다.

　또한 그 욕심으로 가지려고 하는 꽃길은 인간이 가지려고 하는 보따리로 꽃을 내 것인 것으로 착각하여 간직한다는 것은 정치나 사업을 하면서도 강한 욕심으로 인한 실패를 경험하는 경우가 많은 사례를 볼 수 있었다.

　그러니까 꽃밭을 일구어 나간다하더라도 꽃은 우리들 곁에 오랫동안 머물지 않는다는 것들에 모두가 깨달음이 있는 사람으로 살아가야 할 것이다. 왜냐하면 자연은 우리 곁에 꽃으로 머물면서 아낌없는 사랑으로 누구에게나 고루고루 가질 수 있게 가르침을 주면서 더욱 이름답기 때문이다.

　우리는 자연을 통해서 너무 싶게 인간사 욕심 보따리로 우리 것으로 생각하고 만드는 것은 아닌지 되돌아보아야 한다. 세계적으로 너무나 온난화가 심화되는 경우와 자연은 성질이 나서 실수를 범할 수 있는 시간으로 위험을 알리고 있다.

그래서 자연의 위기는 인간사회 공간에서 서로가 피해를 볼 수 있는 인간사회 개선의 생태계 환경으로 필요한 꽃들이 찾아든다.

인간사회가 자연으로부터 한치 앞을 볼 수 없는 한 송이 꽃에 그만 사업적인 논리나 정치적인 논리를 떠나 정녕 돌아올 수 없는 강을 건너고 마는 경우가 종종 있다.

우리는 이러한 자연이 아픈 행동과 인간의 과오가 최소로 하는 정책들에 앞장서면서 각자 법치국가의 위상으로 선진국으로 가는 꽃길이 되었으면 어떨까한다.

모든 세상은 자연이 주는 사랑이 넘치고 더불어 익어가는 꽃길 따라 아름다운 시상이 있는 세상에 잠시 쉬엄쉬엄 쉬어가는 인생이 되었으면 어떨까 한다.

포미트파트너스(주) 개소식

포미트파트너스 주식회사(공동대표 심은섭)는 지난 9일 포미트 사옥 1층에서 개소식 및 사업계획 설명회를 진행했다.

이날 행사에는 부산광역시 일자리창업과 서정모 창업지원팀장, 동의대 창업보육센터 김삼문 소장, 부산정보산업진흥원 최원석 부장, 사단법인 부산 정보기술협회 이상봉 회장, (주)포미트 강기수 대표, KPGE 장도관 대표, 신한은행 이승협 광안리 지점장, 동원회계법인 박규성 세무사 등이 참석했

💡 IMF 경제 위기대응

우리나라는 1955년 IMF 가입한 이후 1997년 경제구조 개선 조건부로 IMF로부터 지원을 받게 되었다.

국가의 위기로 처한 정치는 냉정했고 국민은 정치를 냉철하게 심판을 했다. 그야말로 야당의 승리로 정권 교체가 이루어졌다.

김대중 정부(1998년 2월 취임)가 들어서게 되었고 새 정부는 IMF 시대를 극복해야하는 큰 과제를 안고 출범하게 되었다. 기존의 IMF 개입을 전면적으로 받아들이면서 빠른 국민성으로 국가는 조기에 차입이 상환되면서 김대중 정부는 IMF 졸업을 선언 했다. 그러나 막상 졸업을 했지만 IMF 경제 위기대응은 곳곳에 뉴딜의 정책과 자원이 많이 필요로 했다.

국가의 위상을 빠르게 되찾아야한다.

IMF 경제 위기대응은 그 무엇보다 기업들을 안정적으로 재건하고 기업들이 투자를 늘릴 수 있도록 정책을 독려해야만 했다. 그 중심 정책에 김대중 정부가 도입한 정책은 '벤처기업 육성'으로 닷컴 시대의 꽃밭을 가꾸기 위해 수많은 씨앗을 뿌리고 빠른 시일 내 열매가 맺히는 결과가 필요했던 정책을 잊을 수 없다.

어려운 환경에서 출발한 정책들은 나날이 정부를 넘어 시장의 중심에서 있는 산업체 활동으로 닷컴 시대의 성장을 확신하고 있었다. 한국정부는 IMF의 굴욕적이고도 가혹한 구조조정 요구를 수용하면서 피로도가 높은 상태에서 성장이 필요했다.

특히 기업들은 여러 정책으로 구제 금융을 받아서 위기를 넘겨야하기에 더욱 대응위기는 빠르게 대처하면서 산업육성 정책들이 현장중심으로 확산이 필요했다.

IMF 경제 위기는 사업을 하는 주체에는 한치 앞을 내다볼 수 없는 시간이었다. Moon도 비켜 갈수는 없었다. 사업체가 망하고 국민 경제가 순환이 되지 않으니 한 개인이 창업하고 있는 부분에도 위기의 여파는 너무 컸다. 아니 시장을 한 순간에 삼켜버린 불균형 시장으로 조직과 경영이 날려버린 것이다.

아마도 그 당시 대기업 대란과 부도로 여겨질 수 있지만, 소상인부터 중소기업의 여러 기능이 마비될 정도로 사회의 이동은 제한적이었고, 금융거래나 신용거래의 상실로 인한 사회적 혼란은 모든 국민경제를 어렵게 했다.

시장은 가중된 위기로 정부나 주변 사람을 서로 믿을 수 없는 변질된 시장으로 다소 변화고 있는 위기는 서민경제부터 몰락하였다. 특히 지역 상권부터 어려움을 호소하는 가중치가 높아서 모든 고통을 이웃과 분담하면서 위기대응이 필요했다.

국가부도(1997년 11월) 위기대응(1998년 국민적 행동)으로 성장했다.

IMF 관리체제를 4년 만에 조기에 졸업(2001년 8월 23일)하게 되었던 기억은 한층 높은 국민성을 학습할 수 있었다. 특히 국가의 위기대응은 우선순위 정책과정으로 우리는 국난을 극복하는 실천적 계기로 극복이 필요했다.

기존의 시장이 변질된 기업 활동과 개인 활동은 점점 자리를 잡아가는 시간으로 고통의 비용을 지불하면서 해결점을 찾고 있었다. 그 중심의 위기대응은 대기업들의 부도(한보, 기아, 해태, 삼미 등)로 이어졌고 마침내 대 수술이 필요했다. 왜냐하면 고용한 자들의 일자리가 하루 아침에 사라져 버렸기 때문이다.

일자리를 잃은 노동자는 길거리와 산으로 서성이고 어떤 이는 노숙자가 된 모습을 공공장소 같은 곳에서 쉽게 볼 수가 있었다. 특히 대기업으로 성장한 한보기업의 부도(1997년 1월)는 충격적이었다.

언론을 통해서 뜻밖의 소식에 한보 부도로 재벌들의 부도가 줄을 이어졌고 시작된 부도는 무서웠다. 언론을 통해서 접했지만 그동안 재벌들의 경영은 마치 싱싱한 횟감이 도마 위에 오른 것처럼 절박 했으며 자신들의 상환능력과 무관하게 주요거래 은행들로부터 빌려서 돌려막는(차입경영)마구잡이 외형적 행동의 기업가 정신이 만천하에 드려나게 되면서 국민들의 실망은 이루 말할 수 없었다.

국가는 그야말로 위태로웠다.

부실과 실패가 만천하에 알려진 기업들이 떨고 있다는 뉴스는 국민의 불신으로 시장을 강타했다. 그렇게 되다보니 드러난 사건들은 그것으로 끝나는 것이 아니라 국내 은행들의 거래 부실(5조6천억 원, 당시 환율 약58억 달러)로 고스란히 쌓여 졌다. 그리고 부실기업 기아의 부도(9조5천억 원, 당시 환율100억 달러)는 더 심각했다. 부실은 한보의 부실보다 두 배 가까운 금액으로 온 국민들을 실망으로 내 앉은 장본인들이 되었다. 어디 그뿐인가 하루가 무섭게 터져 나오는 실패의 경영이 곳곳에 더러 나는 일상이 되었다. 이런 실패의 기업가 정신의 분위기를 지켜본 국민들은 실망도 커겠지만 위기를 지켜본 국민들은 나라 걱정에 더 목말라 했다.

이러한 국민의 마음은 경제의 위기에서부터 국민의 힘으로 구하고자 하는 열망은 현실의 실망의 늪 보다는 위기로부터 국민의 힘과 애국심으로 행동 그 자체를 실천하기 위해 하나 둘 실패의 뉴딜정책이 시작되었다. 그래서 실패로부터 실패의 뉴딜정책은 언제나 새로운 시장이 가능하다. 한때 나라 잃은 아픔에 대한민국 만세 삼일운동으로 빼앗긴 실패의 뉴딜정책이 곳곳에 국민의 정신이 일어나 독립을 하게 되었다. 이번 국가부도 위기를 국민들의 애국심 참여 정신으로 실패의 뉴딜정책은 각 개인이 소장하고 있었던 금붙이들을 모아서 자금으로 만들 수 있는 수단으로 곳곳에서 일어났다.

하나 둘 '금 모으기' 현장은 국민의 힘으로 반드시 극복하겠다는 브라운관 장면이 알려지면서 개인이 가지고 나온 금붙이들을 모으는 실패의 뉴딜정책은 대단했다. 그래서 우리 국민은 위대했다. 위대한 국민이 모은 금붙이는 해외에 내다 팔아 국가부채 조기 상환에 큰 도움을 주자는 일명 '국민적 캠페인' 을 국가가 아닌 국민스스로 폈다.

국민적 캠페인이 시작되자 각종 언론은 날마다 국민들의 행동 그 자체는 국민이 스스로 만든 감동적인 금모으기 일들을 소개 했다.

국민적 캠페인은 처음에는 일부계층부터 진행되었던 일들이 시간이 지나면서 국민이 스스로 참여하는 국민의 정신으로 이음이 시작되었다. 주변으로부터 세세하게 알 수 있었던 참여의 정신은 그동안 소중하게 간직하고 있었던 금붙이들을 꺼내 금 모으기 자체가 너나 나나 가까운 은행으로 가져가 동참은 계속 이어졌다.

언론을 통해서 접한 내용 중에서는 신혼부부 결혼반지, 아이의 돌반지, 노부부의 자식들이 사 준 효도 금붙이까지 고스란히 쏟아져 나오는 보도는 국민의 마음을 울렸다. 그 당시 유사한 일을 한 사람으로 국민의 캠페인(금모으기 감정사)에 참여하는 계기로 더 경험할 수 있었다. 누구나 하나같이 귀한 사연이 담겨 있는 소중한 정표들까지 참여한 캠페인(전국 3백51만여 명, 약 227톤 금 모금) 정신은 정말로 대단했고, 위대하였다.

정부에서는 캠페인을 통해 모인 금 거의 대부분 해외로 수출한 것으로 알고 있다. 국제사회에서도 한국의 금 모으기 캠페인은 국가 위상에 큰 도움이 되었다고 볼 수 있다. 왜냐하면 개인주의 경향이 강한 일반 사회에서는 경제위기가 닥치면 금을 내 놓은 것이 아니라 대부분 사재기를 하는 것이 보편적이고, 그게 또 정상적인 시민들의 반응이다. 이러한 내용들은 쏟아지는 국제사회로부터 많은 국민성 이슈로 부각되었다. 실패의 국가로부터 국민이 스스로 만들어낸 실패의 뉴딜정책 사건으로 평가해도 충분한 가치이기도 하다.

그렇게 한국은 태국(1997년)발 아시아 금융위기로 이미 홍역을 치러내면서 우리도 피할 수 없는 국가부도 위기로 실패의 뉴딜정책을 과감히 발휘했다.
또한, 국가위기 대응은 IMF 경제 구조개선 요구를 정부에서 뉴딜의 정책을 시작으로 국민스스로 극복하고 새로운 미래시대 정신을 만들어가는 뉴딜정신으로 새로운 시대를 걷고 있었다.

세상은 뉴딜정책의 닷컴 열풍에 새로운 인터넷 시대를 열어가고 있었다.

스타트업 Map

창업준비	창업교육	창업설계	창업실행
• 아이템 • TEAM • 팀빌딩	• 창업사관학교 • 엑셀레이팅 • 사업계획서	• R&D 기획 • 자금확보 • 파트너 발굴	• 기업경영 • 기업 재무 • 출구전략

💡 창업의 뉴딜

국가의 부도 위기(1997년 11월)는 신흥국 경기위축에 따른 위기대응
(1998년 국민적 행동)으로 동반된 위기로 볼 수 있다. 특히 한국은 수출국
가로 수출 감소에 따른 대안들이 매우 필요한 시점이었다고 볼 수 있
는 시기였다.

정부의 조기 대응으로 IMF 관리체제를 조기에 졸업(2001년 8월 23일)
하게 되었던 만큼 경상수지 적자에 따른 수출 국가로써 새판을 짜야
만 했을 것이다. 특히 그동안 수출의 주요 품목(반도체, 자동차, 조선, 철강,
석유화학)위기 점검과 뉴딜 정책은 각종 부활에 필요한 뉴딜 정책의 실
행과정으로 우리는 기업의 성장으로 국난을 극복해야만 했다.

그 중심에 구조조정 개선으로 대기업들의 부도(한보, 기아, 해태, 삼미 등)
등은 국가적 차원에서 많은 비용을 소비하였고, 마침내 국민들에게는
큰 고통을 주었다. 특히 기업들의 구성원으로 참여 하는 동안 행복과
직업을 잃은 것은 가장 큰 불행의 시간을 주었다. 그러한 사회는 실
업대란으로 사회의 불황은 고스란히 국민의 고통으로 각자가 감내해
야 했으며 정부나 국민은 실패로부터 흑자경영의 설계로 미래가치에
실행력이 매우 필요했다.

혁신의 주체성은 주로 아시아권에서 도래되었다.

한동안 신흥국가들의 부흥과 쇠망으로 연결구조로 새판에 의한 시장을 찾아야만 했다. 그리고 주요 주변 국가의 일본의 국가도 잃어버린 20년은 위기이면서 기회의 시장이었다고 볼 수 있기에 주요국가로 동반성장에 필요한 자세가 필요했다.

1997년 말부터 그동안 IMF체계를 거치면서 가슴 깊이 파고 들어와 있는 경제구조 개선 작업으로 기업이나 국민들은

* 기업도산
* 개인부도
* 가계부채, 구매력 감소, 자영업자 과다한 부채 등은 빠르게 해결할 수 있는 대안들이 필요했었고, 위기로부터 기회의 시장으로 가는 길은 멀 길이 될 수 있기에 국민적 대안이 매우 필요했었다.

국가부도 위기 발생 주요원인(1997년 이후)으로 실패로부터 실패의 뉴딜정책이 부각되어 온 기업들의 부실은 주변 국가들의 실패로부터 선순환 구조를 혁신 할 수 있는 기회는 놓쳐서는 안 될 절호의 시장이 여겨져 주요 강국으로부터 협상이 필요했을 것이다.

그래서 국가는 위기 없는 판단으로 한국의 미래는 새로운 모습으로 설계할 수 있다고 긍정적인 사고로 국가의 대 비전을 제시하고 동참할 수 있는 기반을 조성하는 뉴딜의 정책들이 쏟아져 나왔다.

즉 기업들은 위기로 가고 있는데 국가는 국민들로부터 충분한 혁신의 시간(IMF 캠페인 동안)을 가지면서 적자전환 중에 있는 국가나 기업들에 정책과 지원을 하는 역할이 매우 필요했다. 특히 기업들의 실패로부터 실패의 뉴딜정책과 참여정신의 시작으로 기업들이 재도전 할 수 있게 지원이 필요했다. 또한 폐업했던 사업가나 직장을 잃은 조직원들이 다시 현장으로 돌아와야 하는 리더와 기업가 정신이 매우 필요

했던 기억이 선명하다.

Moon이의 기업도 피할 수 없는 혁신이 필요했다.

창업을 시작할 무렵에는 88년 서울올림픽으로 주변 환경이 매우 우수하였고, 10년 넘게 경영한 회사는 99년 국가의 부도 위기로부터 피할 수 없는 주변 환경을 맞이했다. 그래서 뉴딜의 혁신은 크나큰 실패로부터 실패의 뉴딜정책이 차별적이고, 사회적 구조에 함께할 수 있는 빠른 경영이 필요했다.

그 당시는 개인이나 기업들의 자산 가치 하락은 이미 국가의 부도 위기로 하향곡선을 예고하고 있었다. 잘 아시다시피 자산 가치 하락은 기업의 투자위축, 소비감소 등으로 이어져 실물경제가 악순환을 불러올 수 있기에 더욱 고심해서 뉴딜의 혁신이 필요했다.

필자는 먼저 하고 있는 업종과 소비는 사회로부터 한동안 외면 받을 수 있다는 판단으로 폐업의 정리 수순으로 결정을 해야만 했었던 실패의 정책을 실행했었다. 그러나 원망은 하지 않은 자세로 국가적 사회와 외적인 사회 환경으로 받아들이면서, 사업은 폐업등록 결정으로 사회로부터 위로를 받고 있었다.

대기업이나 작은 기업이나 IMF 여파로 인한 마음의 정리는 모두에게 필요했기에 우선시 다시 살아남을 수 있는 핵심목표로 뉴딜의 정책이 진행된다면 재창업으로 성공할 수 있다고 자신하고 있었다.

사실 지난일이지만 그 당시는 불안과 혁신은 성공할 수 있다고 자신을 가졌던 부분과 저 생산과 저비용으로 버티기 하는 작전도 세웠던 기억이 선명하다. 왜냐하면 실패의 경험과 뉴딜정책 수순은 내적인 환경보다는 외적인 환경의 위기로 폐업등록을 진행했기 때문이다.

그렇다. 지난 일이지만 소나기는 피하고 보는 것으로 판단한 것은 올바른 선택으로 각종 비중을 차지하고 있는 업종들의 위기대응에 대한 대비와 방법으로 비즈니스모델이 필요했다. 물론 국가로부터 안정적으로 국가는 재건이 되어야했고, 예전의 성장된 모습으로 사회가 빠르게 안정이 진행되어야만 했다. 그래야 국민들은 국가를 믿고 국민들이 보다 안정을 빠르게 되찾기 위한 혁신과 도전정신으로 다 함께 이겨내야 했다. 그리고 옛 모습으로 동반성장 하는 길 뿐이었다. 그동안 IMF로 인해 겪었던 국민들의 피로감은 너무나 컸다. 특히 당시 대기업들 주체가 다른 국가로 넘어간 것은 오늘날까지도 아픔이 있는 경제의 길로 남아 있다.

아픔만큼 성숙한다고 참고 달래어 보았다.

한 사업으로 고통스러운 위기 탈출이라 생각도 되었지만 너무나 많은 기업들이 정리수순으로 접하다보니 아찔한 하루하루를 보내야만 했다. 사회를 생각하면 험난했던 기억이 되살아날까 두렵기도 하여 누구나 겪어야 했던 시기로 폐업(99년 11년 만에)은 시작이 되었다. 주요 시장들에 처한 언론보도는 기존 법인들의 경우는 파산으로 하는 것이 바람직한지 법정관리 신청이 난무 했고, 중소기업의 경우도 비슷하게 폐업의 기업들이 늘어났다. Moon이도 이미 폐업등록으로 정리를 해야만 했기에 국가적인 불황으로 인해 더 이상 사업을 이어나갈 수 없을 경우에 해당사업을 폐업등록으로 정리를 할 수 있었다.

본인 아니게 기존 사업을 폐업하고 새로운 직업군으로 또는 산업으로 회사를 설립하는 것으로 결정을 하였지만 실패로부터 실패한 사업을 뉴딜정책으로 추진했던 혁신은 참으로 잘 했다고 칭찬을 하고 싶다. 왜냐하면 국가는 정부의 정책으로부터 시작된 닷컴 시장에 닷컴 회사로 출발이 가능했기 때문이다.

실패의 뉴딜정책은 IT회사로 설립이 가능 했다.

간이과세로 출발해서 성장한 일반과세자로 전환을 하면서 성장을 거듭하고 11년 만에 폐업을 했지만 국가의 정책에 참여하는 기회로부터 기존 기업 폐업 후 재창업 IT사업으로 회사설립은 새로운 인생에 큰 전환점이 되었다.

그 당시에는 국가위기로부터 실패의 뉴딜정책이 필요했던 시기로 여러 가지 실패의 사유로 인해 폐업을 정리하게 되는 경우가 허다했다. 실패의 사유야 어떻게 되었던 폐업의 경험은 처음으로 겪었던 시련이었다.

국민의 한사람으로 IMF 역시 처음으로 겪었던 아픈 시련과 폐업으로 인해 IMF 인해 실패로부터 처음으로 겪었던 실패의 정책은 인생의 많은 경험의 자산을 얻게 되었다. 이러한 경험은 뉴딜정책으로 새로운 도약을 위해 반드시 현장에 필요한 정신이었다.

사업의 운은 적중했다.

폐업등록과 동시에 新 비즈니스모델로 IT신사업을 결심하게 된 동기에는 변함없는 운이 찾아들었다. 그렇게 하여 나의 생에 혁신과 혁신의 시장으로 두 번째 창업을 하게 된다. 물론 첫 창업을 이끌었던 회사는 실패의 경험으로 인생 속으로 새겨 두어야만 했다.

변명 갔지만 부실이 많았던 사업체 보다는 소비계층이 겪는 사회의 관계망 불안과 사회성 부실로 새롭게 부각되는 IT세상에 창업하는데 주안점을 두었기에 폐업한 사업장이 완전한 실패의 사업은 아니었다고 새겨 두고 싶다.

처음으로 회사 정리 수순을 접하면서 학습한 내용은 폐업한 월에 일자가 속한 25일까지 폐업 부가가치세 신고 및 납부를 의무 해야 한다. 만약에 부실이 초래한다고 해서 해당 부가가치세, 소득세 신고를 하지 않을 경우 무신고 가산세 및 세금계산서 합계표 미제출 가산세 등 불이득일 많이 받게 된다. 이 분야만 있는 것이 아니라 폐업으로 진행할 경우 전문가 자문을 받아서 정리하는 점에 유염해서 정리하면 좋다.

벤처 창업이라고 생각하면 큰 코 다친다.

창업이라는 것이 얼마나 어렵고 힘든 일인지 창업을 해보지 않고서는 이야기 할 수 없다. 모두가 주변에서 쉽게 도전하는 정신으로 창업의 성공, 실패를 거론하기 힘들 정도로 망하고 흥하는 창업으로 변화가 심하다. 특히 성공했다고 하는 기업도 민망할 정도로 창업의 성장 질이나 성장의 핵심역량을 위한 준비 시간이 많이 부족한 상태이다.

그래서 누구에게나 창업은 기회의 시장이 될 수 있지만, 현재까지도 준비된 창업이 현저히 부족한 부분에 연구하고 지원할 필요성이 있다.

그래야 기업들이 긴 기간 동안 폐업을 하지 않고 지속적인 활동으로 이윤창출과 사회적 가치 실현을 할 수 있을 것이다 또한, 기업인들로 존경을 받기에 충분한 자질을 가질 수 있다. 이에 조기에 기업가 정신 교육은 반드시 필요한 시장이다.

창업한 기간 동안 행복했다.

긴 경영을 통해서 화려한 일들은 기업에 처한 문제를 해결한다고 실패의 뉴딜정책을 수없이 수행 했던 일들의 행복이다. 또한, 구성원이나 거래처들에 신뢰를 바탕으로 크게 만족할 만큼 경영을 하지는 못했지만 그래도 같이 했던 시간들이 고맙게 다가와 있다.

또한, 이 자리를 비롯해 마음의 상처가 있다면 용서와 양해를 고하고 싶다. 이렇게 처음으로 창업한 회사는 폐업으로 국가의 위기로부터 해결하기 위해 역사의 아픔 속에 남아 있다. 재창업한 회사는 인터넷 기반 IT업으로 스타트업이 되었다. 지난 일이지만 폐업의 시간은 새로운 도전과 뉴딜의 정책으로 기회를 주었고 사업을 경영하는 동안 초기 기업의 응용을 최대로 활용이기에 후회 없는 경영을 해 보았다. 물론 다소 국가의 위기에 처했을 때 안정된 취업을 위한 준비를 했었더라면 하고 잠시 생각을 안 해봤다면 거짓말이겠다. 어찌되었던 국가적 위기 속에 취업보다는 창업의 관문으로 재창업은 그렇게 시작이 되었다.

험난했던 세월은 흘러갔다.

국가의 과감한 정책이나 국민이 함께 겪어야만 했던 어려운 시기를 기회로 만들기 위한 노력은 험난했던 세월을 모든 국민이 스스로 극복했다. 그래서 경험했던 시간을 잊을 수 없게 했다. 또한 국가나 기업들이 제자리를 찾아갔다. 특히 국가의 위기는 남들과 함께 겪는 고통으로 첫 사업체는 폐업의 역사를 남겼다. 하지만 그동안 발생된 사업소득의 경우 해당 세금은(다음년도 종합소득세) 신고 기간에 합산신고를 진행해야 하는 의무만 남겨 두고 정리가 완성되었다.

이 업무를 마감할 무렵 이미 시작한 IT벤처 창업은 고객들의 품에 있을 꿈을 꾸고 있었다. 재창업의 Start-up 닷컴은 창업, 축의 전환을 내어 주었다.

제 **2** 장

창업, 축의 전환

정부의 축의 전환 💡

지금은 재창업 뉴딜정책이 많이 있다.

처음으로 창업할 당시에는 실패로부터 극복을 가급적이면 개인이 스스로 해결하는 경우가 많았다. 즉 회사들이 일반적으로 실패를 하게 되면 후유증이 너무나 더 크기 때문에 국가나 개인들이 해결하기 힘들 정도로 정책이 미비했다. 특히 기업의 연대보증제도 등에 따른 담당해야할 사후 처리 후유증이 너무 크기 때문에 재창업을 하기가 쉽지 않은 시기였다.

그러나 지금은 실패의 경험으로부터 실패의 뉴딜정책이 너무 다양하게 정책지원이 되었고, 기술력과 실패의 노하우가 있는 기업가 정신으로 재도전을 할 수 있다. 정부도 실패의 정책 촉진하기 위해 더 다양한 프로그램을 개발하고 지원하고 있다.

지금의 창업은 실패 시대를 준비해야한다.

국가는 많은 창업을 지원하는 형태이지만 성공 기업보다 실패 기업 부작용으로 기업은 실패를 거듭한다. 이러한 시장에 실패를 용인하는 사회로 실패를 두려워하지 않고 실패로부터 실패의 뉴딜정책이 용이하게 지원하는 정책이 더 다양했으면 한다.

이미 일부 정책은 실패로 인한 연대보증제도 폐지나 법인설립 유연성 등으로 실패의 뉴딜정책은 창업의 생태계를 한층 높일 수 있는 기회로 지원은 하고 있다. 그렇다보니 일반적인 성공 실패와 학습으로 실패로부터 얼마든지 재도전이 가능한 것은 그나마 다행이다. 특히 지원 대상을 재창업자로 한정하여 정부 연구개발(R&D)사업에 참여할 수 있고 민간 펀드조성으로 재기펀드 자금유치도 가능하다.

실패의 사례나 특허나 실용신안을 보유한 신산업분야, 소재부품업종 영위 업체 대상으로 해당 자금은 저금리로 자금(2%)을 지원하는 뉴딜의 정책이 있다.(중소벤처기업진흥공단)

이 실패의 뉴딜정책은 단순한 자금을 받는데 목적보다는 자금을 받게 되면
  * 파산면책
  * 개인회생
  * 채무조정 등의 과거 실패 공공정보가 블라인드 처리되면서 신용도가 올라 갈 수 있는 기회가 제공되는 것에 주안점이 있기에 활용하면 너무 좋다.

이런 사업은 새로운 기회의 시장이 가능하기에 더 많은 정책을 늘리는 것으로 실패로부터 실패를 용인하는 사회로 창업을 촉진할 수 있다. 또한 실패의 뉴딜 소개하려는 것이 아니라 이러한 정부정책들을 통해서라도 재창업으로 실패한 사람들이 많이 도전을 했으면 좋겠다는 것을 적고 싶은 것이다. 다시 말해보면 재도전의 뜻은 어려운 일의 성취나 기록 경신 따위에 다시 나서는 일을 비유적으로 이르는 말로 어떠한 환경으로 어려움에 처한 환경을 새로운 정면으로 맞서 싸울 수 있는 자실과 배짱이 있어야 한다는 의미로 볼 수 있기에 도전정

신 학습이 매우 필요하다.

　옛 속담에 뜻이 있으면 길이 있다고 했다.

　신규 창업으로 성공하면 얼마나 좋겠는가! 그러나 앞전의 글에서 국가의 부도위기 외적인 환경으로 실패할 수 있듯이 내부적인 환경으로도 얼마든지 실패를 경험할 수 있다. 재창업은 실패의 경험을 기반으로 실패의 뉴딜정책을 실천하는 것이 무엇보다 중요한 활동이 된다. 즉 재도전은 초기 사업으로부터 실패의 학습은 반드시 필요하고, 재도전을 꿈꾸는 꿈들은 뜻이 있는 길들로 할 수 있다.

　반복적인 학습은 정부의 실패정책과 실패박람회 등으로부터 실패의 뉴딜정책으로 도전이 가능하다면 분명히 재도전으로 성공한 기업으로 재성장이 가능하다.

　벤처기업의 완성으로 정부의 정책은 오늘날 4차 산업혁신으로 이어졌다. 바로 이러한 정부의 축의 전환이 필요하다.

　정부의 'IT839 정책'(2004년 3월 발표)은 정보통신부의 정책으로 국내 미래IT 시장을 세계시장에 선포하고 선도하기 위해 설정한 성장전략 방향으로 기업주도형 혁신 정책이었다.

　정부의 뉴딜정책은 각종 전문가가 참여하는 839 숫자를 통한 성장 핵심목표이다. 그 숫자 의미를 정리해 보면

* 첫머리 8은 8대 서비스
* 두 번째 숫자 3은 3대 인프라
* 끝 숫자 9는 9대 성장 동력의 의미를 두고 있었다. 지금 생각해보아도 인생에 이런 복이 있을까 가슴이 벅찬 정부의 정책이었다. 정부가 설정한 IT 미래시장 핵심전략은 오늘날 재창업으로 교수 활동까지 할 수 있는 절호의 기회를 제공하였다. 고맙습니다.

정부 정책의 8대 서비스는 휴대 인터넷(Wibro, wireless broadband), 위성 및 지상파 디지털멀티미디어방송(DMB), 홈 네트워크, 텔레매틱스, 전자태그(RFID), 광대역 코드분할다중접속(W-CDMA), 지상파 디지털TV(DTV), 인터넷전화(VOIP)로 재창업 당시 대부분 기술을 접목하여 시장으로 진행하는 영광을 얻었다.

특히 3대 인프라는 그중에서도 대기업과 일을 할 수 있는 기회를 얻게 되어 더욱 재창업을 안전권역으로 진입할 수 있는 기회의 시장으로 진입 할 수 있었다.

3대 인프라를 소개하자면 광대역 통합(BCN), U-센서네트워크, 차세대인터넷 프로토콜(IPV6)를 기반으로 사업은 대대적으로 확산되어 오늘날 인터넷 강국으로 가는 큰 기초가 되었다.

가슴 설레는 일이 어디 나쁜이었겠는가!

정보통신 관련 업무를 수행하는 전반적인 환영으로 오늘날 기술을 선도하고 'IT839 정책' 에 따른 국민의 삶이 한층 성장하는 계기가 되었을 것이다.

그 세부적인 내용으로 들어가 보면 9대 성장 동력은 차세데 이동통신, 디지털TV, 홈 네트워크, IT(system on chip), 차세대 PC, 임베디드 소프트웨어(SW), 디지털콘텐츠, 지능형 로봇을 뜻하므로 정책은 곳 현실들로 찾아 들었다.

IT839 정책은 국민의 여망을 담아 국민소득 1만불 수준에서 8년에 멈춰있는 대한민국의 경제를 다시 일으켜 세워 2만불 고지를 달성하기 위한 정책으로 구심점 자체를 과학기술에서 찾을 수밖에 없는 국정브리핑에서 알 수가 있었다.

그동안 형님, 누나들이 기존의 산업화를 제조업 중심으로 정보화 성장을 견인하고 확장한 부분에 성장 동력을 기존의 산업에서 한계를 극복할 수 있는 활동은 존경스럽다.

정부의 정책은 국민소득은 반드시 2만불 목표로 모두가 잘 사는 길로 안내할 가치에는 함께 현장에서 일을 한 사람으로써 가슴이 벅차고 IT와 과학기술 분야의 핵심 정책을 잘 했노라고 지금도 칭찬하고 싶다. 정책을 선도하는 정보통신부는 향후 글로벌 IT 리더 국가로 도약은 물론 국민 모두가 IT 목표를 세우고 세계 최초로 도전으로 이뤄낸 이동통신 강국 신화를 바탕으로 연결되는 산업은 수를 셀 수 없을 만큼 확장 산업으로 성장해나갔다.

참 운이 좋은 사람이다.

국가의 위기로부터 재창업한 IT회사는 이런 정책을 성공적으로 진입하기에 뉴딜의 정책이 가능한 시장이 되었다. 대한민국은 위대했고 자랑스럽다.

그리고 김대중 정부는 초고속 인터넷(98년 6월)에 산업을 대대적 투자로 초고속 인터넷 서비스(4년. 100만 고객 달성)를 시작했고, 그 인프라를 성공적으로 조성하므로 닷컴의 콘텐츠 산업으로 성장을 이끌 동력으로 발판을 삼았다.

초고속 인터넷은 ADSL방식, VDSL방식, FTTH방식, 게이블모뎀 방식으로 시작이 되었다. 그 당시 ADSL 방식은 1Mbps 이상의 속도를 내는 방식으로 ISDN을 이용하여 전자에 2배의 속도를 내던 서비스를 초고속 인터넷이라 했다.

처음 창업을 할 당시에 사용을 늘렸던 PC통신(64Kbps)은 이론적 한계의 속도로 56k까지 낼 수 있었지만 아마 지금 그 환경으로 사용을 하라고 하면 인터넷 접속 망에서 다 도망을 가려고 할 것이다.

재창업의 환경은 낯설고 설렘이 많은 창업이었다.

그 당시엔 무수한 시장이 예측되는 시장을 잘 몰랐지만, 지금 와서 지난 현장 시간을 정리하며 '거대한 연결 중심의 사회'가 빠르게 진입된다는 사실이다. 그리고 정부 축의 전환에 따른 기업의 성장이 될 수 있다.

재창업의 도전과 뉴딜의 정책은 위대했다고 잠시 자랑을 하며, 현시점에서 재창업한 창업으로 고객들로부터 사랑받는 기업으로 성장이 있기에 독자 분들도 창업으로 살아보는 것도 좋다고 자부해 본다.

그러나 필자도 국가의 위기로부터 처음으로 창업한 기업이 실패로 막을 내렸고, 실패의 경험은 실패의 뉴딜정책으로 재창업으로 뉴딜이 되었다. 그러므로 긴 창업을 위해서는 평소에 관찰하는 습관으로 준비된 정책으로 했으면 한다.

그렇게 재창업은 초기 시장으로부터 실패의 경험을 기반으로 뉴딜 정책이 고스란히 바로 기업으로 이어지면서 단시간에 성장의 길로 갈 수 있었다. 그러나 주변으로부터 멘토로부터 전문가 자문이 부족한 탓에 본인 만족과 사업에 너무 안주한 것들이 내내 아쉬움으로 오늘날에도 남아 있다.

– IT839 정부정책의 축의 전환 –

8대 서비스는 휴대인터넷(Wibro, wireless broadband), 위성 및 지상파 디지털멀티미디어방송(DMB), 홈 네트워크, 텔레매틱스, 전자태그(RFID), 광대역 코드분할다중접속(W-CDMA), 지상파 디지털TV(DTV), 인터넷전화(VOIP) 외 IT839 정책

축의 재창업 💡

김대중 정부는 초고속 인터넷(98년 6월)에 산업을 대대적 투자로 초고속 인터넷 서비스(4년, 100만 고객 달성)를 시작했고 그 뉴딜의 정책으로 초고속 인터넷 인프라를 성공적으로 조성하므로 다양한 콘텐츠 산업 육성과 닷컴의 콘텐츠 산업의 성장을 이끌 동력으로 발판을 삼았다. 그리고 서비스 방식의 초고속 인터넷 네트워크는 ADSL방식, VDSL 방식, FTTH방식, 케이블모뎀 방식으로 전국적인 서비스가 시작 되었다.

재창업(1999년)은 초고속 인터넷에 콘텐츠산업의 아이디어로 시작했다. 즉 정부의 정책의 축의 전환에 따른 재창업의 타이밍이다.

지난 정부에 국가의 위기는 신정부 출범으로 초고속 인터넷 산업의 기회 시장에 과감한 투자를 이끌어내며 초고속 인터넷 회사들은 인프라 구축으로

* 두루넷
* 하나로텔레콤
* KT 전국적인 서비스가 시작된 시점으로 초고속 인터넷 시장을 견인하고 있었다. 그리고 다양한 기간통신, 별정통신 사업자가 서

비스를 시작하였다.

　이러한 기회의 시장은 재창업의 핵심목표로 인터넷 시장에 함께 할 수 있는 시간은 다양한 산업의 아이디어로 할 수 있는 절호의 기회였다. 특히 세계시장으로 교두보를 잡을 수 있는 생각들로 온통 세상은 마치 내 것으로 이미 와 있는 듯 착각이 들 정도로 세상은 밝아만 왔던 그 시절이 고맙고 그립다.

　그 당시 비즈니스모델로 했던 일들을 세세하게 정리 할 수는 없지만 그 때에는 인터넷 시장이 개인이 사용할 수 있는 공개된 사용의 시장으로 미비했던 시장이었다. 그러다보니 일부 관련된 기업들이 무조건 먼저 시장진입과 개인사용 도입에 사업타당성을 논하면서 향후 개인 고객검증이 시작되고 있었다. 뉴딜의 정책은 급속하게 개인 시장으로 이동 하였고, 예측한 시장은 고객만족들에 적중했다. 그러하기에 재창업 회사에게 꼭 필요한 인터넷 시장의 파트너로 콘텐츠산업의 확장성이 가능했다. 잘 아시다시피 고객이 필요했던 시장은 인터넷 시장의 대중화와 통신회사 가입자 유치 전략의 확신은 시장을 달아오르게 했다. 함께 했던 파트너 기억은 지금도 나 자신은 운 좋은 사람이다 생각을 해 본다.

　재창업의 사업타당성 분석은 두 마리 토끼를 잡는 전략이었다.
　그동안 주식회사들의 공개된 주식 거래학습을 통해 많은 비용손실로 준비된 창업이 시작된 만큼 고객이 필요로 하는 시장분석은 주식의 흐름은 관련회사와 경제성장으로 판단 할 수 있는 노하우가 숙련되어 있었다.
　물론 국가의 부도 위기 실패로부터 정부의 실패의 뉴딜정책들에 함께 동참하기 위해서는 개인의 역량학습과 균형적인 투자기법으로 회사를 경영하는 것은 기본이 되어 있어야했다. 그래야 뉴딜의 정책은 실패의 시장에서 성공할 수 있었을 것이다.

평소 지론으로 선 창업 후 진학의 정책론을 좋아한 나로서는 추가적인 학습 진학도전은 안 할 수 없는 거대한 IT시장의 물결에 꼭 투자가 필요하였다. 그래서 경영자 자신부터 장기적인 뉴딜정책은 286 뉴딜정책이었다. 잘 아시다시피 초기 컴퓨터 시장이 286컴퓨터부터 대중적인 시장으로 시작을 했다고 볼 수 있다. 이 286 숫자에 즈음하여 앞으로 미래의 시장에 참여할 286 뉴딜정책 수립은 개인의 역량을 넘어 산업으로 키우겠다는 강한 신념은 본업을 하는데도 큰 도움이 되었다. 이러한 열정은 지금 생각해도 어디에서 나왔는지 도무지 알 수 없는 배짱과 도전정신에는 틀림없는 자질을 가진 것으로 자랑을 할만하다.

자질과 286 뉴딜의 정책을 자랑이 한 개인의 인생으로 뉴딜정책이 가름할 성장의 핵심목표 '286 뉴딜정책' 이 궁금하지 않을 수 있다. 그런데 궁금하시죠?

사실 개인적인 구상이다 보니 거창한 것은 아니다 그러나 한 번도 가보지 않은 길을 뚜벅 가는 길이기에 만만한 길은 아니었다고 볼 수 있다. 그래서 더욱 더 자기 자신을 위한 정책검증과 시장으로부터 검증을 통해서 걷고 싶은 강한 집념이 시장을 적중했다. 궁금한 286 뉴딜정책을 나열해보면은

* 처음에 오는 숫자 2는 재창업 성공과 관련학습 진학으로 설정하는 회사 비전을 제시 하였다.
* 가운데 있는 숫자는 두루넷, 인터넷 총판, 인프라 네트워크, PC 체인점, 인터넷회사, 디지털콘텐츠, 디바이스개발, 닷컴 회사공

개에 따른 회사를 성공적으로 경영하는 고객세그먼트와 파트너 경영에 목적을 두었다.

*끝으로 끝자리 숫자 6은 재창업, 재도전 학습, 대리점구축, 센터 운영, 정보통신공 사업등록, 전기공 사업등록으로 보다 큰 회사로 경영하는 핵심목표였다.

인터넷 시장은 한 번도 가보지 않은 길을 가는 길이었다.

국가는 정부사용으로 검증이 되었지만 개인으로 대중 시장에 참여한 기업들은 처음으로 길을 걷다보니 과감한 투자와 긍정적인 사고가 시장에 매우 필요했다.

회사에서 추진하는 286 뉴딜정책이 시장에 성공적으로 진입이 가능하였고, 회사의 조직으로 하고 싶었던 일들을 하고 있으니, 고객세그먼트 통해 부족한 부분은 파트너 경영으로 하였다. 대다수 다수가 회사 가치를 기반으로 가보았던 기업공개(IR, IPO) 및 인수합병(M/A)은 조기기업 정착으로 별 필요성을 느끼지 못하였고, 훗날 경영으로부터 뉴딜정책이 없었다는 것은 실패의 정책으로 후회를 하기도 했었다.

경영자가 생각하는 회사의 가치와 외부 투자자 유치시장이 필요로 하는 것은 큰 기업으로 성장하기 위해서는 반드시 필요한 시장이다. 그러나 286정책 비전으로 기업의 가치가 충분한 영역이었는데 외부 자금유치에는 불필요한 시장으로 인식이 되어 검증이 되지 않았던 부분은 경영자의 실책이다.

또한 전문가적 지식이 분명이 부족했던 것은 사실이었다. 왜냐하면 나와 비슷하게 출발한 닷컴 회사들이 기업공개(IPO, IR) 및 인수합병(M/A)은 대다수 필수 시장으로 활동을 하고 있었고, 큰 기업으로 성장이 되었다. 지난 후에야 알게 된 시장이지만 여러 경영을 리드한 우수한 벤처기업들이 투자유치 회사로 성장을 거듭해 오는 것과 투자자들이 조력자 역할로 인하여 큰 시장으로 성장하는 회사를 많이 보아 왔기 때문이다.

지금은 정보가 넘쳐나고 전문가 멘토링으로 기업공개(IR, IPO) 및 인수합병(M/A)은 정부기관이나 민간 기업들에 기회참여는 공격적이고 대대적인 행사 등을 통해서 투자유치 진행과 협상하는 시장은 이미 매력적인 시장이 되었다.

다시 닷컴시대로 돌아가 보면 당시에는 벤처기업 육성정책으로 코스피 시장보다는 코스닥 상장회사 진입으로 기업 주식상장의 활동이 기업의 꽃으로 여겨졌다. 지금보다 멘토, 멘토링 프로그램이 활성화되지는 않았지만, 닷컴 회사들에게는 좋은 기회의 시장이었다. 그렇다보니 주식상장 전문가 및 컨설팅 분야로 지금과 비슷한 멘토, 멘토링 프로그램으로 도움을 받을 수 있었다.

이러한 경험과 지식은 지금에 와서는 초기기업을 경영하는 사람들이 후회 없는 회사로 경영이 가능할 수 있게 멘토 및 멘토링으로 활동을 하고 있다. 특히 멘토의 전문가 정신에는 주식상장 미 실행 실패의 뉴딜정책과 실행으로 할 수 있는 프로그램으로 차별적으로 참여하고 있다. 또한 가급적 참여하면서 예비, 신규로 창업하는 분야에 기업가 정신 경험을 공유하고 멘토링 시간을 늘리고 있는 활동이다.

재창업은 286뉴딜정책 중에서 파트너로 시작한 분야가 초고속 인터넷 회사 '나스닥 상장회사 두루넷'이였다. 그 당시 대단한 벤처기업이다. 인터넷 기업의 선두투자로 국내 상장이 아닌 미국 나스닥 1호 상장으로 대한민국의 위상을 넘어 세계적인 기업으로 거듭나고자 하는 벤처기업의 정신이 위대하였다.

사전 주식회사 주식 학습과 벤처 기업가로써 기업가 정신에 반했기 때문에 무 대표 정신으로 대표이사에게 연락을 취하여 당신 회사에 일하고 싶은 열정을 전달했다. 그 당시에 그 잘나가던 기업의 대표가 연락한번 취한다고 일 할 수 있게 어디 해주겠는가!

그 도전에는 뻔뻔하고도 젊은 패기로 보기에는 너무나 건방진 방법으로 세계적인 스타트업 위상이 있는 이스라엘 휴즈파 정신과 닮은 꼴 이었다. 그러나 뉴딜의 정책은 벤처회사가 성장해 나아가야 하는 길을 잘 알고 있었기에 과감한 경영을 하였다.

고객으로부터 성장하는 기업으로 기회만 주신다면 남들보다 열배는 잘 할 수 있다는 신념과 배짱으로 메일 발송이 되면서 도전의 정신은 성공했다. 지금도 생각해 보면 기회를 얻기 위해 뉴딜의 정책으로 접근한 부분도 중요하지만, 뉴딜의 정책에 기회를 주신 회장님과 인터넷 회사에게 감사할 따름이다.

기회는 시작의 운이 되었다.

뉴딜의 정책은 영남권역에서부터 론칭이 되었다. 기회의 운은 담당으로부터 당신이 그 만큼 큰 소리를 치고 회사를 위해 일 할 수 있다고 했는데 특정기간 안에 제안한 뉴딜의 정책 실력을 테스트하고 보자는 것이었다. 나로서는 하고 싶은 일을 할 수 있었기에 어떠한 업무를 하달하더라도 할 수 있다는 자신감에는 변함이 없었다.

그래서 처음의 프로젝트는 영남권 지역이 첫 시범서비스 지역으로 진행하고 있는 시장에 실험단계로 기간 내 고객유치를 핵심목표와 고객의 검증 단계였다. 그렇게 시작한 일은 단 시간에 핵심목표 달성이 가능 했고, 회사의 뉴딜정책은 파트너 경영으로 서로에게 핵심목표와 성과도출을 기반으로 성장의 길이 되었다.

인터넷 회사의 성장목표(100만 고객 유치)에는 변함이 없었다.

인터넷 회사와 젊은 일꾼의 닷컴 회사 뉴딜의 정책으로 제안한 프로젝트가 성공벤처 인터넷 회사 포부는 뉴딜정책으로 성공할 수 있었다. 나스닥 1호 두루넷 인터넷 벤처회사와 일 할 수 있는 기반은 성공적인 뉴딜의 프로젝트로 남다른 성과로 추가하는 286정책 중에서 일부가 정착하는 기회가 되었다. 재창업은 선택과 집중을 할 수 있는 벤처 회사의 기회로 동반성장이 가능한 구조로 신뢰의 경영으로 구성원의 식구는 늘어났다.

국가의 위기는 닷컴 회사들의 성장으로 견인했다.

운 좋게도 재창업으로 가는 길 선택은 한 길로 갈수 있게 되었고, 두루넷 회사에서는 기회의 시장을 열어주었다. 물론 이러한 내용들이 널리 퍼지면서 여러 인터넷 경쟁사들로부터 프로젝트 제안들이 들어왔지만, 오직 두루넷을 위해 혼신의 힘을 쏟아 부었다. 회사는 고객을 위한 전문가 구성원 구축과 프로젝트 확산 등으로 재창업의 선명한 길은 함께 걷는 회사원들과 힘차게 내일을 향해 걸을 수 있었다.

함께 걷고 있는 닷컴 회사 시작은 불스코리아(Bullskoea.com) 도메인 등록을 시작으로 286뉴딜정책 중에 디지털 콘텐츠 작업을 하기 위해 시작이 되었다. 인터넷 회사 거래선 두루넷 회사도 여러 대안들(2000년)이 그 당시에 나왔으며, 그 당시 닷컴(COM)기업(Company) 버블의 시작이 되었지만 두루넷 회사도 코리아닷컴(korea.com) 서비스 시작을 위해 막대한 도메인 비용을 지불하고 확보하면서 닷컴회사 론칭 서비스로 콘텐츠 회사로 거듭나고 있었다.

코리아닷컴 도메인 확보로 개인 E-메일 확보를 회사나 개인이 시작한 것은 새로운 닷컴 시대를 대변했다. 국민적 인터넷 회사가 코리아닷컴으로 인터넷 회사의 융합서비스 시작은 기존의 닷컴 회사들에게는 도전 뉴딜정책으로 보였겠지만 그 경영진들의 각오는 남달랐다.

왜냐하면 코리아닷컴을 가까이에서 볼 수 있었고, 론칭을 통해서 회사가 성장하고자 하는 비전이 훌륭했기 때문이다. 나 역시 회사 도메인(Bullskoea.com) 확보와 코리아닷컴 계정에 남 다른 디지털 작업을 기획하고 있었기에 더욱 코리아닷컴 서비스가 벤처정신으로 이어졌다.

그러나 지난 일이지만 디지털 콘텐츠 산업은 콘텐츠가 쌓여가는 콘텐츠 데이터 사업으로 반드시 투자 자원과 투자시간을 늘렸어야 하는 사업이었다. 어찌 보면 크게 출발한 벤처기업의 포부와 인터넷 회사로 두 마리 토끼를 잡기 위한 포석이 필요했지만 그만 과잉투자로 두루넷 회사는 위기의 시장을 맞이하는 계기가 된다.

벤처 기업의 한계와 기존 인터넷 인프라 사업의 무리한 확장으로 인해 실패로부터 뉴딜의 정책이 새롭게 도입이 되어야하는 숙제를 남기게 되었다.

고객이 원하는 상품은 어떻게?
스텝A – 고객의 의사결정 및 데이터 분석
스텝B – 고객의 구매 및 사용 빈도
스텝C – 4P의 전략 및 프로세스 설계

IT 벤처기업의 열풍 💡

 닷컴(COM)기업(Company)은 날이 새고 나면 신규 벤처 창업으로 생겨났다. IT 벤처기업의 열풍이 시작 되었다.

 신규 벤처 창업은 국가위기로부터 국가차원 재건이 시작될 때 닷컴의 열풍이 얼마나 대단했나하면 시장에 노출되는 기업은 대부분이 벤처 닷컴 창업으로 설립이 되었던 것으로 기억이 된다.

 왜냐하면 닷컴(COM)기업(Company)으로 벤처기업의 도전은 언론 및 업계에 홍보만 하면 단기간에 뉴딜의 정책 자금유치(한도 10억)가 무난하게 기관 및 민간투자자로부터 투자유치가 되었다. 어디 그 뿐인가, 기존에 닷컴(COM)기업(Company)으로 벤처 닷컴 및 전환된 기업의 회사들이 기업공개를 통해 코스닥에 상당되면서 주식시장을 너도나도 견인을 했던 뉴딜의 정책시장이 있었기 때문이다.

 그렇다보니 당시에 수많은 벤처 기업들은 국가의 부도 위기로부터 실패의 뉴딜정책의 한 부분 경제부흥 뉴딜정책에 따른 효과를 톡톡히 누리면서 성장으로 되었다. 그러나 사회는 성장의 단면이 있는 반면 좀비들의 활약으로 벤처기업의 변질된 기업 포장으로 본질의 닷컴 회사들이 실패의 뉴딜정책이 오염되기도 했다. 이렇게 부실로 부각된 뉴딜정책들은 닷컴(COM)기업(Company)들이 머지않아 성장의 부실이 드러났고 성장이 멈추면서 주가는 곤두발질 치면서 투자를 이끌었던 기관이나 개인들 개미시장에 실망한 매물이 쏟아졌다.

　시장이 외면하는 일들로 인해 사회적 혼란이 찾아 드는 원인을 제공한 발판이 되었다. 닷컴(COM)기업(Company)은 일반적으로 1990년 말에 등장한 용어로 최상위 도메인(Com)을 사용하는 웹사이트를 통해 인터넷 상에서 비즈니스의 대부분을 수행하는 기업을 뜻하기도 한다. 그리고 닷컴(COM)기업(Company)은 이러한 시장의 인기에 따른 국가의 성장을 견인 했다.
　견인 하는 시장은 유사 비즈니스 모델을 사용하는 기업들이 동참하면서 시장은 더욱 과열현상을 보였다. 닷컴회사로 참여했던 스타트업과 벤처 캐피탈 펀딩의 이윤창출 등으로 닷컴 버블(2000년)이 주가 대폭락으로 예고되고 있었기에 더욱 벤처 이름을 단 기업들은 위기를 맞이하게 된다.

　한편으로 나로서는 위안이 되었다.
　재창업으로 흑자경영이 가능했기 때문에 외부 자금유치가 필요 없었다. 하지만 지금 와 생각해보면 286정책에 외부 자금유치 전략이 있었으면 하는 후회도 된다. 사업의 초기부터 흑자경영은 외부 자금유치의 불필요성으로 더 크게 성장하는 벤처 회사로 성장시킬 수 있는 외부 투자유치 부분의 미 진행은 후회스럽기도 하다.
　회사의 286 뉴딜정책 중에 슬로건으로 사용한 처음에 오는 숫자 2는 재창업 성공, 관련학습 진학으로 설정을 하였다. 가운데 있는 숫자는 두루넷, 부산총판 개설, 인프라 네트워크, PC체인점, 인터넷회사, 디지털작업, 디바이스 개발, 닷컴 회사공개에 따른 회사를 성공적으로 경영하는 것에 목적을 두었던 것들이 실패로부터 뉴딜정책으로 안착하는 계기가 되었다.

재창업은 286뉴딜의 정책으로 순탄하게 성장이 가능했다.

기존 참여했던 초고속 인터넷 업무(2000년, 2001년 최우수유통망 선정)가 순탄하게 진입하면서 두루넷 의존도는 높아만 같다. 그러다보니 인터넷 인프라 네트워크는 성장에 비례하여 동반성장이 가능한 업무로 협업이 순탄하게 할 수 있었다.

자랑이지만 전국에서 2년 연속 최우수 거래 파트너 선정이 되었으니 얼마나 알찬 기업으로 성장했는지 가늠할 수가 있겠다. 그러던 다음해 봄이 찾아 왔다. 따스한 봄 햇살은 언제 아낌없이 누구에게나 주는 것으로 생각을 했던 나였기에 어느 봄날과 다르게 따뜻한 봄날이 찾아 드는 봄을 사랑했다.

하지만 그 봄에는 두루넷 회사와 나에게는 그렇게 따스한 봄 햇살을 주지 않았는지 두루넷 회사가 1차 부도를 접하는 소식을 접하게 된다. 이미 두루넷 회사는 주식이 공개된 회사이기에 주 거래처 주가가 하향 가격을 치면서 주요 주식고객으로부터 망했단 말인가? 그 잘나가던 회사가 망하면 어떻게 한다 말인가? 주식거래의 시장으로부터 각종 언론은 혼탁했다. 그러나 정부의 839정책은 어떻게 성공적으로 시장을 만들어 갈 것인가에 대한 혁신은 시장으로부터 각광을 받고 있었다.

회사를 경영하면 부도는 법정관리로 가는 신호이다.

인터넷 시장을 전국적인 서비스로 왕성하게 하고 있는 두루넷 회사였기에 믿기지는 않았지만 속결로 진행된 법정관리 화의신청은 허가되었다. 실패의 창업으로 실패의 뉴딜정책으로 성장을 견인 했던 나로서는 서울 서초동 법원으로 결정이 되어 회사로 편지가 왔었던 기억은 그야말로 큰 실망이 되었다.

법정관리로부터 받았던 편지는 한동안 가지고 있다가 이사를 하는 도중 분실을 하고 말았지만, 지금 생각해도 난생 처음으로 법정관리라는 큰 뉴딜정책을 접해서 어떤 수순으로 뉴딜을 해야 하는지 막막한 시간이 지속되었다. 그러나 실패로부터 이미 뉴딜의 창업회사로 경험이 있기에 법정회사 경영에 동참하고 해결의 뉴딜정책을 과감히 찾아야 하는 수를 익히고 있었다.

그 당시를 회상해보면 두루넷 벤처회사는 모두 가족적인 분위기로 일을 했기에 서운함이 몰려 왔다. 그동안 시장을 개척하고 시장을 견인 했던 우리는 어떻게 대처해야 하는지 걱정할 무렵 법정관리 회사로부터 뉴딜의 정책의 제안이 왔다. 그 제안의 내용은 거래처 정리 방법(부채, 20년 만에 분할 상환)에 따라 장기 상환으로 하는 제안이었다. 뉴딜의 정책 제안은 재창업을 한 회사로서 승인을 협력하고 다시 현장에서 하던 일을 열심히 하게 되었다.

회사는 온통 눈치를 보는 사람들로 있는 듯 했다

실패로부터 어떤 일로 어떻게 시작을 해야 하는지 정확하게 알 수는 없었지만 그나마 다행한 일은 나로 인해 하층 업체들의 부실이 별로 없다는 것은 그나마 다행한 일이었다. 아마도 재창업한 아이디어들이 시장에서 무난히 진입하면서 수익률이 나름대로 좋았던 부분과 실패의 뉴딜정책이 구간마다 잘 도입이 되면서 성장으로 연결된 부분으로 인식이 된다.

그렇게 하여 재창업은 새로운 접근 방법과 뉴딜의 정책으로 일들이 변함없이 경영이 되었으며, 주요 거래처 법정관리 두루넷 회사를 통해서 일을 하다 보니 예전처럼 매출이나 수익성은 저조하였다. 기업은 이윤 창출이 지속되어야 조직경영이 가능하다.

그래서 새로운 산업을 찾기 위해 고군분투 할 수 밖에 없었다. 재창업 초기에 인터넷 사업이 추진되었던 한 아이템으로 회계사 업무 및 전문가 프로그램(회계 프로그램)을 보강하기 위해 만지작하는 업무를 시작으로 그동안 수익으로 발생한 부분은 콘텐츠 구축으로 투자를 늘리기 시작했다.

그러던 어느 날 언론을 통해서 법정관리 졸업의 소식을 접했다.

법정관리 회사 두루넷을 하나로 텔레콤이 인수한다는 언론보도는 기쁘면서도 소식을 통해서 하나로 텔레콤의 성장을 분석하게 된다. 그 동안 초고속 인터넷 회사가 쌍벽을 이루고 있었기에 어느 회사가 인수합병이 되더라도 시너지 효과가 나타나기에는 충분했다.

물론 상대 회사로 여겨 왔던 하나로 텔레콤 회사의 서비스 방식과 경영을 세세하게는 알 수 없지만 인수가 된다면 충분하게 협력 할 수가 있는 협력업무 뉴딜의 정책으로 진입이 가능하다고 평가 했었다. 어찌되었던 간에 우리 회사로서는 손해 볼 일보다는 참여에 따른 새로운 도약의 길이 활짝 열리는 기회의 시장에는 분명했다.

그동안 경쟁사로 판단된 정신과 그동안 경쟁업체로서 파트너 경영을 서로 원했지만 세세하게 할 수 없었던 관계성에 회심의 여운이 지나갔다.

재창업 회사는 새로운 모습으로 태어나야 했다.

그동안 경쟁사 협력을 하였기에 기존의 회사 명칭보다는 준비된 회사의 모습으로 뉴딜의 정책의 한 일부로 상호변경(주식회사 불스정보통신)부터 진행의 혁신 하는 모습이 필요 하였다.

그리고 법정관리 두루넷 회사를 하나로 텔레콤 회사가 인수합병

(M/A)되기로 기도하였다.

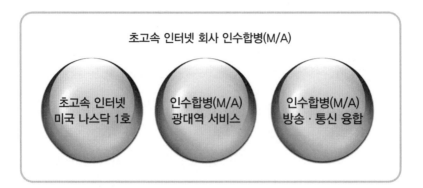

축의 학습 learning은 💡

 재창업의 시작 핵심목표로 진입하는 286뉴딜의 정책은 학습하는 기초가 되었다.

 286뉴딜정책 중에 첫 머리 숫자 2의 핵심목표는 재창업 성공, 관련 학습 진학으로 두 핵심목표 설정을 시작으로 큰 그림은 자리를 잡아 나갔으며 꿈이 현장에 늘 있었다.

 가운데 있는 핵심가설 숫자 8의 정책의 세부내용에 속하지만 시장 진입이 성공적으로 정착하면서 가운데 있는 숫자(8 세부 핵심목표) 중에서는 이미 재창업으로 주식회사 두루넷 파트너, 부산총판 개설, 인프라 네트워크 업무가 왕성하게 진행되면서 주 거래처 부실에 따른 뉴딜의 정책이 시작되었다.

 거래처 채권 정리 방법(부채, 20년 만에 분할 상환)은 법정관리 인의 결정에 따라 장기간 회수하는 것으로 승인하고 동참하였다. 그 과정은 여러 채권자들의 동의 하에 동의가 진행되므로 전국적으로 신속하게 결의 합의가 되었다. 왜냐하면 우리나라가 IMF 위기 극복 단계로 동참하는 기업가 정신도 필요했지만, 초고속 인터넷 자체 산업이 국가로부터 시작 재도약을 견인하는 기술과 시장은 반드시 필요했기 때문에 더욱 빠른 결의로 처리될 수 있었던 참여의 기업가 정신으로 협력 학습으로 혁신이 되어야만 했다.

실패의 뉴딜의 정책으로 재창업한 회사는 법정 관리인으로부터 채권회수 하는 방식으로 승인을 했지만 회사가 필요로 하는 현장의 뉴딜의 정책은 다소 시간이 필요했다. 그래서 286뉴딜정책 중에 2에 해당하는 핵심목표 중에 관련학습과 진학이 제일 먼저 떠올라 선 창업 후 학습을 통한 재도약에 뉴딜의 정책이 성공할 수 있게 학습이 필요했었다.

관련된 학습은 대학에 편입을 시작으로 늦깎이 공부는 시작이 되었다. 늦은 나이로 관련학습은 한편으로는 부끄럽기도 한 대상이 되어야겠지만 초고속 인터넷 시장의 성숙으로 인해 앞으로 찾아오는 경영 정보의 기술이 필요했다. 그래야 뉴딜의 정책의 핵심목표에 경영자로서 자질이 충분해야 한다고 생각하니 큰 용기가 났다.

오늘날 생각해 보면 너무 잘 한 자신에 대한 뉴딜의 정책이다.

물론 학습의 공간 속에서 여러 학우들과 인내를 통해 장시간 학습한 시간은 너무나 좋았던 프로그램으로 선 취업 후 진학의 조력자 역할에 충실하고 싶다.

특히 4차 산업관련 전공으로 학습을 할 수 있었던 부분은 너무나 현실적이었고, 미래 기술에 동참하는 시장이 가능해 고마운 일이 되었다. 그러한 학습의 과정을 거치다보니 처음 재창업으로 추진하고자한 회사의 비전과 정부에서 추진한 '839 정책' 을 고루 실행해보는 기회와 전공의 학습으로 융합이 되었기에 더욱 값진 자신을 위한 뉴딜의 정책이었다.

IT강국으로 도약의 참 국가 속에 있었다.

IT벤처기업으로 경영을 해보았던 그 시절은 '국가의 IT강국'으로 도약하는 원년이 되었다. 운이 좋게도 그 어느 시절보다 보람찬 IT 하루를 보내는 계기가 되었다고 자랑도 하고 싶은 심정이다. 그러나 IT 경영이라는 것이 어디 순탄하게 흘러만 가는 것은 결코 아니다. 주식회사 두루넷 법정관리 및 채권신고를 시작으로 처음으로 경험의 자산을 얻게 되었다.

법정관리 두루넷 회사는 하나로 텔레콤에 인수합병이 되는 과정으로 채권회수의 시장을 배우게 되는 계기가 되었다. 또한 인수를 한 회사하고는 새로운 벤처기업가 정신으로 실패로부터 얻는 교훈으로 뉴딜의 정책적 협력을 이끌어 내야하는 큰 과제를 안고 있었다.

회사들의 주요 거래처가 새롭게 형성되면서 어려운 시기마다 경영자가 갖추어야 할 학습은 다양성을 요구 했고, 산업화 콘텐츠 연결이 가능했던 것들에는 과감하게 파괴의 시장으로 도전하는 벤처의 정신을 현장에서 배울 수 있었다.

회사의 경영에는 일과 학습을 병행해서라도 살아남기 위해

* 진행한 그 혁신 자체를 존중해야 했고
* 현장에서는 선택과 집중을 잘 할 수 있는 환경을 제공해야 했고
* 선택의 사회는 늘 기회의 시장으로 학습하는 사회로부터 뉴딜의 정책으로 지원이 가능했다. 대한민국은 참으로 위대한 국가이고 국민은 위대한 환경을 스스로 만들어 가기에 참 고마운 사회임에는 틀림없다.

참으로 위대한 국가인지 어디보자.

같은 세대로서 서로 다른 시간을 보내며 일반적인 정상코스 학업체계로 진행한 친구들을 보자. 치열하게 입시 공부하여 학사를 취득하고 석. 박사코스 완성과 국내외 유학 등으로 사회로부터 활동이 시작

된 엘리트 코스에서 주인공으로 살아가고 있는 자와 이미 나름대로 사회가 필요로 하는 곳에서 조기에 근무를 하는 형태를 비교해 보면 맞춤형 조기 취업이 가능한 특수 고등학교 진입에 따른 직업군으로 대기업. 중소기업에 근무하면서 직장인으로 가정을 꾸리기도 하면서 후 진학으로 학습의 정신으로 학사학위 취득과 석. 박사 코스를 담아 내는 멋진 모습들도 있다.

어찌되었던 나로서는 현실에서 부족한 부분을 해소하기 위해 기존의 회사 경영과 가정획득 생활에서 만족하지 않고 미래 산업(정부 839 정책. 현재는 4차 산업혁명)에 앞으로 새로운 세상이 찾아올 각종 미래를 예측하고 있는 그 자체가 뉴딜의 정책으로 가능한 시장을 준비하고 있었다.

전공한 IT산업의 특성과 콘텐츠산업은 유익했다.

주식회사 두루넷 회사가 법정관리 체제에 빠지듯이 IT산업 시장이 너무나 빠른 산업 변화로 시장에서 살아남아야 하는 특징이 많은 첨단산업 업종이다. 그래서 학계나 산업계에서는 새로운 산업과 시장은 IT산업 혁신의 필수 사항으로 빠르게 대처하는 시장을 준비하는 변화된 혁신이 필요하다고 조력을 한다. 그러다보니 벤처기업을 경영하는 회사로서는 각종 산업의 트렌드와 빠른 경영에 따른 필요한 학습을 한다는 것은 회사경영에 큰 위함이 되겠다고 주변으로 격려와 신념으로 참여는 신바람이 났다.

한편으로는 경영자 자질에 판단을 할 수 있는 경력과 역량이 따라야하기에 학습을 하는 습관은 반드시 필요하다는 의견들이 많았다. 또한 연구를 통한 IT산업은 빠른 시스템 구축과 초기 비용으로 시장을 견인하므로 한편으로 좋으면서도 다른 한편으로는 실패를 경험하면서 성장을 견인하는 변화무쌍한 시장에 대처하는 자세이기도 했다.

그래서 여러 환경으로 누구나 싶게 도전을 하지만 변화가 필요한 시장은 그렇게 녹녹하지는 않은 시장에는 분명하다. 특히 초기 신생 기업일수록 투자대비 수익으로 연결하는 과정에 실패율이 높을 수밖에 없다. 이러한 시장에 선배 닷컴 벤처기업인들이 코스닥 상장으로 성장하는 과정이 필요했고, 참여한 기업들은 큰 도움이 되었다.

또한 박근혜 정부에 도입이 된 벤처특례 코네스 상장을 할 수 있는 뉴딜의 정책이 초기 신생 기업들이 주식공개 상장으로 성장하는 생태계는 반가운 일이다.

그래야 초기 신생 기업 활성화를 시작으로 창업하는 기업가 정신에 몰입으로 성장하게 된다는 정책에는 참 고마운 일이다. 어찌되었던 간에 초기 기업의 대표로서 경영을 리드하면서 기업주식공개로 실패보다는 성공하는 기업으로 성장하였으면 한다.

벤처 1세대로써 참여한 정부의 839정책 관련 학습을 하는 기회는 많은 위기대응이 되었다. 그렇다. 어찌 보면 개인의 욕심일 수 있다. 그 개인의 욕심이 아무리 있다하더라도 가정을 가지고 있는 상태에서 가족의 이해가 없이는 일과 학습을 병행한다는 것은 쉬운 일이 아니다. 그래도 가족의 이해에 따른(재창업으로 재도전으로) 학습의 병행은 이렇게 해서 기회의 시장으로 찾아 왔다. 물론 기업의 경영 속에 개인적으로 참여하는 학습은 무척 힘든 일인 줄 알면서 용기를 내었다. 하지만 학습이라는 것이 기억력이 왕성한 시기가 아닌 늦깎이에 학습은 좋은 시간보다 힘든 시간이 더 많은 자체가 때로는 용기가 나기도 했다.

재창업으로 재도전의 학습전공은 경영정보학으로 했다.
산업체 경영으로 초고속 인터넷 시장을 개척하고 인터넷 산업으로 혁신에 동참했던 부분으로 연관성이 많은 분야로 선택을 하였다. 초기 정보통신 전공에 따른 신 시장 트렌드에 필요한 편입학으로 경영정보학의 전공은 장기적인 학습을 할 수 있게 했다. 경영정보학 전공은 석·박사 전공으로 박사학위를 취득하게 되었다.

박사학위 취득은 학습으로 된 분야로 강의와 동시에 장기적 학습과정 통해서 정보화 산업화 하는데 연결의 시장과 지식이 되었다. 특히 전공 선택으로 연결된(석·박사논문) 논문 작성 프로젝트의 시작의 동기는 사물인터넷 기반 지능형 컨테이너 장치 개발의 다 기간 연구에 따른 데이터 구축, 예측, 분석으로 논문 활동이 가능했다.

그리고 국내 항만 분석으로 각국에 마케팅으로 제품서비스 테스트 데이터와 항만 관련 비교 분석은 데이터 정의를 구현하는데 큰 도움이 되었다.

그렇게 하다 보니 논문은 국내외 항만 비교 분석 활용으로 관련업체 연관성이 있었으며, 각 나라의 항만 방문 체험학습으로 논문 작성 설계를 하는데 큰 도움이 되었을 뿐 아니라 지도교수의 교육지침에 의한 학습을 하는 기초가 되었다.

논문 작성에 필요한 지도학습은 계속되었다.

학습을 하는 동안 IT산업은 정부에서부터 정보통신부(1994년 신설)가 신설되어 시장을 선도한 부분에 정신을 함께할 수 있었다. 이미 세계 항만시장에는 IT기반을 삼아 성공적으로 진입하는 기업들이 다양하게 늘어나고 있었지만 사물인터넷 기반 서비스 정보데이터는 최초로 서비스 하였다. 어디 그 뿐인가, 대학에서도 그 시점으로(경영정보학, 컴퓨터공학, 멀티미디어공학, 소프트웨어공학 등의) 학과 개설로 새로운 IT산업 권역의 학과활동은 새로운 화두로 떠오르면서 인기 있는 학과로 각광을 받고 있었다.

물론 전국적으로 각 대학에서는 더 많은 관심으로 학과 개설을 다양하게 운영했으리라 본다. 그 혜택을 고스란히 누리면서 늦깎이 편입학은 기업경영과 학위를 취득하는 시간에 많은 도움이 되었으며, 오늘날까지 살아가는 길들에 지혜의 밝은 등불이 되어주고 있다.

부끄럽지만 대학에 편입하면서 그 때의 그 시간이 생각이 났다.
어떤 생각인가 하면 처음 창업을 하고 배움의 길로 학습을 하기 위해 부산대학교를 갔었던 기억이다. 그 당시 학우로 참여 했던 최고 나이가 생각이 갑자기 났다. 첫 오리엔테이션을 하는 동안 어떤 교수가 지도교수이고 누가 어떤 학생인지 멀찌감치 살펴본 기억에 아직도 부끄러움이 몰려온다. 어디 그뿐인가. 무슨 큰 죄라도 지은 듯 초라한 모습으로 한 모퉁이에서 몹시 부끄럽게 앉아 있었던 그 시간은 정녕 잊을 수 없는 기억이다.

오늘날까지도 의식이 되지만 어쩔 수 없이 대처한 환경으로 비슷한 처지에 있는 사람들에 큰 용기가 되었으면 하는 욕심으로 편집을 해본다. 그렇다. 지난 일이지만 안 당해본 사람은 그 묘한 시간을 잘 모른다. 그렇게 참여한 편입학의 그 때 그 시간에는 참여한 학생들을 세세하게는 알 수는 없었지만 나하고 비슷한 사람이 몇 명 정도 보이는 것은 큰 위로가 되었다.

공부는 평생 해야 한다는 지론은 변함이 없었다.
지금까지 살아오는 동안 학습은 습관으로 회사를 경영하면서는 관찰하는 학습으로 창조하는 정신에는 끝이 보이지 않았다. 특히 4차 산업혁명 영역으로 변화된 시장이 확산이 되면서 학습은 더욱 필요한 시점에는 분명하다. 가령 지금까지 기업을 경영하면서 서비스를 확장하였다면 더 연결된 가치학습이 필요 했을 것이다. 그래서 누구나 학습은 할 수 있다면 외부 환경에서나 내부의 환경에서 시간이 허락하는 범위 내 시간으로 가급적이면 첨단산업 확장성에 가능한 학습이 지속되었으면 한다.

누구나 희망의 꿈은 노력하는 사람들에게 기회를 제공한다.

특히 현 기업들의 환경은 주5일제 근무로 두 마리 토끼를 잡는데 충분한 목적이 가능할 수 있다. 각종 시간의 나눔과 노력으로 각종 학습의 형태는 사람들에 다가갈 수 있는 기회의 시장과 다른 한편의 욕심으로 연결될 수 있다.

변화의 시장을 품고 있는 학습은 어려운 학습이면서 취득이 되었을 때 기쁨은 두 배로 만족스럽다. 그렇다. 학습하는 과정도 이제 부끄럽게 느끼지 않고서도 얼마든지 할 수 있는 기회의 시장이 찾아왔다고 볼 수 있다. 한 예로 국내에서 추가적인 해외 학습이 하고 싶으면 구태여 미국까지 가지 않고서도 미국에 있는 하버드 대학의 학습을 할 수 있기 때문이다. 그 실험적인 교육서비스는 전 세계적으로 격동의 시간을 보낸 코로나19, 극복의 시간을 통해 이러한 교육 에듀테크 서비스시장은 한층 앞당겨져 실천할 가치들이 이미 곳곳에서 싹트고 있는 현실은 부정할 수 없는 거대한 변화로 검증된 혁신의 교육시장이 되었다.

코로나19로 외부 출입이 불필요한 영역으로 지속되었다.

국민들은 집에 머무는 시간이 많다보니 정부(대한민국)는 개학을 연기하면서 국민의 안전 속에서 교육의 혁신을 실험을 했다고 볼 수 있다. 한편으로는 국민을 통제와 보호(코로나19)하는 책무를 다하는 부서와 집에서부터 교육자와 연결을 통해 교육의 장으로 이끌어 냈다.

참여하는 실제 교육자들은 기존의 오프라인 영역에서 온라인 환경으로 대처하는 교육 대응으로 새로운 교육의 혁신에 참여하고 연구

활동을 진행 했다.

이러한 교육의 환경 자체가 교육혁신의 시작이 된 것이다. 이러한 환경이 우리나라만 처한 것이 아니라 전 세계적으로 처하다보니 각 나라마다 비슷한 교육환경으로 적용하고 있었다. 그러나 이미 우리나라는 정보통신부 신설로 이어지면서 정보통신기술(ICT) 강국이 되어 있었던 IT환경은 뉴딜의 정책을 활용하기에 충분한 환경이었다.

또한 욕심이 있다면 정보통신기술을 기반으로 교육혁신을 이끌어 내면서 세계적인 교육률이 높은 위상을 살려 전 세계 시장으로 온라인 교육표준의 확산이 가능하다면 더나할 것이 없는 교육의 성장 시장이다.

물론 교육을 받는 입장에서는 교육의 질을 충분하게 만족이 가능한 교육이 아닐 수 있다. 그러나 보이지 않은 코로나바이러스 확장으로 인해 다양하게 대처한 교육의 시장이 실험교육으로 인해 보강이 되고 만족할 수 있는 프로그램으로 연구가 된다면 세계적인 시장에 도전이 가능하다.

물론 기존 시장에 처한 부족한 환경부터 빠르게 개선하고 교육을 받는 입장이나 가르치는 입장에서 우선적으로 뉴딜의 정책은 사회통합에 필요한 시간을 늘려나가야 한다. 사회통합의 시간은 소통할 가치들로 서로가 만족 할 수 있는 우선 정책으로 수립하고 실현될 수 있는 것부터 했으면 한다.

현재의 국민은 불안한 현안을 감수하면서 사회로부터 보장과 혜택을 통한 정부의 우선적인 교육의 핵심가치를 중요시 여겼다. 기존의 오프라인 교육 영역이 갑작스럽게 온라인 교육 영역으로 확대되면서 나타나는 문제점을 새로운 영역의 교육해결점으로 보다 질 높은 교육으로 자리 잡을 수 있도록 많은 뉴딜정책과 예산을 투입하는 혁신의

장이 먼저 마련되면 어떨까 한다.

준비된 교육이 혁신의 장을 만들면 어떨까?

초고속 인터넷이 대중매체로 개인화 시장으로 진입되었던 시기는 밀레니엄(2000년) 시대가 절정이었다. 인터넷 시장은 새천년을 맞이하면서 인간사회 중심의 기존의 산업화 중심을 정보화 시대정신으로 그 어느 때보다 격동의 원년의 시작이 되었다.

그 중심에는 인터넷이 중추 역할을 하면서 일반에게 인터넷 환경이 대중화 되면서 보다 많은 사람들이 연결 산업과 정보화 관심에 학습이 시작되었다. 이러한 시작은 교육의 정보화로 온라인 시장으로 변화가 확장되는 해기도 했다.

교육의 책은 이전의 세대들이 사춘기를 넘길 때는 책방에서 만나기 위해 약속을 한다든지 책 한 권 팔짱에 끼고 교문을 들랑날랑 하면서 폼 나는 서정을 담고 했다면 밀레니엄(2000년) 시대는 인터넷 환경이 제공되는 온라인 공간에서 사춘기 문화를 만들고 공유해 나가면서 기존의 교육의 책 시장도 온라인 시장으로 검증에 오르면서 대 변화의 역사의 변환기를 맞이하였다.

지금은 어떠한가!

골목길마다 많고 많은 동네의 서점들은 온데간데없이 다 사라진 세월이 어찌할 것인가? 어디 그뿐인가. 가족사진과 사춘기 역사를 기록한 동네 사진관은 어찌 되었는가? 요즘은 그의 다 사라지고 스마트폰으로 촬영된 사진들이 인터넷 회사들로부터 클라우드 서비스로 저장되고 마는 현실이 되었다.

책이나 사진은 우리들의 생활권에서 가까이한 기능들로 새로운 디지털 디바이스와 인터넷 영역으로 정보화 되면서 이동했다는 것은 생활권 변화로 인한 시장은 불가피한 시장의 변화를 예견해 볼 수 있다.

물론 새로운 기술들이 다양한 채널로 기존 인간사회를 편리한 기능으로 인터넷 서비스를 이용할 수 있으면서 좋은 점도 있겠지만 고객으로 대 이동한 인터넷 영역의 시장은 인터넷 중독으로 인해 인간미가 부족해지는 단점을 어떻게 해결 하고 정보화 사회로 살아가야 하는지 큰 숙제를 안겨준 시기였다.

이동한 대 고객들은 오프라인에서 구태여 책과 사진을 구입하지 않아도 온라인에서 얼마든지 책과 사진을 구입하고 저장하는 서비스로 디지털 학습을 할 수 있게 되었다. 이런 시장으로 대 이동을 한 부분을 이해한다면 오프라인 교육시장이 온라인 교육시장으로 이제는 대세가 되는 뉴딜의 정책시장으로 각종 교육 시간들을 연결하고 저장할 수 있는 질 좋은 서비스, 우리는 이미 다 알고 있는 시장이 아닌가?

고객이 필요한 시장은 어떠한가?

밀레니엄(2000년) 시대부터 정보화가 확장이 되었다면 이미 책을 구입하지 않고 사진을 디지털 기기로 보며 데이터 학습하는 세대들에게 우리는 어떻게 접근하고 가르치는 것이 좋은가?

그동안 연구하고도 구체화 시장 적용의 뉴딜의 정책이 어떤 방법인지 찾고자 하는 교육의 시장들에 연구한 내용들을 어떻게 접점을 확대해야하는지?

그리고 그 뉴딜의 정책 대안들이 인지되었다면 국내시장으로부터 세계 시장으로 확대해 나가면서 기존의 시장의 아쉬움이 있겠지만 밀레니엄(2000년) 세대나 이후 세대들이 새로운 교육의 뉴딜정책 영역에서 만족할 수 있는 시장으로 안내해야한다. 미래의 교육은 디지털기술 혁명을 통해 다양한 교육의 콘텐츠 시장은 디지털 기기를 통한 맞춤형 교육으로 확대되었으면 한다.

지금의 밀레니엄(2000년) 세대 이후 세대는 어떻게 살고 있는가!

밀레니엄(2000년) 세대가 대부분은 현재 대학생으로 활동하고 있다고 볼 수 있다. 그 밀레니엄(2000년) 세대들이 저학년 시절 초등학교 들어갔을 때는 디지털 기기들이 인터넷 환경으로 사용이 아주 편리한 시대였다.

그렇기 때문에 이미 각종 디지털 디바이스와 컴퓨터를 접하는 것은 물론 핸드폰과 스마트폰을 접하면서 온오프라인 학습을 병행 했는지 모른다. 물론 학부모님들로부터 '공부해라', '게임하지 말라' 등으로부터 컴퓨터와 핸드폰을 멀리 했는지는 모르겠다. 그러나 확실한 것은 밀레니엄(2000년) 시대에서는 기존 세대들의 사춘기를 접했을 때와는 엄청나게 다른 영역에서 사춘기를 보내면서 정보습득과 학습도구 등을 찾은 방법은 매우 달랐다고 볼 수 있다.

그 디지털 역할은 젊은 층이 좋아하는 인터넷 시대를 맞이하면서 개인화 한 PC방 활성화와 가정에 PC도입에 따른 콘텐츠 사용 시장을 늘리는 부분도 한 몫을 했다고 볼 수 있다. 그렇다보니 컴퓨터와 디지털학습은 전공을 하는데 아무런 제약이 없이 디지털 영역을 다루는 것들과 콘텐츠 사용방법은 능숙하고도 남을 것이다.

어디 그 뿐인가 손안에 있는 디지털 디바이스 스마트폰은 언제 어디서나 국경 없는 무수한 시장에서 우수 인재들과 소통하는 학습은 어느 세대보다 능통한 세대의 리드라고 볼 수 있다.

이러한 밀레니엄(2000년) 세대와 이후의 세대가 디지털 교육혁신의 실험대상이 될 수는 없을까 디지털 교육혁신은 소통이 원만한 밀레니엄(2000년) 세대의 중심이 되면서 다음세대로 성장이 확대될 뉴딜의 정책으로 확대되면 어떨까?

현재 교육은 맞춤형으로 다양하게 변화에 필요한 교육혁신이 되고 있는 것은 사실이다. 그렇다면 왜 밀레니엄(2000년) 세대가 디지털 교육의 실험의 대상이 되어야하는가!

밀레니엄(2000년) 세대(10년) 이후 알파 세대(2010년)는 더 엄청난 인터넷 혁명 속도 속에서 태어난 성장을 견인한 세대이다.

그동안 여러 세대를 거치는 동안 인터넷 혁명은 성공적으로 진입이 가능했다. 주요 사용고객은 X세대, N세대, Z세대 등으로 칭하면서 각 세대에 필요한 여러 정책은 인터넷 환경으로 성공적으로 변화를 즐겼다고 본다. 물론 여러 인터넷 시장의 혁신을 통해 정보화 사회를 이끌다보니 부작용도 있을 수 있었을 것이다.

하지만 현 알파 세대는 어느 세대보다 젊고 희망찬 인터넷 생활 속에 소통 학습하는 모습들이 남 다르다. 또한 어느 세대 환경보다 디지털 학습이 용이하고 스스로 원하는 교육이 될 수 있다고 볼 수 있다.

이번 코로나19, 온라인 교육도 만족(75% 이상)으로 조사되었다. 다소 정부나 교육자 입장에서는 오프라인 영역에 익숙한 부분이 각자 집에서 서로 다른 환경으로 인터넷에 접속하고 학습 클래스에 들어오다보니 학습을 진행하는 동안 소통의 교육이 많이 부족할 수 있었다.

그러나 서로 인터넷 환경과 교육형태가 달라서가 아니라 정부나 교육자 입장에서는 다소 걱정이 앞설 수 있는 부분이 있을 수 있었을 것이다. 그러나 온라인 교육의 환경에서 서로 소통하며 공감을 가지려는 부분에는 너무나 다른 환경이었지만 만족한 디지털 교육이었다고 볼 수 있다.

사회에 진입하며 왕성한 활동을 하는 세대(90년 세대)는 어떠한가?

디지털과 아날로그를 모두 겪었던 세대(90년 이후 세대)는 핸드폰과 스마트폰을 동시에 누리고 학습을 했던 세대로 디지털과 아날로그를 동시에 누리고 살아가는 세대라고 볼 수 있다.

이 세대와 다소 다른 알파 세대(2010년 이후 세대)는 스티브 잡스 덕분에 스마트폰과 성장을 같이하며 디지털 세상을 어릴 때부터 경험과 연결할 수 있는 세대라고 볼 수 있다.

알파 세대의 디지털 경험과 연결할 수 있는 세대는 스마트폰 성장과 함께 연결중심 사회에서 어릴 때부터 부모의 교육의 지침에 따라 사용량을 늘리면서 자라난 세대이다.

지금의 왕성한 세대로 스마트폰과 컴퓨터가 어느 세대보다 익숙한 세대라는 것을 부정 할 수는 없다.

아마도 지하철 같은 대중이 붐비는 곳에서 접하면 할아버지, 아버지 세대들로부터 세대들의 디지털 중독이 의심될 정도로 한편으로는 인생이 다소 걱정이 되기도 할 것이다. 그러나 현재의 디지털 세상이 대부분은 스마트한 세상으로 너도나도 넘쳐나는 스마트폰으로부터 눈을 뗄 수 없는 중독성을 가지고 있는 사회이다.

그렇다보니 할아버지, 아버지, 손자가 연결중심의 정보화된 고도의 기술들을 사용하면서 서로의 필요한 시장에 편리한 기능으로 살아가고 있는지 모르겠다. 어찌 되었던 홍수처럼 넘쳐나는 디지털 정보를 어릴 때부터 익숙하게 사용하면서 자라났고 사용빈도가 가장 높다는 것에 미래의 디지털 교육의 뉴딜의 정책시장에 주목해야한다.

한발 더 앞서 간다면 알파 세대는 스마트폰이 어쩌면 친구보다 더 친한지 모른다.

왜냐하면 알파 세대는 스마트폰 기술들이 존재하는 것들보다는 모든 기능을 사용하며 더 편리한 세상을 즐기는 것에 익숙할 것이다.

또한 각종 디지털 콘텐츠 기술 속에 더 빠져 미래가 찾아드는 뉴딜의 정책에 와 있는지 모른다. 물론 성장 시기 가장 호기심이 많은 때로 부모로부터 보호 속에 사용접근이 막히면서 기존 세대와 유사한 영역으로 존재하는지도 모른다.

그러나 각종 기술들로 디지털 학습은 스스로 관심과 뉴딜의 시장에 취업이나 창업으로 관심이 높은 대상은 여러 경로로 최고 수준이라고 정의된다. 그렇다면 기존 교육을 하는 세대와 밀레니엄(2000년 이후) 세대와 알파 세대(2010년 이후)는 많은 서로의 세대 격차를 두고 있는 세대들이라고 볼 수 있다.

또한 기존 교육세대가 아무리 기술에 익숙하고 능숙한 세대라고 하더라도 디바이스 기기로부터 윈도우 화면 창을 통해서 자신이 원하는 정보와 학습을 신속하게 접점을 만들 수는 있는 부분은 능숙하다. 그래서 능숙한 세대를 위한 디지털 교육과 서비스를 위해 알파 세대나 밀레리엄 세대가 원하는 디지털 교육과 뉴딜의 정책은 추가 연구가 필요할 것으로 사료된다.

밀레니엄(2000년 이후) 세대와 알파 세대(2010년 이후)는 글로벌 인재들과 소통이 원활하다.

이미 각종 소셜미디어 공간 속에 사용자 중심으로 자기들의 문화에 능숙하게 대처가 가능하다 한류의 문화로 세계적으로 활동하고 있는 BTS는 이미 시장을 통해서 자기들만의 문화로 글로벌 시장을 공약하고 돈을 버는 것을 알았다.

그래서 스마트폰과 컴퓨터 사용 속도가 빠르고 익숙한 세대에 맞춤형 디지털 교육혁신이 적용되고 성공적인 시장으로 이루어진다면 충분이 글로벌 시장의 교육으로 한류문화를 만들 수 있다.

그리고 글로벌 시장으로 활동하고 있는 BTS같이 디지털 교육과 글로벌 핵심가치로 성장하는 참 교육의 시장이 가능하다 또한 기존의 교육세대가 풀지 못하는 현안에 처한 문제해결을 능숙한 세대로부터 시장이 검증되고 확장이 가능하면 더욱 더 뉴딜의 정책을 수립하고 실행하기에 좋은 시장이다.

　교육은 의무교육이 있고 의무교육을 마치면 각 가정에서 소신껏 교육에 참여한다. 그러나 586세로부터 교육의 관심으로 높은 교육에 처한 환경이다. 또한 정부는 인구감소에 따른 대안 찾기와 혁신을 할 수 있는 교육시장에 현재는 시간을 허비할 수 없는 현실이 되어 버렸다.

　교육도 고객들로 평가하고 혜택이 부여되는 시장으로 참여할 수 있는 기회로부터 교육이 성장되는 시장에는 다른 업종과도 비슷한 구조로 성장하고 있다. 뿐만 아니라 인구감소에 따른 교육의 장이 봄에 벚꽃이 피는 순으로 망하는 곳이 늘어날 수밖에 없다는 예측이 되기도 한다.

　교육의 시장이 더 무너지기 전에 교육학과 인구정책은 연결사회 공간 속에서 뉴딜의 정책이 매우 필요한 시점이다. 그래야 세계에 우뚝 서는 교육의 질로 국가나 개인이 잘사는 미래 경제로 만들 수 있을 것이다.

막걸리 한 잔

여보게,
막걸리 한 잔
오월이 오는 길목에서
하시게나.

어이 이사람
왜 하필이면 막걸리 타령인가
붉은 입술 내민 꽃들이
삐지면 어찌하려고

다그치는 다양한 사람들

신록이 손 내민
오륜 대, 갈맷길
삼강오륜(三綱五倫) 신선이
숨 쉬는 오늘에 있으니

다양한 생각들 모으는 발걸음

걷는 발걸음도
부산도 이런데 있었네.
화안이 넘치니
이 어찌 막걸리 한 잔 아니 하겠소!

💡 IT 벤처기업 붐

닷컴 버블이 시작과 끝 골인점이 보인다.

닷컴 열풍으로 끝 지점으로 관련된 회사들의 주식가격이 폭락에 폭락을 하면서 부실의 기업들은 회사들이 법정관리 신청으로 줄을 잇고 있었다. 주식에 참여한 다수의 사람들은 투자한 상장회사가 부도로 인해 사업의 실패로 거듭나면서 부실의 함정에서 미처 빠져 나오지 못하고 말았다. 닷컴 회사들이 주로 상장되어 있는 코스닥 시장이 하락장세로 요동을 쳤다.

이러한 주식시장은 실패한 기업들(dot-boms)의 잔치에 따른 생존한 기업들까지도 닷컴(com)을 제거하거나 닷컴 회사 투자를 하지 않은 문화가 형성되기도 했다. 그러다보니 우리 회사는 우량하다는 것들로 비용을 지불하며 광고시장은 바쁘게 요동이 쳤다.

벤처기업들의 부실과 실패한 기업들이 여러 있겠지만, 그 당시에 시장을 주도하다 하락장세로 요동친 한솔그룹 이동통신계열사 한솔PCS(1996년 8월 1일)사업허가서 교부로 시작한 한솔PCS망(1997년, 식별번호 018로 확정)으로 서비스한 가치가 높게 평가되면서 주가 거래는 엄청난 거래량을 만들면서 부실을 초래하기도 했다.

그 서비스 덕분에 초기 한솔 닷컴회사에 가입으로 핸드폰의 좋은 번호(562-1600)를 가질 수 있는 행운을 잡으며 오늘날까지 사용하고 있다.

그리고 닷컴 회사 경영은 자본금 증자(3,600억 원)성공으로 시범 서비스 및 상용화(1997년 10월) 서비스 개시는 거야말로 거대한 성장을 예고했다. 그러나 가입자 유치에 따른 성장이 가파르게 닷컴 회사나 벤처 기업으로 탄생하다가 이것이 웬일인가!

한국통신프리텔 주식회사에 피 합병 된다는 것이 알려지면서 온통 주식시장은 산산조각이 났다는 언론보도는 더욱 닷컴회사를 부실기업으로 인식하게 된다. 이 기업은 닷컴 기업의 시작과 피 합병에 따른 벤처기업으로 성장하는 과정으로 리드를 했던 기업으로 여파는 이루 말할 수 없었다.

평소 닷컴 기업들에 투자자들이 앞장서며 닷컴 기업들의 성장가치를 높게 평가하고 지원했던 부분으로 실망의 매물로 투자한 가치평가는 너무나 냉혹했다. 이렇게 차후의 예견된 벤처기업들의 버블의 흐름을 알 수 있게 한 예이다.

유사한 닷컴 회사들의 걱정은 태산 같았다.

선배 상장사들의 벤처기업 부실은 후배 유무형의 자산이 다소 부족한 닷컴 회사들에게 주식상장 후유증이 컸다. 또한 부실이 없는 회사까지 부실로 인식되었기에 유사한 벤처기업들이 줄줄이 주식 시장에서 상장을 연기하던지 처한 회사는 불안한 시장으로 도출되면서 닷컴의 시장은 한치 앞을 볼 수 없는 위험한 시장이 되었다.

주식시장은 먼저 위험지수와 성장지수가 나타나므로 시장의 불신은 신뢰와 주식 하락 악몽으로 시장은 이미 변화된 시장으로 이동하고 있었다. 물론 그 당시 벤처기업들 중에 착하게 경영하고 닷컴 시장을 리드한 닷컴 기업들에게는 피해를 볼 수밖에 없는 시기에는 분명했다.

 주식이 상장된 회사가치 하락은 누구의 책임인가!
 진정한 벤처기업으로 성장하고자하는 주식 시장분야에서 벤처기업
들은 많은 피해를 본 사례로 책임은 고스란히 과잉 닷컴 부실경제로
이끌어낸 기업가 정신들에 책임이기도 했다.
 그러다보니 기존 벤처기업의 부실과 스타트업의 둔화는 서로 명함
이 엇갈리는 닷컴 시장의 의문의 시간이 되었다. 그래서 닷컴의 실패
뉴딜시장은 뉴딜의 시장으로부터 장기간의 조정과 투자가 병행되어
투자유치 흐름에 학습이 필요 했다.

 정부정책의 지원으로 한국에서 벤처기업의 성장을 비전으로 '코스
닥 시장'에 상장사한 상장사들이 한때 국내 닷컴기업의 위기를 몰고
왔다.
 세계적인 시장에 선도적 시장을 이끌고 있는 삼성전자의 기업가 정
신이 갑자기 궁금했다. 세계의 시장들에 필요한 혁신들로 삼성그룹
이건희 회장의 세계 일류벤처기업으로 육성하기 위한 뉴딜의 정책으
로 '마누라, 자식 말고 다 바꿔라!'
 경영의 리드자로 글로벌 시장으로의 공격적인 경영은 오늘날까지
안전을 추구하고 부실보다는 공격적 가치경영으로 리드했다. 국내에
서는 주로 닷컴회사가 왜 부실을 초래했는가! 닷컴의 육성이 '닷컴의
버블'로 국가로부터 그리고 투자자로부터 부실의 생태계 제공은 마누
라, 자식 말고 다 꿔야 하는 운명을 맞이했다.

 과열된 벤처 닷컴 열풍은 스스로 바닥을 드러내면서 뉴딜의 정책으
로 혁신이 필요했다. 벤처기업은 닷컴 위상으로 거창하게 표장이 되

면서 부실을 초래했다. 또한, 벤처기업은 성장 없는 첨단기술과 아이디어로 무장한 가치들로 투자자의 자금은 부실채권으로 회수 할 수 없는 위험한 시장으로 패하고 말았다.

닷컴 회사의 기업가 정신이 부족한 것이었다.

신사업에 뛰어드는 벤처기술과 성장의 가치는 나쁜 기업가들로부터 위장술로 상장이 되었다. 그 당시 투자자들로부터 닷컴회사는 최고로 일컫는 투자회사로 부각이 되면서 좀비 군단들의 위장술이 시장으로 진입되면서 닷컴 몰락이 되었다.

그러다보니 일반적으로 많이 사용하는 스타트업(1990년 후반)으로 존재하고 활동하는 용어들보다 닷컴 회사로 다시 두각을 나타내는 기업들의 존비의 활동들이 일부장부 조작 등으로 부실이 앞당겨 졌다는 언론보도는 넘쳐났다. 즉 벤처기업들 버블로 창업 했던 붐이 스타트업으로 활동하는 기업들까지 피해로 둔갑하는 꼴이 되었다.

물론 미국 실리콘밸리에서 퍼져 나온 용어들로 한국에서도 테헤란로 도심에서 늦은 밤까지 닷컴 벤처기업들의 붐은 대단했고 닷컴시대를 리드했던 기업들은 자랑하고 싶다.

제조 중심의 스타트업들은 초반엔 아이디어는 닷컴 기업들에 다소 부각이 어려움이 있었지만, 혁신기술 구현과 제조 정보화 기업들로 인식이 되어 정부나 제조혁신을 통해서 굴뚝산업은 투자자들로부터 재신임을 받는 계기가 되었다.

닷컴 회사들은 어찌되었던 코스닥에 상장된 선배 벤처기업들이 코스닥 상장회사 주식공개로 주식이 상승되고 부자기업으로 성장했다. 정부는 벤처법과 뉴딜의 정책을 개편하면서 자금력이 부족한 닷컴 벤처기업들의 성장과 혜택을 지원 많이 한 것은 사실이다. 그러나 일부 닷컴 좀비 기업들의 위장 닷컴 표장과 코스닥 닷컴 시장의 과열로 시장이 왜곡되고, 닷컴 주식들이 폭락하는 시장으로 견인한 부분은 용인할 수 없는 기업가 정신이었다.

　최근에는 스타트업은 기술창업과 일반창업의 회사로 칭하기도 한다.

　스타트업이란 시장은 고위험과 고성장을 견인 할 수 있는 창업을 의미하지만, 신생기업으로 인식이 되면서 인큐베이팅과 스케일업이 가능한 분야로 다시 벤처기업으로 붐을 형성할 수 있도록 벤처정책과 뉴딜의 정책을 우선순위로 지원하기도 한다.

　또한 대학이나 민간분야에서 신생기업으로 도전할 수 있는 창업의 지원과 생태계로 만들기 위해서 보육과 투자를 늘리고 있는 추세이다. 물론 민간영역과 기관영역은 큰 차이는 많이 없다고 볼 수 있으나, 민간투자영역이 현재로는 더 늘어나는 추세이다.

　특히 뉴딜의 정책은 벤처기업의 벤처특별법에서 입법 조건과 관리 체계 인증 확인에 따른 혜택들이 있기 때문에 '벤처기업,' '벤처 인증 기업' 스타트업으로 벤처중소기업부 및 산하 조직에서 관리 지원하고 있다.

　기관으로부터 다양한 혜택과 활동을 지원하고 있기 때문에 스타트업을 시작으로 벤처기업, 인증기업을 할 수 있는 범위 내에서는 서둘러 하는 기업이 많다. 반면에 일반적으로 사용하는 '스타트업' 시작은 첨단기술이나 참신한 아이디어를 바탕으로 기업경영을 진행한다.

　특히 벤처특별법에서 정하는 벤처기업 기준과 벤처기업 인증 제도를 받지 않고 경영하면은 왠지 만족시키지 못하는 기업으로 인식이 되어 불안하기도 한다.

　그리고 벤처기업 경영을 하는 동안 벤처기업 인증으로 세제 혜택 등을 받지 못하기 때문에 부족한 경영으로 인식이 되기도 한다.

그래서 스타트업으로 출범을 하게 되면 가급적 벤처기업인증 제도를 잘 활용하는 것도 좋을 듯하다. 특히 투자자들로부터 투자유치는 벤처기업인증 기업에 투자가 가능한 경우가 많다보니 민간영역의 엔젤투자나 벤처캐피탈(vc)지원을 받는 활동이 유리할 수도 있다.

하지만 벤처기업 인증 제도를 받았다하더라도 벤처기업 정신과 다소 달리 경영하는 주체들이 있다 보니 벤처 버블로 보는 경우가 많다.

그래서 벤처기업 인증 제도를 아직 모양새를 갖추지 않은 상태로 벤처기업 인증을 받기위한 방법을 강화하는 방식으로 벤처기업가 정신을 확대했다. 가급적 스타트업들은 벤처기업 인증 제도를 받을 수 있는 발전단계로 도약과 성장이 가능 했을 때 참여하는 방법도 좋을듯하다.

그렇다면 일반적으로 스타트업들이 성장을 통해 벤처기업 인증을 받으려고 하는 이유는 무엇일까? 아마도 가장 큰 이유는 투자를 받을 수 있는 기반을 마련하고 싶은 부분이 높을 것이다. 왜냐하면 초기 기업으로 기존 벤처기업들에 혜택을 부여하는 법인세와 소득세 감면 등에 기존 벤처기업에 미치는 영향과 혜택이 있기 때문이다.

또한 스타트업 기업들이 초기 시장부터 왕성한 기업 활동으로 매출이 증대되고 이익률이 높을 때 혜택을 사용하기 위해서다. 세재 혜택을 정리해보면 다음과 같다.

벤처특례법은 스타트업 창업을 후 뉴딜의 정책은

* 3년 이내 벤처기업으로 확인을 받은 경우 벤처기업 인증에 주는 혜택
* 향후 4년간 소득세와 법인세(50%) 감면
* 사업용 재산의 경우 취득세(75%) 감면 등으로 혜택을 많이 받을 수 있다.

이처럼 초기 기업으로 활동하면서도 벤처 인증을 통한 혜택이 이 뿐만은 아니다. 각종 금융지원과 혜택은 또 다른 매력덩어리이다.

그 다음의 뉴딜의 정책은 벤처 인증을 통해 벤처 특례법 연구기관으로 등록을 시작으로 고급인재를 장기적으로 함께 할 수 있는 기회의 시장으로 스타트업들은 빠른 시일 내에 벤처기업으로 인증을 받을 수 있는 기업가 정신은 늘어날 것으로 기대하고 있다.

Moon이도 벤처 창업으로 여러 혜택을 누리는 뉴딜의 정책으로 경영도 해 보았다.

그렇지만 스타트업의 성장은 혜택도 중요하지만 혜택을 받을 만큼 성장이 단기간에 성장의 목표 달성이 어려운 문제점도 있다. 물론 초기부터 비즈니스 파트너 경영으로 세재 혜택을 받을 만큼 이끌 수 있었던 것은 그나마 다행으로 뉴딜의 정책이 효자노릇을 했다.

그러나 누누이 이야기하지만 스타트업 시작으로 성장을 목표로 하여 전 구성원들이 적극적인 추진력을 가지고 빠른 성장을 촉진하기 위해 많은 노력은 하지만 실패의 구간은 늘 도사리고 있다.

스타트업은 그만큼 위험지수가 높기 때문에 스타트업을 하면서 위험한 시장으로부터 뉴딜의 정책으로 딜을 하더라도 늘 위험부담도 크다는 것에 지혜를 모아야 할 것이다.

실패로부터 뉴딜의 정책도 중요하지만 무엇이 우선시 되어야 되는지 경영자는 반드시 체크리스트 하면서 실패가 감지되면 바로 뉴딜 경영을 해야 한다. 또한 뉴딜의 정책으로 유사한 인증 제도는 벤처 인증 외에 인증제

 * 이노비즈 인증
 * 녹색기술인증
 * 메인비즈, NET인증, NEP인증, ISO, 연구소 등 참 많다.

스타트업을 경영하면서 각 구간마다 필요한 인증제도는 기업 성장에 도움이 되기 때문에 뉴딜의 정책으로 기업 활동과정에 충실 하는 것도 뉴딜의 정책 성공사례라고 볼 수 있다.

벤처기업과 스타트업은 첨단산업 업종과 신제조업 등이 많이 존재한다.

그렇다보니 뉴딜의 정책으로 조달청 나라장처 등록과 벤처나라 등록 할 수 있는 방법도 학습이 필요하다. 먼저 스타트업과 벤처기업으로 도약을 하는 과정에 각 회사들의 제품서비스가 조달청 나라장터 등록을 위해서는 MAS를 기반으로 등록과 우수제품 인증 획득(2가지 방법)을 반드시 해야 한다.

일반적인 뉴딜의 사례를 보면 초기 창업으로 기술개발 제품들이 등록 진행(MAS)시 어려운 부분이 많으므로 우수제품 진행을 위해서는 보다 안전적인 재산권 확보가 중요하다. 즉 특허등록으로 품질을 소명할 수 있는 방법과 자료가 풍부하게 준비되어 있어야한다.

그러나 뉴딜의 방법은 없는 것은 아니다. 뉴딜의 정책으로 정부에서는 초기기업들의 애로사항 문제를 해결하기 위해서 우수한 제품을 개발한 초기 창업기업들에 어려운 환경의 애로 사항을 지원하기 위한 목적으로 '벤처나라'라는 제도를 지원하고 있기에 큰 어려움이 없이 벤처나라를 통해서 공공구매 판매에 확대할 수 있다.

뉴딜의 정책으로 벤처나라(2016년 10월 구축)는 정부 차원에서 지원하는 제도로 우수한 스타트업과 벤처기업들이 공공구매 시장을 통해 성장하는 목적을 두고 있다.

즉 스타트업과 벤처기업이 전용 온라인 상품 몰을 기반으로 공공의 시장을 확대하는 목적과 지원을 통해 성장하는 참 기업들을 육성하는

'오픈마켓' 직접 거래 장터이다.

그러다보니 벤처나라 시스템은 구매자(공공기관)와 판매자(스타트업과 벤처기업)간의 오픈마켓의 온라인으로 직접 거래가 가능한 시스템을 구축했는데도 생산한 상품 등록과 홍보하는데 어려움을 호소하는 경우가 허다하다.

그러나 스타트업과 벤처기업은 벤처나라를 통해 제품을 검증하고 반복적인 학습을 통해 벤처나라 등록은 반드시 했으면 한다.

뉴딜의 정책으로 벤처나라 등록은 기업들이 직접 생산하는 신기술, 융. 복합 기술 관련 물품이나 서비스로 구분 된다. 즉 한 단계 업그레이드 된 조달청 '우수 벤처 상품' 등록으로 지정한 공공 기관에 판매나 납품이 가능한 구조로 공공기관을 통해서 납품이 가능한 소비재 완성품이나 서비스 등록은 많은 중소기업들(창업 후 7년 이내)이 혜택을 누리고 있다.

특히 뉴딜의 정책은 박근혜 정부 규제완화 벤처나라 등록을 들 수 있다. 유관기관의 우수 벤처기업 추천(산업통상자원부, 중소벤처기업부, 창조경제혁신센터 등)을 받은 업체로 규제완화를 두고 있었다. 즉 추천 제품(년 4회)으로 조달청의 최종 심사를 거처 진행되는 형태이다.

당연 추천 대상 상품이 우선순위가 있었다.

그리고 제품이나 서비스 추천에는 우선 구매 대상 기술기반 제품, 개발지원 사업대상 상품, 조달청 새싹기업 유망제품, 혁신상품 인증제품 등이다. 또한 기타 추천 제품 기관이 기술과 품질이 우수하다고 평가한 벤처기업 제품들로 구성되어 판매나 납품이 되는 순으로 활성화 되었다.

특히 등록자격 기준은 엄격하고 등록자격과 직접 생산여부, 등록제

외 대상 여부와 추천과정의 접합성에 주안점을 두고 있었다. 우수 벤처. 스타트업 지정 기간은 지정일로부터 3년간 상품별 1회에 2년간 연장이 가능한 제도이다.

뉴딜의 온라인 정책은 벤처나라 상품소개 페이지 제작 및 등록을 기반으로 구매 판매절차 지원과 나라장터 종합 쇼핑몰에 키워드 등으로 성장이 가능하다. 이 정부에서 추진한 창업지원 과정으로 전국에서 대기업이 지원하고 있는 창조경제혁신센터는 추천기관은 멘토링 프로그램은 다하게 지원하였다.

정부의 뉴딜 정책은 전국에 인프라를 구성한 창조경제혁신센터(박근혜 정부 정책)는 대기업 지원 아래 인프라 구축지원과 각종 멘토링 프로그램으로 확대해 나갔다. 이 인프라 과정에 복합적으로 지원을 하기 위해 벤처기업 경영자 선배로서 참여 할 수 있는 프로그램이었다.

운이 좋게도 참여할 수 있는 기회는 어느 활동보다 나에게 큰 보람찬 일들로 참여하는 정신은 희망찼다. 정부와 지방정부가 대기업들과 협력이 된 부분으로 전국에서 처음으로 구축하는 '대구창조경제혁신센터' 는 대구광역시 지역에서 삼성상회 이병철 회장이 첫 기업가 정신을 이룬 역사성이 있는 곳에서 설립이 되었다.

정부의 뉴딜정책은 이렇게 해서 첫 창조경제혁신센터는 세계적인 기업 '삼성전자' 인프라 구축지원으로 성공적으로 출범을 하면서 박근혜 대통령이 직접 방문하여 격려를 하기도 했다.

이러한 출범은 멘토(Mentor)로 참여하게 된 동기에 벤처인의 한사람으로 가슴 설레게 한 날에 오늘날에도 잊을 수 없다. 그 당시 지역을 지원하기 위해 삼성전자(전무. 부장 2명)의 참여를 시작으로 멘토(5명. 매니저 1명)는 구축이 되어 첫 업무를 시작으로 오늘날까지 지원을 하고 있다.

특히 뉴딜의 정책에는 지방정부의 대구광역시에는 다양한 분야로 지원을 늘리기 위해서 자금을 공동출자하여 펀드(대구 100억, 삼성전자 100억)를 조성하여 삼성전자 사내벤처 프로그램 C랩 사무실 제공을 통해서 투자자금까지 지원을 아끼지 않았다.

 이런 인프라 구축은 새로운 벤처 붐으로 조성하고자하는 정부의 의지와 산업체 참여의 정신에 따른 동반성장을 예고하고 있었다. 지역으로부터 창업가 정신이 활성화되면서 보다 잘 사는 나라를 만드는 뉴딜의 정책이었다.
 스타트업 지원의 의지와 참여에는 지금이나 그 때 변함없는 정부지원 아래 민간이 참여하는 프로그램으로 어느 나라에서 볼 수 없는 지원 체계이다. 하지만 정부의 지원에 따른 복잡한 관습은 기업들 성장에 다소 거추장스러운 존재로 생각하는 기업들이 많아서 추가 연구가 필요하다는 의견이 많다.

 뉴딜의 정책이 가능한 벤처기업은 밀레니엄 시대를 즈음하여 새로운 도약의 원년이 되었다.
 그 원년의 도약은 닷컴 열풍의 시장으로 자리는 리드하는 것들에 게임회사(PC게임 리니지 등)의 성장이 주도했다. 특히 인터넷 인프라 환경이 다른 인터넷 기술로 각광받았던 게임하기 좋은 시기로 성장을 견인하며, 오늘날까지 고도화 성장을 이어 가고 있다.
 한 회사의 뉴딜의 정책은 Moon이의 286 정책 중에 PC방 프랜차이즈 내용이 있었다. 그러나 인터넷 사업 및 장비구축 확장 사업 조기정착으로 정책은 들어 있었지만 시도 해보지 못하게 된 점이 아쉽다.
 아마도 그 당시에 진행했으면 어느 사람보다 쉽게 자리는 잡을 수 있는 기회의 뉴딜시장이 되었을 것이라고 장담해 본다. 그 때의 기억으로 프랜차이즈 업체들의 케이블 방식의 인터넷 망을 이용을 해서 서비스를 많이 했다. 인터넷의 선두주자 두루넷 전용망으로 PC방 운영하시는 사장님들 관리를 하는 입장에서 게임회사들의 소프트웨어 기능 콘텐츠는 메인 화면에 도메인 등록 마케팅으로 홍보하기가 용이했다.

특히 그 당시 얼마나 인기 있었든지 신규 건물 입주 시 가령 5층(1층 약국, PC방 개설) 기준은 건물 신축하는 사업자 입장에서는 PC방 입주가 로망이었다. 그러다보니 건축업자나 프랜차이즈 업체들과 많은 자리를 같이 하며 원윈 한 뉴딜의 정책 시장이었다. 이러한 시장들이 오늘날까지 게임의 중독성이 있는 산업이지만 인터넷 산업(엔씨소프트 등)으로 도약하는 원년의 시작이 되었다. 또한 카카오를 창업한 의장도 PC방 초기 창업으로 오늘날 대기업으로 성장을 했다.

인터넷 기술이 게임 콘텐츠 산업으로 전 국민을 인터넷 사용 시간을 늘렸다면 그 과정 속에 집집마다 인터넷을 구축하는 계기로 안방에서도 다양한 콘텐츠로 사용할 수 있는 기회는 또 다른 콘텐츠 산업의 사용으로 요구되는 고객을 위해 산업은 활성화 했다고 볼 수 있다. 그러다보니 다음 회사가 제공하는 서비스(e-mail, 카페 등)를 안전적으로 정착하면서 벤처 기업의 위상을 한층 높이는 계기가 되었다. 이 무렵 유사한 콘텐츠 제공회사가 도전해서 시장을 만들기도 하고 실패하기도 하는 회사들로부터 고객들이 사용을 하면서 가치 주도하는 회사들로부터 주식시장은 가격이 높은 거래가격을 형성하면서 시장을 선도하였다.

벤처기업의 열풍 속에 새로운 경쟁자는 인터넷 시장을 촉진 했다. 기존의 벤처기업들이 구독에 따른 수익성이 자리를 잡을 무렵 산업군의 뉴딜의 정책으로 혁신으로 기존의 시장을 파괴하며 위협을 주는 시장은 늘 있다.

그 당시에 기존의 시장에 도전한 기업이 현재 매출(5조 원대 네이버 이해진 창업자) 한국 대표 포털 기업으로 키워낸 기업의 탄생을 알리는 시기는 벤처기업의 희망과 벤처 열풍의 성공 예이기도 하다. 유사한 시대에 태어난 사람들로 유사한 창업은 기존 콘텐츠 벤처기업들에게는 다른 탄생으로 출발 했던 부분에 기억이 난다.

즉 뉴딜의 정책을 펼치기 위한 준비된 창업이다. 이해진 대표 이력을 살펴보면 대기업의 삼성SDS 사내벤처로 출발했다. 대기업의 문화를 겪으면서 하고 싶은 일들을 하기 위해서 새로운 벤처 창업(지식 검색 선배)의 성공 사례를 제공하기 위해 도전한 정신이다.

뉴딜의 정책의 정신은 대단했다. 초기 창업을 진행하면서도 뉴딜을 위한 인터넷 기업의 신화로 버블을 겪은 회사 새롬기술과 합병을 시도 했지만 불발한 사건은 각종 언론을 통해서 알게 되면서 사업기질이 대단하다는 것을 알았다.

그리고 게임시장으로 이미 진입한 한게임(현 카카오 다음 김범수 의장)을 설립한 게임 회사를 차별화된 뉴딜의 정책 전략으로 한 수 위이다. 그러다보니 인수합병에 나선 것과 인수를 당한 벤처인 서로에게 벤처기업의 정신으로부터 벤처신화를 꿈꾸는 자들로서 위기극복의 원년이 되었다고 볼 수 있다.

준비된 벤처 창업은 대단 했다.

대기업 삼성SDS 사내벤처로 출발은 오늘날 대기업으로 성장을 시켰다. 대기업으로 성장을 견인하면서 대. 중소기업재단과 창업진흥원에서 성공모델로 사내벤처 기업의 육성에 앞장서고 뉴딜의 정책을 이끌어내고 있다.

나 역시도 '사내벤처 육성100' 벤처. 투자자로서 참여하는 심의역 기회로 기관 선정부터 사내벤처 정신으로부터 필요성을 배울 수 있었

다. 또한 참여 업체들을 통해서 준비된 창업으로 만날 수 있는 기회
는 사내벤처의 희망을 보았으며 누구나 준비된 창업의 필요성에 확신
이 되었다.

그 당시에 사내벤처 육성에 참여 했던(공기업, 대기업, 벤처기업) 기업들은
대단한 열정을 보였다. 그러나 심의역으로 기존의 기업의 조직원으로
가장 단점으로 부각이 되는 단점도 보였다. 가령 사내에서 참신한 아
이디어로 기회를 얻고, 제공하는 지원으로 사내벤처를 했다고 치자
벤처 창업은 반드시 성공하는 것이 아니다. 가령 조직원 조직으로 사
내벤처 정책에 실패를 했을 때 조직원의 차후 문제점이 가장 큰 문제
점이었다.

그리고 그 어떤 문제점보다 공기업의 창업할 수 없는 규제환경이 있
었다. 그래서 정부의 사내벤처 육성의 뉴딜의 정책도 이들로부터 문
제점으로 해결이 우선 시 되어야 사내벤처가 활성화 될 수 있는 구조
였다.

뉴딜의 정책 중에 정부가 아닌 민간기업의 사내벤처 육성을 보자.
삼성의 대기업 출신으로 '네이버' 벤처 창업을 한 사례는 현 네이버
대표(당시 과장 시)가 삼성SDS 사내벤처로 출발하기 위해 삼성전자 본사
기획실에서 추진한 육성정책이 소문이 나면서 삼성의 계열사가 불쑥
찾는다는 의견이 전달되면서 사내벤처가 발달이 되었다고 한다.

즉 삼성의 조직원이라면 누구에게나 '기회를 달라' 는 제안이 많았
다는 것이다. 현재 대기업으로 성장시킨 주요 엔진으로 진행하고 있
는 인터넷 서비스 개발 프로젝트(98년 검색엔진과 콘텐츠)를 중단하라는 상
부 지시였다고 한다. 그러나 참여했던 조직원들은 상부의 지시를 따
를 수 없다는 말들로 '동료와 퇴사하겠다.' 의지로 행동으로 옮겼다고

하는 사내벤처의 역사가 있다. 뉴딜의 정책은 그래서 중요하다.

오늘날 네이버 회사는 이렇게 해서 삼성SDS 사내벤처(1호로 출발)기업이 발탁돼 오늘날 검색사이트 네이버 회사로(Naver.com) 성장하는 벤처기업으로 벤처 바람으로 벤처 열풍의 바람을 곳곳에 부어 넣었다.

실패로부터 뉴딜의 정책은 현재에도 삼성그룹에서는 사내벤처 육성에 앞장서고 있다.

실패로부터 뉴딜의 정책은 무엇보다 혁신이 필요하다.

혁신은 무엇보다도 사내벤처는 독립성이 보장되면서 조직원으로 활동이 되다가 실패로부터 용인하는 회사 문화로 회사원으로 원상복귀가 가능한 조직경영 문화가 필요하다.

사내벤처 성공사례의 삼성SDS 사내벤처로 출발은 조직원 탈출로 뉴딜의 정책이 새로운 네이버 회사로 설립이 가능하게 안내 했다.

출범한 회사는 시장으로부터 적중했으며, 인터넷 환경에서 지식검색과 데이터 품질이 좋다는 평가를 받으면서 성장이 촉진되었다. 성장한 회사는 네이버 컴(Naver.com) 독립법인으로 분사를 결심하게 된다. 대기업으로부터 뉴딜의 정책은 사내벤처 독립법인은 초기부터 정착이 가능한 구조였다. 그 당시 참여했던 의견을 들어보면 분사한 동료들이 자금이(3억 5천만 원) 마련 되었고, 대기업 사내벤처 정책에서 삼성SDS(1억 5천만 원)가 대 총 회사 설립 자본금(5억 원)으로 벤처 창업이 출발 되었다고 한다.

그러나 일반 스타트업보다는 창업하기가 용이한 사내벤처 출발로 자원 확보가 되었다고 볼 수 있다. 그래서 일반적으로 스타트업을 진행하는 창업가들도 준비된 창업이 필요하다

정부로부터 뉴딜의 정책이 아무리 많다고 하여도 준비가 부족한 창업은 실패로부터 위험한 시간이 늘 도전을 받기 때문이다. 정부의 뉴

딜정책으로 네이버의 창업 환경은 민간투자(TIPS)연계하고 있는 창업 지원 프로그램하고 비슷하다.

이 뉴딜의 정책은 스타트업이나 벤처기업들이 투자기관에 아이디어를 발표하면서 투자기관으로부터 투자유치(1억 원 이상)가 진행되면 참여의 자격을 주는 뉴딜정책이다.

뉴딜의 공고에 참여하게 되면 스타트업이 발표하는 것이 아니라 스타트업에 투자한 기관 담당자가 투자한 자격으로 투자한 기업의 자료를 발표하게 된다. 이러한 시장에 심의역으로 참여하면서 투자자의 자질과 스타트업의 열정을 배울 수 있었다.

운이 좋게도 발표자가 뉴딜의 정책에 선정이 된다면 창업기업에 지원이 가능한 연구과제(5억 원)할 수 있는 지원과 추가(3억 원)지원으로 하는 정책으로 투자자의 조력으로 성공기업으로 성장할 수 있는 장점이 많은 뉴딜의 정책이다.

이러한 유사한 뉴딜의 정책은 더 다양하게 할 수 있으므로 준비된 창업으로 도전을 했으면 한다.

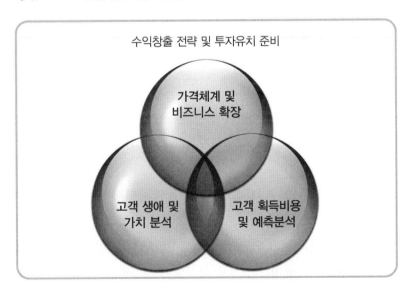

수익창출 전략 및 투자유치 준비

가격체계 및
비즈니스 확장

고객 생애 및
가치 분석

고객 획득비용
및 예측분석

💡 벤처 붐 버블

벤처기업의 붐은 어디까지일까?

국가의 위기로부터 정부의 실패 뉴딜정책으로 벤처신화 역사를 써내렸다. 오르막이 있으면 내리막이 있다. 벤처 신화는 2000년(밀레니엄) 시점으로 실패 기업과 성공 벤처기업으로 서로 명함이 엇갈리는 벤처기업 신화들로 변신이 되었다고 볼 수 있다.

그 중심에 연구기업의 벤처 창업사례와 사내벤처 독립법인의 벤처 창업으로 성향이 다르게 나타났다. 그리고 경험적 활동으로 일반 벤처 창업으로 분류가 되었다. 이러한 시장은 재정비가 매우 필요한 시점으로 분명하게 명함이 엇갈리면서 닷컴회사들의 위기론이 곳곳에 등장 했다. 그러다보니 벤처 창업의 시작으로 벤처 신화 붐은 기업의 몫도 컸지만 그동안 투자자로써 동반자 역할을 했던 투자기관도 부실을 함께 떠 안아야하는 것부터 시장의 피로도가 쌓여만 가는 언론보도는 넘쳐났다.

분명 다른 벤처기업 시대 정신을 요구했던 기억이 있다.

현재까지 벤처 신화 기업으로 잘 알고 있는 네이버 닷컴 기업(이해진 의장)을 이야기해보면 그 당시 벤처 설립방법도 다른 혁신으로 시작되었다. 대기업 사내벤처 기업으로 참여했던 네이버 닷컴 창립 멤버들은 남다른 경영기법으로 오늘날 성공했다.

또한 유사한 벤처기업 신화는 다른 혁신의 환경으로 독립을 하거나 인수합병으로 서로 다른 도약이 필요한 벤처 창업 신화로 성장의 시장과 몰락의 시장으로 변하고 있었다. 벤처 붐이 주식 시장으로부터 냉혹하게 외면 받으면서 벤처기업들의 활동은 꽁꽁 얼어붙은 시장으로부터 뉴딜의 정책으로 성장해야만 했다. 특히 닷컴기술과 닷컴시장이 한동안 주식 고객으로부터 검증된 가치를 받으면서 성장하다가 몰락의 수순으로 걷다보니 2005년 닷컴 회사들은 암흑의 시장이 되고 말았다.

벤처기업은 성공할 수 있는가?

그렇다. 젊은 세대 참여했던 만큼 함께했던 멤버나 구성원 의견들을 들어보면 처음부터 쉬운 창업이 아니었고, 성장하는 일들에 쉬운 일들만 있었겠는가! 했다.

오늘날 벤처기업으로 대기업으로 성장한 네이버 설립에 사례를 보면

* 필요한 자금모금부터 어려움이 있었다고 한다.
* 준비된 자금모금은 분사한 동료(3억5천만 원) 자체적으로 마련되었다고 한다.
* 당시 사내벤처 기관으로부터는 투자자금은 삼성SDS(1억5천만 원)가 참여하면서 다소 만족하는 자본금(5억 원)으로 설립되었다고 한다.

특히 창립 배경은 두 기관이 상생의 교두보가 되어 벤처 창업을 성공적으로 출발하게 되는 계기로 성공할 수가 되었다고 볼 수 있다. 그 시기에 유사한 벤처경영을 했던 사람으로 그 당시 '사내벤처 창업'은 매우 유리한 준비된 창업이라고 판단이 된다. 특히 일반 스타트업보

다는 대기업의 문화 삼성SDS 근무한 경험의 가치와 사내벤처 연구내용을 기반으로 출발한 지식과 팀원들은 다른 벤처 창업의 차별성은 분명이 있었다. 이러한 배경은 성장의 시장으로부터 닷컴 버블로 겪는 시장으로부터 이겨낼 수 있는 계기가 되었으리라 본다. 또한 살아남을 수 있는 혁신으로 시장 확장성 확보가 되었다고 보여진다.

성공은 벤처자금 투자유치와 벤처경영을 동시에 진행했던 부분이다.

경영자의 자질로 남들보다 빠른 성장을 견인하는 초석으로 벤처기업은 기업공개를 하면서 코스닥시장 상장의 성공진입이 중요했다. 특히 벤처 회사의 검색엔진 가치는 고객으로부터 고도성장이 가능하게 인식되면서 시장으로부터 닷컴 기업의 선두로 상생 할 수 있는 기회의 시장이 되었다고 보여 진다.

물론 유사한 타 인터넷 닷컴 후발 주자로서 기존의 시장 검색엔진 중심 시장 선도(다음, 야후, 라이코스 등)하고 있는 3강 체제에 네이버 닷컴 진입의 성공은 경영자의 자질과 성공한 몫이라고 해도 충분할 것이다. 왜냐하면 야후의 대세로 굳혀지는 시점과 다음의 시장의 입지가 그 당시에는 대단했기 때문이다.

닷컴 열풍으로 열어가는 길목에서 국내 포털 닷컴회사들의 치열한 경쟁 속에서 지식 검색엔진이 필요하다는 뉴딜의 정책과 마케팅 후광으로 점점 시장은 네이버 닷컴 쪽으로 시장은 기울어 갔고 네이버 이메일이 넘쳐났다.

변화된 시장은 검색엔진 벤처 닷컴 선두기업으로 기존 경쟁업체로부터 더 부각이 되면서 네이버 닷컴의 뉴딜의 정책은 이메일 용량(10MB)을 과감이 주면서부터 시장의 접점은 더 강해졌다. 시장의 먹잇감을 찾은 네이버 닷컴은 대대적 마케팅을 진행 했었다.

하지만 기존의 닷컴 경쟁 업체 다음(5MB)이 주는 이메일 용량은 적더라도 그동안 충성심 고객과 시장은 방어막이 되면서 크게 쏠리지 않았던 고객의 성향을 엿볼 수 있었다.

닷컴 회사들은 살아남아야하는 시장으로부터 큰 수익으로 차지했던 인터넷 환경에서 배너광고와 포털 쇼핑은 성장을 받쳐주었다고 보여진다.

뉴딜의 정책은 이렇게 유치하러 가는 고객 비용과 유지하려는 관리 비용 자체가 각자의 벤처 기업의 적자 경영을 알리는 신호탄으로 기업들은 대대적인 투자자원 확보에 필요했던 리더십이 필요했었다. 그리하여 닷컴 시장의 선점의 효과는 엄청난 자산 가치로 살아남으며 오늘날 대기업으로 성장하는 계기가 되었다.

인터넷 닷컴 업계 경쟁은 대기업(KT, SK, 코리아컴 등)들의 진입으로 전쟁을 치려야했다.

대기업 시장은 기대와 현실이 조금 다르게 닷컴 시장에 진입되면서 과열의 시장이 예측 되었다. 잘 알고 있듯이 이미 대기업 울타리 조직문화를 벗어나 네이버 닷컴 회사로 독자생존의 길로 진입할 무렵 대기업 진출로 인해 경쟁이 가열되면서 '닷컴 버블' 은 더욱 고비용으로 부실기업이 시작 되었다.

닷컴 회사들은 시장에서 살아남아야 하는 것을 시작으로 치열한 닷컴 고객 확보에 더 많은 비용을 지불했으며, 나은 기술을 기반으로 과감한 투자를 늘려 나갈 수밖에 없는 경영이 필요했던 시장 이었다고 회고하고 싶다.

그 당시 인터넷 닷컴 사업이 장밋빛 미래로 포장이 되어 상장된 기업들도 많았다. 이러한 기업들은 민간 투자유치 자본이 필요한 코스닥 상장으로 활동했으며, 많은 콘텐츠 확장에 나서서는 대기업들의 닷컴 기술력과 자금력으로 밀어붙이는 도전의 시장에 승부수는 몰락의 지름길이 되었을 것이다.

수익성이 없는 콘텐츠 기업들은 뒷전으로 밀려드는 벤처기업들의 신화로 활동대비 수익구조는 매우 부족한 회계로 투자자들의 실망매물은 감당할 수 없었다. 2008년 코스닥 바닥은 인기가 많았던 닷컴 회사들로부터 차츰 시장은 적어만 갔다. 이러한 시장이 결국은 닷컴 버블의 시장을 맞으며 닷컴 버블을 고스란히 인증하는 꼴이 되어 부실의 벤처 기업들이 줄을 지었던 시련의 시간이었다.

기업을 운영하다보면 '신의 한 수'가 필요하다.

아마도 현재의 대기업에 속한 5조원 대 경영하는 네이버 회사도 신의 한 수 필요했을 것이다. 내부적으로 세세하게는 모르겠지만, 치열한 닷컴 시장에 자체 생존전략으로 최강의 벤처 신화로 성장했던 것과 대기업의 도전한 닷컴 시장으로부터 방어적 혁신된 가치는 내내 유효한 실행의 가치로 성장 했으리라본다.

왜냐하면 대기업 진입, 벤처버블 등으로 이미 시장은 다소 닷컴 시장이 왜곡이 되고 있었고, 투자기관으로부터 투자를 이끌어 내기가 그렇게 쉬운 환경은 이미 지나갔기 때문에 더욱 힘든 시기를 보내게 된 시점이 아닌가 생각한다.

그리고 언론을 통해서 접했지만, 뉴딜의 정책은 벤처기업의 승부수 스타 벤처기업 새롬기술(당시 100원 주식 1백만 원 호가) 합병으로 공고 했었다. 그러니 주식시장은 다시 요동을 쳤고, 서로 합의가 미비했는지 합병이 무산되었다고 언론은 또 홍보했다.

아마도 인수합병의 승부수로 두 기관이 필요했을 것이다. 그러나 주주와 경영으로 무산되었다는 언론보도를 통해 새롬기술은 어려운 닷컴시장을 맞이한다는 기사는 닷컴회사의 버블을 보는 것 같아 가슴이 아팠다. 그래서 닷컴 버블과 닷컴 회사들의 몰락으로 더욱 벤처기업의 위상은 땅바닥으로 버블의 시장은 끝이 보이지 않았다.

벤처경영을 했던 사람으로서 버블을 체험했다.
신의 한수들로 기업들에게는 민간 자금유치가 되었고 버블로 실패한 기업들의 시장을 투자한 기관이나 사람들에 막대한 피해를 주었다. 시간이 지날수록 그 당시 민간 자금유치 시장의 각종 협상으로 판단했었던 신의 한 수는 얼마나 시장으로부터 값진 가치와 혁신의 주식가치 만족인지 경영을 해보지 않은 사람은 느낄 수 없을 것이다.

그러나 버블의 시대에 '네이버의 신의 한 수(이해진 의장)'는 적중했었다.
네이버 회사의 인수합병시장 활동 대안과 실행력은 남달랐다. 그 당시 인터넷 대중화로 다중 게임 콘텐츠가 인기가 상당히 있으면서 구독 수수료가 매월 들어오는 구조였기에 '한게임 인수합병(김범수 대표)'은 큰 효자 노릇을 했으리라본다.
왜냐하면 인터넷이 대중화 되면서 대중으로부터 검색시장과 게임이라는 두 마리 토끼를 잡을 수 있는 절호의 기회의 시장이기 때문이다. 이 회사의 유치로 인터넷 포털시장을 이끌었던 경영자로써 최고의 만족의 시장이었다고 보였다.
특히 오프라인 시장 영역이 온라인 시장의 기반으로 대 확장이 가능했고, 온라인 시장은 통합검색(웹문서, 백과사전, 뉴스 등)을 대대적으로 늘리며, 마케팅(네이버 2004년 점유 1위)을 진행한 것은 신의 한 수라고 보아도 무난할 것이다. 이래서 뉴딜의 정책은 매우 중요하다.

오늘날 한 기업은 성공했지만 독과점(검색시장 점유율 87%)으로 현재는 몰리는 추세이다. 그리고 두 의장은 오늘날 벤처기업의 선두 기업을 경영하고 있다.

그러나 벤처기업으로 벤처 신화를 일구어 낸 부분은 부정할 수 없다. 어느 기업이든 기업은 살아 있는 생물체와 같아서 조직경영을 통해 투자를 늘리며, 혁신을 거듭하지 않으면 안 된다는 사실을 잘 알고 있다. 예로 시장에서의 혁신 사례 적용이다. 가령 국내 시장은 인구(5천만 시장)에 불과한 이러한 시장에 거대한 세계적인 구글(Google)이 한국시장에 진입하려고 한다면 얼마나 시장을 장악할 수 있을까? 국내의 시장의 적용은 낮은 점유율에 머물면서 실패할 수도 있다고 볼 수 있다.

그래서 경영자는 국내에 머물지 않고 국경 없는 세계 시장에 뉴딜의 정책을 과감이 연결의 가치들로 펼쳐야 한다. 한 예로 '일본 네이버 라인' 사례이다. 국내의 시장에 진입과 머물지 않고 바로 모바일 메신저 시장을 과감하게 출범한 일본시장으로 재편한 사례이다.

그리고 일본 네이버 라인 진입의 성공활동이다. 또한, 스마트폰으로 사용이 가능한 앱(APP)페이지를 매일 접속(3,000명 이상)이 가능한 혁신을 해 장한 외국자로 성공해 냈다. 그렇지만 갈 길은 멀다 플랫폼(유튜브, 구글 등) 기반 세계적인 기업체들과 경쟁에서 살아남는 먹이사냥에 혁신으로 이루어 내야만 하는 큰 숙제를 안고 있다.

지난 일이지만 신의 한수로 벤처 신화의 벤처기업의 새롬기술도 대단했다.

한 때 벤처기업의 꽃으로 불리면서 코스닥 시장에 상장을 리더하면서 한 때 시가총액(5조 원 대)이 가능했던 '아이얼패드' 상품이다. 참으로 닷컴 인기는 대단하였다. 아마도 닷컴 열풍 시대에 주식거래를 경험했던 사람들은 선도했던 주식으로 한번쯤은 다 주식거래 매매를 통한 그 당시의 벤처 붐을 경험했으리라 본다.

그러나 벤처 신화는 오래가지 않았다. 새롬기술이(1993년 설립 후 코스닥 상장) 벤처기업으로 출발하는 계기는 한국과학기술원 전산과 출신들로 벤처 열풍(2000년 전 후 인기회사)에 각광받으며 출발한 기업이다. 기술을 기반으로 시장을 선도하면서 매 시기마다 위기극복으로 기업을 경영하였다. 그리고 뉴딜의 정책들은 벤처기업들이 어려운 시기를 겪을 시기 기업의 꽃이라고 하는 경영권 분쟁으로 주식은 폭락하면서 인수합병설도 무산되면서 '솔 본' 이라는 회사이름 변경으로 혁신을 이어갔다. 한때 정보통신기술(ICT)동지로서 주식거래를 경험했지만 가장 가슴에 남는 것은 주주 갈등과 기회의 경영 실패이다.

누구나 다 회사를 경영하다보면 주주갈등, 구성원갈등 등은 언제든지 있을 수 있다. 그러나 전공자들의 구성으로 정보통신 선두주자로 어찌 보면 소통의 벤처경영을 하는 모습을 보였으면 좋았을 텐데 말이다. 결국 회사는 주주갈등으로 비치는 모습은 분식회계 등으로 언론을 통해 비치는 모습에 벤처 신화 선두였던 회사의 경영에는 막대한 지장을 주었다.

어찌되었던 코스닥 출범으로 주식시장의 뉴딜의 정책은 벤처기업 성장에는 큰 도움이 되었다. 도전의 시장에는 실패들의 기업들로부터 실패의 뉴딜정책으로 시장을 달구었던 벤처열풍 시장은 벤처를 사랑하는 사람들로부터 실패의 시간들로 이음이 되었다.

이러한 시장은 벤처 자금 마련 투자들로 벤처붐의 사랑을 많이 받았지만 실패의 뉴딜정책은 한동안 비판과 이탈에 따른 벤처붐 확산에 막대한 지장을 초래하면서 벤처 버블이 시작 되었다고 볼 수 있다.

다음, 네이버 벤처기업의 신화도 있지만 주성엔지니어링 벤처 신화도 있다.

벤처 기업을 경영하면서 한국청년기업가 정신재단(벤처기업인 주도 설립)을 설립으로 이사장을 엮임하고 있는 주성엔지니어링(1995년 벤처 창업 설립)은 코스닥시장(1999년) 상장의 세계적인 기업으로 성장하고 있다. 특히 우리나라 핵심 산업의 반도체, 디스플레이, 태양전지 제조장비 제조업으로 국내 태양광 장비 업체 최초로 박막 태양전지 모듈이 국제인증(2009년)을 획득한 기업이다. 이 기업은 '세계 일류상품'에 선정되었으며 무역의 날 '2천만 불 수출 탑'을 수상(2001년)했다.

현재까지 벤처기업을 기술창업으로 장기간 경영한 부분이다.

특히 벤처를 사랑한 기업가 정신은 대단하다. 성공 벤처인으로 성공사례를 자랑해 보면 황철주 회장은 경상도 사내다운 소탈한 성격이지만 승부사 기질은 남다른 자질을 가졌다는 소문이 자자하다. 어디 그 뿐인가. 독보적인 세계적인 기술력을 향한 열정으로 반도체 산업을 이루어낸 부분이다. 이에 오늘날까지 성공벤처 기업으로 성공하는 계기와 장기간 성장 되었을 만큼 직접 기술을 개발했고 구성원들과 융합정신으로 무장했다고 감히 자랑을 해본다. 또한 다산네트웍스 남민우 회장도 대단한 기업가 정신을 소유한 벤처기업이다.

벤처 창업의 시작도 준비된 창업이었다.

관련 전공으로 잠시 대기업 근무 이후 바로 벤처 창업으로 이어졌다. 젊은 나이 안정된 직업보다 벤처 창업으로 위험이 있더라도 도전한 벤처 창업이 높이 평가된다.

한국의 대표적인 벤처기업 1세대로 꼽히면서도 기술창업의 성공 길을 걸었다. 기술창업으로 성공의 길에는 남보다 먼저 인류의 기술과 시장을 연구하고 벤처 산업의 생태계 확산을 위한 정신의 활동은 오늘날 많은 창업자들에 귀감이 된다. 특히 벤처 회사를 위하고 벤처 창업 생태계를 위한 기업가 정신 확산은 현재까지도 진행행이다.

황철주 벤처 1세대의 벤처 생태계 확산은 지식의 나눔이 되고 있으며, 벤처기업 회장, 청년희망재단 이사장을 역임 하면서 사회공헌과 사회적 책임을 다하는 모습이 참 아름답다. 특히 어느 누구보다 솔선수범하는 열정은 오늘날까지 후배 벤처기업들에 큰 정신적 교훈이 되고 있다.

이러한 벤처기업의 성공모델은 모교(인하대학교)에서 명예공학박사 학위를 수여한 영광으로 이어졌다. 언론에서는 모교 출신에게 명예박사 학위를 수여하는 것 자체가 처음으로 알려져 더 값진 학위취득과 벤처기업의 정신을 확산하는 '2016년 자랑스러운 인하인' 수상에도 선정되는 명예를 얻게 된다. 문득 버클리 하스 경영대학원 석좌교수(헨리 체스부로)가 남긴 어록이 생각난다. '모든 혁신은 실패합니다. 그리고 혁신하지 않은 기업은 죽습니다.' 즉 오픈 이노베이션(Open innovation)이라는 용어를 처음 쓴 학자가 혁신의 중요성을 이야기 했다. 이러한 영역에 가장 모범적으로 기술을 혁신한 주성엔지니어 회사는 사회적으로 벤처정신의 확장성과 명예박사학위취득은 존경받아도 충분한 가치가 있다고 보여 진다.

이 유명한 말은 혁신에 대한 두려움 때문에 혁신을 시도조차 하지 않은 기업에게 던지는 말이다. 결국 뉴딜의 정책을 펴고 싶어도 새로운 시장에 진입하고자하는 기업들에 먹이 감이 되어 실패할 수밖에 없는 기업인데도 두려움에 대한 도전하지 않은 정신이다.

한국의 반도체 산업혁신에 선봉에 선 삼성전자 이건희 회장이 아쉽게도 유명을 달리했지만, 삼성전자가 올해 3분기 67조 원에 육박하는 매출로 창사 이래 가장 많은 분기의 매출을 올렸다는 소식은 스마트폰, 가전, 반도체 등 주력 사업이 골고루 활약하는 성과로 성장이 되었다.

물론 기업은 불확실한 시장에 무한 도전을 지속적으로 한다는 것은 그 만큼 위험지수를 가지고 3년 만에 시설투자액을 총 35조 20000억 원을 반도체 사업 등에 투자했다고 한다. 신종 코로나바이러스 인해 억눌렸던 소비시대에도 성장을 견인 했다는 것에 놀라운 혁신의 결과를 콘퍼런스에서 들을 수 있었다.

젊은 창업가는 또 있었다.

전공을 시작으로 인터넷 통신장비 시장은 앞으로 일들이 인풋 변수를 적절이 조절이 가능하면 아웃풋 결과 치를 어느 정도 정확하게 시뮬레이션 되는 엑셀 변수를 얻는 것과 같은 논리적 사고로 국산 통신장비 및 소프트웨어 시장으로 벤처기업 창업을 한 남민우 회장이다.

아마도 90년대 초 시점에 벤처 창업을 한 다산네트웍스(1993년 다산기연으로 설립) 벤처기업의 남민우 회장의 벤처기업정신을 이야기 아니 할 수 없다. 이 벤처기업도 다산연구소(95년 병역특례) 설립으로 지정되면서 연구와 투자를 통한 벤처기업을 성공적으로 이끌어 냈다고 볼 수 있다. 이러한 연구는 기업성장에 핵심이 되었으며, 그 가치를 기반으로 투자를 늘리는 정신으로 벤처기업 인증 지정으로 국내 최초로 고속 중형 라우터(DS3)와 스위치, xDSL(디지털 가입자 회선 장비) 신제품 출시와 성장으로 코스닥 시장(2000년)에 상장되었다.

초고속 인터넷 사업이 확장되고 있는 시대적 정신으로 확장이 되면서도 국가부도 위기를 겪으면서 실패로부터 뉴딜의 정책이 있는 벤처 회사로 재성장이 되었다. 그렇게 역경을 겪으면서도 기업회선망, PC 게임방용 메트로 인터넷 제품의 공급 등의 시장으로 주요 거래처 대기업 통신사로부터 벤처기업에서 생산한 장비를 많이 사용하면서 통신사 기간 사업자의 유통된 유무선 특수제품으로 통신제품과 서비스 기회는 실패로부터 뉴딜의 정책이 자리 잡게 했다.

그 당시 기억으로 성장을 거듭하는 회사 다산네트웍스(2002년 사명변경)는 상호변경을 시작으로 혁신은 벤처기업에서 만든 유무선 통신장비를 개발한 제품, 서비스 자체 솔루션이 실제 서비스를 하고 있는 초고속 인터넷 회사들의 기간사업자 대기업(KT. 통신사)에 납품이 시작 되면서 벤처기업의 위상을 한층 높이는 선두 기업으로 우뚝 서게 된다. 현재까지도 연구소 투자와 브로드밴드 엑세스와 모바일 네트워크 분야에서 백본부터 엑세스, 단말기까지 국내외 통신회사 사업자와 엔터프라이즈 고객을 위한 솔루션 제공을 하고 있어 이미 세계적인 기업으로 성장하고 있다.

경영하는 벤처기업이 그렇게 성장하는 가운데는 남민우 회장의 기업가 정신을 학습해봐야 하는 의미가 깊다. 회장께서는 그 무엇보다 창업이란 무無에서 유有를 창조하는 것에 있다는 것에 주목해야한다고 했다. 회장의 특강을 들어보면 막무가내로 맨땅에 헤딩하는 것으로 무모한 일일지라도 저지른 후 창조적으로 사태를 수습하면서 차츰 자릴 잡아가는 거라고 했다.

즉 도전적 본능이 이성적 접근보다 일반적으로 요구(7대 3 정도)되기 때문에 교육의 자질이 필요하다고 강조한다. 특히 회장은 기업가 정신에 기여하고자 한국청년기업가 정신재단 설립에 앞장서서 솔선수범하였다. 이사장 역임으로 벤처기업정신을 확산하였으며, 벤처 1세대 멘토링센터 운영으로 전국적인 벤처경영전문가 구축으로 현재까지 운영을 지원하고 있다.

아마도 자기가 벤처기업을 경영하면서 일명 4전5기(97년 외환위기, IT버블, 지분매각, 금융위기)를 한 기업인이다. 자칭하듯 후배 벤처기업인들에 겪은 네 번의 위기를 극복하며 실패와 좌절의 경험 덕에 결국 살아남았다고 말한다. 이 얼마나 위대한 경험의 가치인가! 그러나 한국이 기업가 정신을 잃어가고 있다는 인식을 하고 재단설립으로 왕성하게 활동하고 있지만, 벤처 1세대인(故 이민화 창조경제연구회) 이사장은 '한국은 기업가 정신을 잃고 늙어가고 있다'고 말한다. 우리 모두 새로운 시대를 혁신적으로 연구해야할 대목이 아닌가 생각한다.

여러 창업 성공사례와 실패사례를 학습할 수 있었지만, '창업은 취업이 안 되어서 창업을 하는 것이 아니라 창업을 하고 싶은 도전정신이다' 는 것을 학습할 수 있었다. 그리고 실패해도 안전망이 보장되는 제도 지원이 확산되어야 된다는 것을 알 수 있었다.

그 시대에 벤처 창업을 했던 동지로서 두 회장님이 벤처기업협회 공동대표(황철주, 남민우) 시절부터 벤처기업가 정신에 함께 할 수 있었다. 벤처기업협회 부산지회장으로 자격으로 각종 벤처정책을 학습할 수 있었고, 역임하면서 벤처산업 생태계 운영으로 함께하는 행운은 오늘날까지도 인연으로 이어지고 있다.

벤처기업협회 부산지회장을 역임 하는 동안 이사회 참석을 위해 회의장을 오가며 이사회 안건 심의 및 각종 지식네트워크 통해 기업가 정신을 학습한 시간은 보람찬 시간이었다. 특히 전국에서 모인 이사들은 각자가 가지고 있는 지역의 환경과 기업가 정신에 공유하고자 하는 일들에 소통은 늘 기억에 많이 남는다. 임원 및 이사들의 함께 하는 그 시간은 아마도 가급적이면 빠지지 않고 참석한 기억으로 벤처 산업 생태계를 위한 행정절차를 줄이고, 벤처 창업의 새로운 동력의 부분의 활동에 존경스럽다. 그렇게 함께한 기업가 정신은 나 자신에게 간직하기보다 성공한 벤처의 정신과 실패의 경험을 기반으로 후배 벤처기업들에 멘토의 자격으로 뉴딜 정책을 지역에 전파하는데 바쁜 하루를 보내고 있다.

　중국의 성공혁신 창업가 알리바바 마윈 회장의 기업가 정신을 배우기 위해 전국적으로 모여드는 주링하우 세대 열정은 중국의 새로운 미래를 설계하는데 큰 도움이 될 것이다. 우리도 벤처기업가 정신으로 확산하기 위해 연구하고 멘토의 자격으로 멘토링을 할 수 있는 것은 개인적으로는 참 고마운 일이다.

　어디 그 뿐인가. 벤처기업 성공 경영자들의 참여에 따른 한국청년기업가 정신재단에서 추진하는 사업들에 참여의 정신으로 학습하고 후배 벤처기업들에 멘토(기술, 시장코칭)로 참여할 수 있는 기회는 또 다른 기업가 정신이 확산 되는 계기가 되었다.

　벤처 1세대로써 성공모델과 실패한 모델의 경영자들로부터 뉴딜의 정책은 박근혜 정부에 대대적으로 추진한 창업지원 정책이다. 주요 도시에 대기업(18개 지역 센터 오픈) 연계 구축하는 창업 지원 인프라 정책이었다. 지원하는 인프라는 대구창조경제혁신센터 구축 시점으로 전국적으로 구축과 동시에 벤처기업 경영을 10년 이상 경영한 자격과 지식을 겸비한 멘토 구축으로 참여하는 멘토링 프로그램이었다.

　운이 좋게도 인프라를 구축하는 단계부터 함께한 시간들은 벤처 1세대로서 큰 보람도 있지만 경험과 지식을 공유하는 성과들에 뿌듯함 참 많이 느꼈다. 이러한 정책은 문재인정부에서도 창업의 생태계로 오늘날까지도 'K-ICT창업멘토링센터' 명칭 변경과 멘토의 다양성으로 참여하면서 후배 벤처기업들과 함께할 수 있는 열정에는 변함이 없다. 욕심이 있다면 그동안 경험 했던 실패와 성공사례를 통해 뉴딜의 정책을 할 수 있도록 책으로 편집해서 더 많은 프로그램으로 창업의 생태계 확산에 지원하고 싶은 마음이 앞선다. 한편으로는 벤처기업 경영에 경험과 지식은 미래를 여는 청년창업가에 도움이 되었으면 한다.

이러한 성공 벤처기업들이 앞으로 이음이 되어야할 기업가 정신은 수없이도 많겠지만 그 중에서 필자는 사내벤처(In-house startup, venture organization) 혁신이 꼭 필요하다고 생각한다. 왜냐하면 벤처기업의 평균 기대 수명이 가면 갈수록 낮아지는 추세이고, 벤처기업의 기술과 수요의 불확실성 정도가 갈수록 높아지는 지수를 보이기 있기 때문이다. 잘 아시다시피 사내 벤처가 성공하기 위해서는 몇 가지 혁신이 되어야한다. 기본적으로 사내 벤처 기준은 각 회사들의 사규에 준하여 운영이 되겠지만, 기존 기업조직에서 실험적으로 운영하고자하는 열의는 다 있으나 지원형태가 다르다보니 추가 연구에 따른 성공모델이 다각화 되면 좋겠다.

그리고 실험저 대상이 되는 것도 중요하지만 실행이 있어야 한다.
참여의 정신으로 기존의 기업 환경에서 완전히 새로운 발상 전환을 통해 신 시장을 찾아내고 장기적으로 분사과정까지 진행해야 하기 때문에 기업가 정신은 투자와 지원이 우선 되어 야 실행력이 가능하다. 물론 기업내부에서 지원하는 프로그램 자체가 명확하게 사규로 진행되어 있어야하고, 참여하는 주최자들은 신규 수익 모델을 확보하는데 충분한 활동이 가능한 비즈니스모델이 구체화 되어야 한다.

이론적으로 정리한 자료에 의하면 헨리 체스브로 학자는 책으로 '오픈 비즈니스 모델'에서 사내벤처를 포함한 주요 기업들의 활동이 오픈 이노베이션으로 불확실성이 높은 상황에서부터 내부 개발비용(Internal development cost)즉 제품/서비스를 만들어내는데 혁신이 가능하다고 했다.

그리고 기존의 매출의 정체된 매출(Market revenue)을 스핀오프(Spin off), 스핀아웃(Spin out)으로 시장을 극대화 할 수 있다고 했다. 그리고 우리는 상생하는 모델로 새로운 수입(New revenues)에 우리는 과감한 투자가 필요한 시점이 아닌가 생각해본다.

학자의 이론적 이야기를 더 나누어보면 다음과 같은 이야기로 정의가 된다.

이 학자는 사내벤처는 왜 하는가를 시작으로 사내벤처는 다음의 사항에 혁신의 장이 되어야한다고 했다.

* 첫째는 아이디어를 스프린트(sprint)방식으로 실행할 수 있는 내부 프로세스를 설계해야한다고 했다. 즉 전속력으로 질주할 수 있는 자원과 투자를 단기간 내에 고객 관점에서 막연해 보이는 사업의 아이디어의 문제점을 인지하고, 해결 할 수 있는 제품/서비스 아이디어를 프로토타입(prototype)으로 개발해 실행해보는 것이다.

세계적인 기업의 구글벤처스가 실행하는 수법으로 유명해진 개발 방법론이기도 하다. 사실 벤처기업을 경영한 사람으로 사내벤처 시도는 안 해보지는 않았지만 구성원들이 불안과 혜택으로 오는 것들이 먼저로 실제 사내벤처로 핵심고객이 누구인지부터 어떤 솔루션을 제안하는지 상용화하는 단계적 궁금증으로 싶게 접근하는 구성원이 많지는 않다. 그 문제점부터 먼저 바로 세울 수 있는 정책이 공유되어야한다.

* 두 번째로 실패도 자산임을 인지해야 한다는 것이다. 만약에 구성원이 참여하여 솔루션 자체가 완성하는 단계로 제품/서비스는 고객으로부터 상용화 후 상당한 마케팅 비용이 투입되면서 고객으로부터 검증된 가치로 성장이 가능하다. 따라서 솔루션 진입으로 고객의 반응이 신통치 않을 경우 서로가 가지는 리스크가 너무 크므로 실패에 대한 두려움은 반드시 뒤따르기 마련이다. 그래서 메인 기업에서는 실패비용(Fail cost)의 대비로 충분하게 갖추는 정책이 반드시 필요하다. 물론 기존 조직원 대비 리스크 부담이 높기 때문 실패를 용인해주는 원상복귀는 필수가 되어야한다.

* 셋째는 육성과 사후관리의 사내벤처 타이거 팀을 강화해야한다고 한다. 맞을 수 있다. 아물 사내벤처 역량도 중요하지만 지원기관의 사내벤처 팀이 사내벤처를 발굴하고 육성하는 목적이 뚜렷해야한다. 그리고 내. 외부 육성 전문가 자문은 적재적소에 멘토링(Mentoring)이 가능한 구조를 만들고 지원을 해야 한다. 전문가로 참여하는 기회는 사내벤처 내재화 활동에 멘토가 참여하는 순간 실패 비용을 줄일 수 있을 뿐 아니라 실패의 발견에서 모니터링 결과로 혁신이 가능하고 계속 고객들로부터 피드백 학습을 모니터링하면서 테스트의 결과 치를 얻을 수 있다.

즉 고객들로부터 고객획득 비용(CAC)을 점점 줄일 수 있고 고객 생애주기(LTV)를 극대화하는 것과 유사한 활동으로 혁신의 가속도롤 밟을 수 있는 기회의 시장이 될 수 있다.

벤처기업 뉴딜

연도 \ 구분	신규 벤처 투자액	벤처 펀드 조성조건
2015	2조 858억	2조 6,205억
2016	2조 1,503억	3조 6,792억
2017	3조 3,803억	4조 6,087억
2018	3조 4,249억	4조 6,868억

출처 : 벤처캐피탈협회

지역별 창업 잠재적 순위

출처 : 중앙일보

💡 IT 벤처 혁신

 일반기업이든 첨단 벤처기업이든 혁신은 살아있는 사회 공동체가 우선시 되어야한다.
 다양한 기업을 누구나 경영하면서 회사에서 추구했던 다양한 제품 또는 서비스로 혁신을 이끌어내면서도 신규 진입의 시장과 기존 시장에 필요한 제품 또는 서비스를 공동체 사회로부터 인증 받지 못한다면 기업경영은 어려운 시기를 만날 수 있다고 정의한다.

 그래서 혁신의 기업들은 신규 진입의 제품 또는 서비스 아이디어를 프로토타입(prototype)으로 개발을 반복적으로 하면서 시장에 필요한 뉴딜의 정책들은 사회나 고객들로부터 반복적인 학습이 되는 방식으로 활동을 하게 된다. 즉 고객으로부터 아이디어 검증과 가설을 시도 해보면서 모든 것들에 한꺼번에 많은 것을 담으려고 하는 것보다는 고객으로부터 필요한 시장을 얻는 것이다. 또한 시간과 비용투자를 잘 고려하여 기관이나 민간영역으로부터 벤처자금 투자유치까지도 유치가 진행된다면 더 좋을 것이다.

 연구가 선행이 된 성공 비즈니스 모델을 성공한 기업들의 정책을 분석해 보면 다음과 같다.

세계적인 기업의 구글벤처스, 삼성사내벤처 등 기업들이 사전 · 사후 연구로부터 고객검증과 실행하는 수법으로 미래시장의 가치 전략 방법론과 투자 자원을 늘려 나가는 것으로 유명하다. 그리고 우리정부에서 장기적으로 추진하고 있는 연구지원 방안들은 어느 나라에서 볼 수 없는 지원정책이다. 그러나 민간기업의 영역보다 정부에서 추진하고 있는 정책에는 진보적인 해결점이 필요한 시점으로 민간영역의 필요성 시장으로 전환이 필요하다.

정부는 매년마다 국가차원에서 연구(R&D)비용 지원과 연구개발 특구 지정과 운영은 창업의 전후방으로 기업들을 지원하고 있는 부분에는 과다할 정도로 지원 프로그램이 다양하다. 그러다보니 선행연구는 넘치고 넘치는 지식은 사업화로 연결이 부실하여 큰 문제점으로 대두되기도 한다.

현재의 정부에서 추진하는 창업지원 정책을 분석해보자. 정부에서는 지원 정책들은 감사기능과 혁신을 통해서 지원을 하고 있다. 이러한 정책은 창업을 처음으로 시작하는 단계부터 도약이 가능한 창업의 지원형태로 지원프로그램을 지원하고 관리하고 있다.

올해의 일부 창업분야 지원프로그램을 분석해보면 다음과 같이 정리할 수 있다.

* 예비 초기 창업패키지(사업자등록 전 사업 준비자),
* 초기 창업패키지(사업개시 후 3년 이내),
* 도약 창업패키지(창업 후 3년에서 7년 이내)로 혁신의 프로그램으로 운영기관을 선정하여 벤처 창업을 지원을 하고 있다.

각 지원 프로그램의 성격은 다르지만 각 단계별 지원 사업연결이 가능하다면 더욱 좋을 정책으로 보여 진다. 그리고 지역정부와 대학 등에서 입주 공간지원, 마케팅지원, 수출지원, 투자지원 등으로 지원을 하고 있기에 활용하는 방법도 좋다. 또한 민간영역에서 투자, 멘토, 엑셀레이터 등으로 지원을 하고 있는 프로그램도 잘 살펴보아야 한다.

그야말로 각 단계별로 창업지원 프로그램만 잘 이용한다면 실패로부터 두려움이 없는 구간으로 보통 7년 이내 정부의 기업지원 정책에 따른 성장을 할 수 있는 기회를 얻을 수 있기에 다른 나라에서 찾아볼 수 없는 지원 분야이다.

그러나 정부정책 지원 자금 활용으로 부작용도 많다.

보통 사업자가 장기적으로 사업플랜을 가지고 준비된 창업으로 진행하기 보다는 정부정책이 해마다 공고, 지원하는 것부터 지원을 시작으로 상용화에 실패기업이 될 수 있는 부분에 유념해서 활용할 필요성이 있다.

일반적으로 년 초에 정부의 정책이 지원되기 때문에 각종 지원정책 특성에 맞게 지원하는 하고 싶다면 사전학습이 필요하다. 특히 초기 예산확보로 프로로타입까지 개발하고 사업화 하고자 하는 부분에 제안하는 사업계획서는 남들보다 디테일하고, 차별화가 우선시 되어야 하기 때문이다.

그 차별화를 위한 예로 예비 창업자로 본인이 생각하는 사업아이템으로 정부정책 지원 뉴딜의 정책을 지원한다고 보자 제안하는 사업계획서는 시장으로부터 요구하는 관점과 데이터화에 의한 사업계획서 작성이 필요할 것이다. 각종 조사된 키워드나 활용의 시각화를 어떻게 하느냐에 따라서 정부정책 자금을 받기도 하고, 받지 못하는 경우도 허다하므로 사전학습은 매우 중요한 과제이다.

따라서 좀비들의 활동과 일반적으로 정부지원 자금을 눈먼 돈이라는 잘못된 인식으로 접근을 할 경우는 사업의 실패할 확률이 상당히 높을 것이다. 그 실패의 원인은 실제 정부의 정책자금이 상용화 과정에 걸림돌이 될 수 있다는 것에 유념해서 지원하는 것이 바람직하다.

자세한 정부의 지원정책들은 케이 스타트업 싸이트에 대다수가 공개된다. 주요지원은 창업교육, 공간, 자금, 회사설립 등 정부지원으로 인한 정부 정책이나 민간분야 창업 지원 영역이 실시간으로 공고되어 있어 정보 습득을 통해 자가 지원이 가능하다.

올해 지원하고 있는 사업을 먼저 분석해 보면 예비 창업패키지 지원 사업 모집분야는 예비 창업자의 창업 사업화 자금을 선정자 별 최대 1억까지 지원하며 창업교육, 전담 멘토, 경영자문 등으로 지원하고 있다.

일반적으로 창업지원 서비스 제공은 전국의 각 위탁기관을 통해 예비 창업자의 지역관계 없이 지원이 가능하다. 그러나 유념해야할 부분은 지역(70% 정도 지역우선 할당)에서 우선시 되는 부분에 주의해서 각 지원기관을 선택하여 접수하면 유리하다.

정부정책 자금이 선정이 되기 위해서는 사업아이템이 구체적이고 공고 기준 상황에 맞게 잘 쓰는 것도 창업지원 정책으로 가는 하나의 길목이다. 조금 더 자세히 설명을 해보면 전국에 벤처중소기업부 산하 창업진흥원에서 각 위탁기관(중소벤처기업부에서 선정된 기관)에서 공고가 시작되면 지역에 관계없이 지원이 가능하고 위탁기관으로부터 지원을 받을 수 있다

지원 분야 마감으로 예비 창업자들로부터 제출받은 사업계획서를 서면서류와 개인정보 검증으로 하는 것을 시작으로 위탁기관의 지원 규모의 2배수로 1차 서면평가를 통해 대면평가 대상을 선발한다. 선발된 대상자들을 토대로 2차 발표평가를 시작으로 최종 대상자 예비 창업자를 선정으로 지원 단계를 거치게 된다. 이러하다보니 좀비들의

활동으로 시장이 왜곡되는 일이 발생할 수도 있다. 물론 경쟁이 치열하므로 예비 창업자가 처음으로 접하는 사업계획서는 상당히 고난도 비법이 필요할 수 있기에 이러한 시장이 형성될 수도 있다.

이러한 시장에 브로커로 활동하는 시장으로 과열되기도 하는 문제점도 있기에 주의해서 지원하는 것이 바람직하다.

정부의 지원 정책은 창업자들과 함께하고 있는 멘토의 시장이다.

예비 창업패키지, 초기 창업패키지, 도약 패키지 등 정부지원 사업으로 지원을 하다 보니 창업자들은 더 경쟁이 치열한 정부지원으로 인식이 되고 있다. 그래서 가급적이면 예비 초기패키지, 초기 창업패키지, 도약 창업패키지 지원사업도 준비된 학습의 뉴딜의 정책으로 지원 프로그램에 잘 대응하면서 도전하는 정신도 필요하다. 그리고 멘토자격을 갖춘 분들로부터 멘토링을 통해 활동하는 것도 좋을 듯하다.

정부 지원정책으로부터 기업성장에 필요한 뉴딜의 정책으로 성장하는데 많은 도움이 되었으면 한다.

* 벤처 : 첨단의 신기술과 아이디어를 개발하여 사업에 도전하는 창조적인 기업.
* 소셜벤처 : 사회기업 중에 혁신적이고 지속 가능한 경제, 모델을 추구하는 기업.
* 사회적기업 : 사회적 가치 창출을 목적으로 한 기업으로 정부의 인증을 받았거나 예비기업.
* 비영리법인 : 학술, 종교, 사교, 자선 등 영리 활동이 아닌 사업 목적인 법인.

Moon이가 창업 할 무렵에는 정부 지원정책이 부족 했다.

그러다보니 초기 창업의 지원을 받지 않은 상태로 쌈지 돈으로 경영을 시작했다. 그리고 두 번째 창업 구간에는 실패한 경험으로부터 창업을 할 수 있었다. 경영을 하는 동안 IT 산업의 특성상 혁신으로 필요한 과제를 시작으로 연구소 운영에 투자를 많이 했다.

특히 재창업을 진행하는 동안에 기업부설연구소 설립으로 여러 뉴딜의 정책으로 인한 혁신의 과제는 기업 성장에 많은 도움이 되었다. 연구한 내용들이 사용자의 경험의 가치로 이양되기도 했지만, 상용화 실패로 인한 손실도 초래하는 경우가 허다했다. 그 연구소 운영의 과정에 지금의 중소기업벤처기업부(2008년 중기청, IT혁신 상)의 벤처기업으로 'IT 벤처혁신상' 은 많은 격려의 힘이 되었다.

수상할 당시 회사에 청장의 방문으로 개발한 상품서비스 실험테스트 및 기업부설연구소 운영에 따른 성장의 모델에 성장하는 과정에 방문과 포상은 도약하고자하는 열정이 살아나게 했다. 어디 그뿐인가. 학계로부터 받은 IT혁신이다. 한국시스템학회(벤처기업 혁신 상)에서 시상하는 'IT혁신상' 은 더 값진 가치로 연결할 수 있는 시간과 공간 속에서 성장으로 연결하는 조직경영에 큰 힘이 되었다. 이래서 칭찬은 고래도 춤을 춘다고 했나보다.

사실 기업을 장기적으로 경영을 하면서도 외부에 환경에 맞는 지원정책 프로그램 활용은 초기부터 이용할 수 있는 실력도 없었고 본인이 생각하는 창업지론이 현장에서 녹아내리는 일들에 더 매진을 하는 습관이 있다 보니 여러 정부의 지원으로부터 지원정책들을 활동하는 범위가 매우 한정적으로 활용했던 일들의 기억으로 인식이 된다. 그러나 이번 두 상은 기업의 위상과 경영리드의 큰 힘이 되었던 기억이 선명하다.

혁신을 하고자하는 뉴딜의 정책은 적중했다.

당시 경영했던 기억을 되살려보면 인터넷 혁명의 시장으로부터 혜택을 받은 기업으로 현재 중소벤처기업부에서 기업에게 제공하는 IT 혁신 상은 모바일시대를 즈음하여 연구와 투자를 늘리는 계기가 되었다. 학회로부터 받은 IT 혁신 상으로 부산광역시에서 평가 하여 지정하는 'IT 기업 선도 기업'으로 회사 제품과 서비스를 홍보 했던 기억이 선명하다.

또한, 기업부설연구소에서 연구한 결과들이 세계의 항만 시장 공간을 통해 마케팅이 진행될 때 마다 보람찼다. 직접 해외시장에 참여 했던 추억이 되살아나 그 때의 기업 속에 가 있는 듯 창업의 위대한 정신을 새삼 느낀다. 두 번의 부산광역시 시장으로부터 IT 선도기업의 혁신 검증 통해 인증되면서 지원정책을 통해 성장을 거듭하면서 벤처기업경영에서 물러나게 되는 계기로 현재는 연관된 교과목으로 대학에서 강의를 하고 있으며 차후 4차 산업혁명으로 고용, 비고용의 기업가 정신 연구를 하고 있다.

조직경영으로 경영자의 리드는 중요한 성장으로 연결 된다.

차기 여성 경영자로써 IT 선도기업과 기업부설연구소를 맡아 경영하면서 회사 경영이 위축 되면서 몇 년 전에는 여성의 전문분야로 업종을 변경 등기하면서 옛 위상의 상품들은 사라졌다는 소식을 접했다. 한 동안 경영했던 사람으로 섭섭함도 있었지만, 인터넷 닷컴 벤처기업을 화려하게 경영 했던 재창업으로 큰 위안이 되었다.

특히 벤처기업의 IT부분(경영 15년)에 각종 언론을 통해서 상품이 홍보가 되면서 사회로부터 기업성장의 뉴딜의 정책과 사회 활동으로 활발하게 펼쳤던 정신으로 남아 있어 더욱 좋은 경영의 추억이다.

이러한 혜택의 정신이 나눔과 정부의 혜택으로부터 사회적 책임을

다 할 수 있는 기회들로 후배양성의 뉴딜의 정책을 펼치고 창업의 생태계에 최선을 다하고 있다.

여성 경영자는 현재의 벤처기업은 주식회사 아신쿡(Asin cook)으로 여성 경영자로서 세심한 아이디어로부터 내. 외부의 혁신으로 성장을 하기 위해 변신 중이다.
욕심이 있다면 긴 혁신으로 성장하는 계기로 재평가를 통해 벤처기업의 토대로 보다 우수한 기업으로 인증 받는 회사로 성장하길 바랄 뿐입니다.

APEC 나루공원

새들이 기저귀는
APEC 나루공원

숲이 우거지니
아이들 찾는 웃음소리

자연이 내어주는
작은 도서관 속에
서로를 채우는 소리들

마치
가을날의 그림 속
입맞춤

혼화한 미소가 흐르는
작품이 되어

누구나의
새로운 희망의 기도
유유히 흐르는
수영 강을 닮아가는구려

시상은 곧 창업으로 혁신을 거듭하는 것들과 닮은 형이다.

그래서 경영을 떠나면서 더 시상을 담아내는 것에 보람을 느끼며 두 번째 시집 『달빛 그을음』(작가마을)을 발간하였다. 위의 시는 작가의 마음으로 독자가 되어보면 해운대 배경으로 사람과 자연이 공존하는 사회를 표방하고 있다.

새들이 기저귀는/ APEC 나루공원/ 숲이 우거지니/ 아이들 찾는 웃음소리/ 시어를 창업으로 변환을 해보면 어떠한 도시의 공간 속에서 조직들이 새들이 모여 살듯이 한 공간속에서 서로가 가지고 있는 역량들이 현장으로 고스란히 녹아내릴 수 있도록 아이디어가 구상 된다.

창조의 정신으로 조직경영의 리더십이 숲이 우거지면 새들이 기저귀는 울음도 상쾌하듯이 조직들이 더 화기애애하게 활동이 가능하게 공간을 제공하고, 웃음소리가 넘치는 경영을 이끌어 나가야 하는 닮은꼴이다.

자연이 내어주는/ 작은 도서관 속에/ 서로를 채우는 소리들/ 마치/ 가을날의 그림 속/ 입맞춤/ 혼화한 미소가 흐르는/ 작품이 되어/ 회사를 설립하는 그 자체도 자연 속에서 싸우지 않고서 아낌없이 내어 주는 것부터 시작으로 자연 공간속에 터를 잡아 간다. 창업을 시작하는 과정도 마찬가지이다. 창업 그 자체가 바로 사회 공간속에서 고객의 품으로 터를 잡을 때 우리는 성공할 수 있다. 그렇게 했을 때 온화한 미소가 흐르는 한 폭의 사람들 꽃으로 피어나는 계기로 한 시절을 노래할 수 있다. 즉 조직을 구성할 때부터 조직이 왕성하게 자리를 잡을 때까지 서로를 채우는 소리들에 귀 기울기는 지속되어야 성공하는 기업으로 성장이 가능하다고 볼 수 있다.

누구나의/ 새로운 희망의 기도/ 유유히 흐르는/ 수영강을 닮아가는 구려./ 창업으로 살아가는 사람이나, 한 구성원으로 살아가는 사람이나 누구나의 새로운 희망은 늘 상 찾아오는 일상에서부터 더 간절한 소망들이 일터로부터 나오기를 희망할 것이다.

그래서 정부나 회사에서는 각종 규제들 속에서 가급적 지키기 위한 노력들로 마치 자연 속에서 발원지 물이 유유히 흘러 만나는 곳마다 아낌없이 내어만 주고 마는 것처럼 때로는 넘치고 때로는 모자라 큰 강이 되어 안아주면서 속삭이듯 살랑이고 더불어 살아간다. 또한 자연의 강은 살랑이게 된다는 것들에 응용된 창업을 시작으로 흔들리는 경영마다 살랑이는 속삭임 경영으로 흐르는 물처럼 긴 창업들로 연결되길 희망한다. 자연 속에서 서로가 속삭이듯 사람 속에서 행복들이 넘치는 기업가 정신을 만들어내는 것부터 완성해야 된다고 보여 진다.

자연과 사람이 함께하는 상생사회로 우리는 우선시 되는 뉴딜의 정책들로 서로 사랑할 수 있는 핵심활동들이 지속 되었으면 한다.

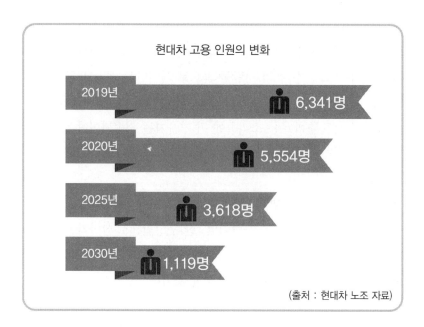

현대차 고용 인원의 변화

2019년　　　　　　　　　　　　　　6,341명

2020년　　　　　　　　　　　5,554명

2025년　　　　3,618명

2030년　1,119명

(출처 : 현대차 노조 자료)

전환의 혁신 💡

혁신은 기업이 스스로 할 수 있어야 한다.

그런데 현재의 창업은 어쩌면 온실 속에 자라는 식물들과 비슷한 구조로 자라고 있는지 모른다. 왜냐하면 창업을 시작하는 접점이 각종 창업의 정책들이 넘쳐흐르기 때문에 준비 없는 시작으로 각종 정책지원에 유혹이 되는 경우가 많이 때문이다.

이러한 창업문화는 각종 지원 정책들이 식물이 온실 속에 자라는 것처럼 성장하고자 하는 것이 불확실한 시장으로 성장되고 있는지 아닐까? 생각이 들 때가 많은 것은 왜 그럴까

여러 창업을 준비하는 창업자의 뉴딜의 정책은 정부정책 자금을 조기에 받기도 하고, 한 번도 받지도 못하는 사례로 불만을 호소하는 분들이 있을 수 있다.

이들의 주요 정책으로는 예비 창업패키지 정책참여로부터 창업도약 패키지 지원까지 너무 많은 정책지원에 현혹이 될 수 있다. 그리고 불필요한 많은 시간을 할애하는 문제점 등으로 창업 준비에 걸림돌이 되는 것이 아닐까?

따라서 정부지원들에 뉴딜의 정책은 일부 좀비들의 활동으로 부작

용이 생기기도 하고, 정책자금을 눈먼 돈이라는 잘못된 인식으로 접근을 하는 경우가 허다하다

하지만 좀비 활동과 기업으로 비춰지는 생태계는 전체적인 창업성장에 지장을 초래할 수 있기 때문에 근절되어야 할 일이다.

그래서 준비된 창업으로 실제 경험과 현장을 중시하는 창업가 정신을 기반으로 제품 또는 서비스가 상용화될 수 있는 활동들에 선택과 집중을 하는 것이 바람직하다.

어디보자. 정부의 창업가 정신으로 혁신을 이끌어 냈던 경부선 철도 과정의 역사를 학습해보면 정부는 스스로 혁신을 할 수 있는 역량과 정책 자금유치로부터 기업들의 참여 정신에 따른 경부선철도 구축사업은 성공적으로 진척이 되었다.

오랜 된 성공사례로 알 수 있었지만, 그들의 혁신 자료에 의하면 경부선 철도개통(고종 41년. 1905년) 혁신의 한 예는 대단했다. 그 당시 국토를 끝에서 끝으로 서울과 부산을 연결하는 경부선 철도개통은 한 영토 속에서 오프라인 연결과 이동사람의 정신이 필요했다는 부분이다.

이러한 계획된 정책은 현재까지도 성공한 정책의 과정으로 많은 혁신자의 지침서가 되기도 하고 역사 속에 남아 있는 모델이기도 하다. 기록된 자료를 찾아보면 경부선 부설권(1998년 441.7km)을 얻어낸 일본은 건설을 위해 여러 노동과 토지를 빼왔다는 이야기들도 있다.

또한 그들의 야심이 만주까지 연장돼 전쟁 물자와 인력을 수송하며 일본의 대륙 침략의 수단으로 활용 됐다는 슬픈 사연도 남아 있어 안타까운 마음도 있을 수 있다.

하지만, 오늘날까지 이 과정의 혁신은 한 나라의 오프라인 공간속에서 사용측면의 성공모델은 오늘날까지도 연결의 혁심가치로 남아

있다는 것 자체가 어려운 시기에 대단한 혁신의 사례라고 할 수 있다.

　오늘날 비롯해 분단국가로 살아가면서 서울에서 부산까지 밖에 하루 생활권으로 편리함을 부여하며, 주변도시 대전, 대구, 광주, 목표까지도 하루 생활권역 축은 큰 경제이동의 중추 역할에는 혁신 모델이 성공했다고 볼 수 있다. 다소 아쉬움이 있다면 분단국가로 유아시아로 갈 수 있는 뉴딜의 정책을 펼 수 없는 현실이다. 하루 빨리 우리들이 해결해야하는 많은 숙제로 남겨 두게 되었다.

　그 당시 어려운 시기에 정부의 뉴딜의 정책은 일본 자본의 회사인 경부철도주식회사에 의해서 지원이 되어 개통이 되었다고 남아 있다. 아마도 일본하고 가까운 부산항 초량에서부터 먼 거리에 있는 서울로 연결가치의 필요성으로 기획된 내용을 기반으로 개통되면서 서울 남대문 정거장(지금의 서울역) 광장에서 거행한 행사는 상상만 해봐도 혁신을 이끌었던 정부나 기업이 얼마나 감격해 했을까, 그 당시의 생각을 상상해 본다.

　물론 오늘날 아픈 역사의 일제강점기가 남아 있다며 흔적을 지우는 과정도 있기에 한 국민으로서 이해가 된다. 그러나 기업가 정신으로 접근을 해보면 우리나라에서 경인선(1899년) 개통에 이은 두 번째의 철도 개통의 혁신에는 틀림없는 성공적인 기업가 정신의 성공모델의 사례이다.

　하나 아픈 역사는 서구 열강의 식민지 체제 구축이 철도 부설권 및 채광권 획득에서 비롯되었던 많은 고난의 사례는 일제의 우리나라 침략정책(경부철도합동조약)의 구심점이 되었던 것이 아닐까 하는 사례로 이중성을 가지고 있는 혁신사례로 볼 수 있다. 왜냐하면 일본인 마쓰다, 고노 그룹이 내한(1885년 고종 22년)하여 4년에 걸쳐 전 국토를 돌아다니며, 국토 경영에 필요한 정부수집(지세. 교통. 경제. 민정 등)을 상세하고도

은밀하게 조사한 증거가 있기에 더욱 마음을 아프게 한다.

그것도 모자라 경부선이 개통이 되니까 부산과 일본 시모노세키를 연결하는 부관연락선을 매체로 일본철도와 연결하는 연대 운수가 시작되는 기획과 군용철도인 경의선을 서울 용산에서 신의주간의 연락 운행이 시작되는 것까지 진행하였다는 역사도 남아 있다. 후대 세대로써 뼈아픈 일제강점기 시대 기억의 학습이 되었고, 그로인해 시작되었다는 계기로 일제의 만주 침략(1931년)이 본격화가 될 무렵 교통의 수송량이 급격히 늘어나면서 그들의 정책들은 빛을 보는 기회가 되지 않았을까 생각을 해 본다.

아마도 한국전쟁을 거치면서 오늘날 갈수 없는 분단국가로 살아가지만 빠른 시일 내 남과 북 통일국가가 가능하다면 큰 축을 기점으로 다시 새로운 역사로 주변도시가 혁신을 거듭하리라 희망을 담아 본다.

혁신은 사례를 중심으로 진화한다.
혁신의 사례는 한 사람의 리더십으로 여러 사람들이 혁신을 리드 하는 것부터 한 지도자의 역량은 한 기업의 성공으로 갈 수 있는 기회를 제공한다. 사전적 의미의 리더십은 한 집단적 기능의 하나로 집단구성으로 하여금 그 목표를 달성하는 방향으로 행동하도록 하는 모든 작용을 의미를 담고 있다. 즉 리더십이란 사람들을 따르게 하는 능력이라고 볼 수 있다. 그 특성을 분석해보면 다른 사람들로 하여금 과업을 완성하도록 유도하는 행동적 유발과 특성의 정신의 조합이다 그러다보니 리더십은 집단내의 변화를 도모하는 것부터 취하는 행동으로 집단의 목표 달성을 완성하게 하는 단계이다. 즉 상징성과 자발적으로 참여하는 집단 활동에 참여하는 능력으로 볼 수 있다.

이러한 정신의 사례에는 현대그룹의 혁신을 이끈 정주영 회장의 이야기를 아니 할 수 없다. 많이 알려진 내용이지만 '이봐, 해봤어?'라는 기업가 정신으로 책(5만 부)을 엮어낼 정도로 유명세를 탄 설화는 이미 다 아는 혁신의 성공사례이다. 정회장은 농부의 아들로 태어나, 초등학교 학력으로 세계적 기업의 혁신을 이끌어낸 도전정신이 대단한 일화이고 본받을 수 있는 도전정신이다.

이 부분에는 무엇보다도 도전정신과 통찰역이 남달랐다. 또한 남다른 기법이 늘 현실화 했다는 것들에 무엇보다도 우선시 되는 모범사례이다. 왜냐하면 그 당시 우리나라는 참혹한 빈민국가에 처해 있었고, 그는 빈민 가정에서 태어나 맨주먹으로 선진 공업국 대열에 이르도록 발전을 시키는데 는 어느 기업보다 솔선수범으로 자수성가 했던 주역이기 때문이다.

아마도 하늘에서 내린 주역으로 우리나라 경제 발전과 맥을 같이한 위대한 기업가 정신으로 기업을 이끈 발자취는 오늘날 많은 기업가 정신 학습이 될 수 있는 자산이다.

왜냐하면 회장께서 본격적으로 혁신을 시작할 무렵(1960년, 70년)은 해방 이후로 여러 가지 부족한(자본, 기술, 경험, 시장) 시기로 사람이라는 자원 말고는 전반적으로 부족했다.

특히 그 당시 국민소득(80달러 정도) 수준이 지금과 비교할 수 없는 형편이었고, 국민의 고학력은 아주 드문 시기로 초등학교 출신이 혁신한(경부 고속도로, 조선, 자동차 등) 일들은 혁신의 성공모델로 세계시장을 강타했다. 세계시장의 사례는 중동 진출의 성과로 이어지는 결과로 오늘날까지도 왕성하게 활동하고 있다. 정회장의 여러 기업가들보다 다른 기업가 정신은 글을 통해서 다소 이해가 되듯이 그 많은 불확실성과 위험요소가 도사리고 있어 남들은 엄두도 못내는 일들을 과감히 해

낸다는 것들에 늘 부러운 대상의 기업가 정신이다. 그래서 오늘날 불굴의 도전정신에 창의력의 무한한 가능성은 많은 귀감이 되고 있다.

아마도 이 당시에는 기업들이 연공서열 중심의 직급체계가 강할 때였다.

그러다보니 전반적인 구성들의 승진이나 직급에 과도하게 집착할 수밖에 없었다고 볼 수 있다. 특히 이 시기는 관료주의적 조직과 관리중심 제도의 풍토가 왕성한 서열중심 체계로 기업들의 업무의 효율이 낮을 수밖에 없었을 것이다. 그 당시 삼성경제연구소 자료에 의하면 삼성그룹에서 개선을 선포하고 사무생산성을 높이고자 경영혁신(1985년)을 대대적으로 전 그룹에 확산을 했다는 자료를 접할 수 있었다. 특히 일본 도요타 조직을 벤치마킹하여 삼성경제연구소가 삼성의 자체 문화 체계로 연구하여 전 구성원들이 대대적인 변화를 바탕으로 혁신의 필요성을 예고했다는 자료이다.

삼성경제연구소가 삼성 그룹에 적용하기 위한 혁신은 인사와 조직부분의 변화로 거대한 시장에 국내 최초로 조직과 직급의 파괴를 추진하여 조직경영 구조에 큰 변화를 가져왔다는 혁신의 사례 자료이다. 특히 인사파괴는 삼성 新경영(1993년)을 추진하는 계기가 되었다. 삼성의 新 경영혁신은 인사파괴와 조직파괴를 가지고 오는 신문화로 능력중심의 신 계층 구조로 전환이 되는 것들로 정의를 시작으로 체감 있게 리드했던 사례이다. 이러한 변화는 기존의 연공서열 중심으로 성장한 기업문화에 단절과 성과주의가 파괴적으로 인사에 참여하면서부터 인력의 재배치가 용이해져 업무중심과 의사소통이 강화되어 전반적인 시스템이 효율적으로 전환이 되는 성공적인 혁신의 한 사례가 되었다.

한 기업의 혁신이 초일류 기업으로 성장하는 계기가 되었다고 볼 수 있다.

이러한 의미를 기반으로 조직에는 팀제 단위(과장급)가 탄생하는 계기들로 전반적인 팀제의 도입은 국가부도 위기를 맞을 시기 전부터 전 그룹에 도입이 되었다. 팀제의 규모나 크기는 정확하게 알 수는 없지만 기존의 팀장(부장급. 전무급) 체계가 무너지는 계기로 이건희 회장의 혁신은 서열 철폐의 인사파괴로 시작되어 능력위주 평가문화가 전 그룹에 실현이 되면서 초일류 기업으로 성장하는 新경영 혁신을 이끌어 냈기에 자랑스럽다.

조직원은 긴 존재로 바꾸기 위해 존재의 혁신이 필요하다.

그러니까 기업의 업무가 다 필요하게 존재해야 하지만 사회학자(막스 베버)는 '가장 통제하기 쉬운 조직은 관료 제도다.'라고 정의 했다. 이러한 문화는 사회주의나 군 조직 등이 거의 관료 형태의 조직으로 피라미드 구조의 의사 결정 체제를 가지고 있는 특징이 있다고 했다. 그러나 현재는 모든 사물과 사람이 연결되면서 모든 사회 기능이 지능형 혁신이 필요한 시대가 되었다. 지능은 모든 사물들이 통신기능을 갖추면서 수많은 데이터에 의해 뉴딜의 정책이 필요하게 되어 바뀌고 있는 시장들에 충실해야 한다.

Moon이도 벤처기업을 경영하면서 조직이 커지면서 간부 비율이 늘어나면서 전문성을 갖춘 인재가 매우 필요했다. 그러나 직급과 호칭을 완전히 없애고 전 직원들이 원할 수 있는 혁신으로 이끌어 낸 부분도 있겠지만 지난 일들이지만 일부의 기회의 시장과 변화에 뉴딜의 시장에 신속히 대응하는 것들에는 실패했던 일이 더 많았다고 여겨진다. 즉 지식이 겸비된 행동보다는 말만 세계최초라는 용어를 쓰고, 국내 최고 벤처기업이라고 했으니 돌이켜보면 실패한 경영으로 리더 한 부분이다.

그러나 주요 거래처(SK그룹)는 기존 체계의 본부장, 실장, 팀장의 직급과 호칭을 없애는 혁신이 시작되었으며, 모든 직원들을 매니저로 완전히 통일시키는 인사혁신을 발표하면서 전반적으로 인재 전문성에 필요한 뉴딜의 정책 도입으로 확산해 나갔다. 이러한 정신에 함께 했던 시간들은 늘 그리운 시간으로 남아있다.

벤처기업들은 어떤 조직형태로 혁신을 거듭해야할까?

무엇보다도 벤처경영을 경험한 기반으로 정의해 보면 '벤처의 조직은 유연하고 빠르게 모든 업무들이 현장에 있어야한다.' 즉 모든 조직들이 전반적인 업무가 현장중심으로 효율적인 체계로 공유되고 소통이 되어야한다. 예비 벤처, 초기 벤처, 도약 벤처기업으로 성장하는 과정마다 조직과 경영이 유연성으로 환경을 조성하고 신 경영을 리더하면 더 좋을 듯하다.

특히 벤처기업의 특성을 잘 고려하는 기업문화 조성이 필요하다.

그 기업의 조성된 문화는 우수 지역의 인재들이 조직에 올수 있는 희망의 정책이 될 수 있다. 즉 지역과 작은 기업부터 기존의 기업문화는 시대정신의 문화로 살려서 지능형 혁신의 조직체계를 갖출 수 있도록 지원하고 살고 싶은 도시로 함께 만들 수 있어야 한다.

또한 '조직은 경영으로부터 경영은 조직으로부터'라는 처음부터 유연하게 대처가 가능하고 대처한 뉴딜의 정책들이 공감하고 공유하는 가치를 통해서 공동체 경제로 만들 수 있는 기업의 문화와 리드할 수 있는 정신이 필요하다.

이러한 혁신은 조직의 형태는 기존의 틀을 개선하며, 불필요한 것은 없애는 것부터 혁신하는 것과 기존의 틀을 통한 소통의 범위를 광

범위하게 소통이 가능하게 공유가 되었으면 한다. 그 실천의 행동조직에는 먼저 기업의 공동체 실행을 위한 스톡옵션 등의 도입과 질을 높이는 것들도 한 혁신이 될 수 있다.

지난 일이지만 벤처기업을 경영한 일들을 나 자신으로부터는 성공했다고 위로도 해보지만 실제 기업의 조직문화 경영을 혁신했던 부분은 다소 실패로 밖에 볼 수 없다. 별명 갔지만 벤처기업의 경영은 완전한 제품 또는 서비스로 경영을 진행하지만 수시로 변화되는 시장에 적응하기 바쁜 일들에 때로는 많은 수익으로 때로는 많은 적자로 돌변하는 시장이 너무 크기 때문에 어려운 경영의 시간이 더 많은 것에 대한 현실의 대처한 시장이다.

경영자라면 때때로 현장중심으로 경영을 한다고 소통의 시간을 늘려나간 과정이나 전체적으로 도입하는 업무평가 프로세스 등이 뚜렷하게 평가로부터 질 좋은 조직경영으로 대처하기가 불공정했다. 즉 대기업에 비해 한계성이 많은 것도 실패경영의 한 요인이 되었다. 아마도 누구나 벤처기업을 경영하면서도 어떻게 하면 기존의 조직들에게 피해를 최소로 하면서

* 업무 평가프로세스
* 복지예산을 편성
* 유연한 근무환경 등에는 무엇보다도 실패의 경영으로 보일 때가 많다. 그래서 경영은 실패의 경영으로부터 줄일 수 있어야 했고, 줄이다보면 전 구성원들이 이해하고 현장을 중시하는 참여정신에 함께 할 수 있다.

이러한 정신에 가장 기억에 많이 남는 것은 지능형 인터넷 혁신 사례이다.

애플의 스티브잡스(미국 캘리포니아 샌프란시스코 태생)가 태어나면서 불우한 생애로 살아갔다는 전기 내용들을 읽으면서도 잠시 그분의 기업가 정신에 빠지게 된다. 그의 짧은 일대기는 책을 통해서 어느 정도 알 수 있었다. 그 청년 시기는 전자공학 관심이 생기기 시작해 HP 회사에서 추진하는 방과 후 수업을 들으면서 첫 직장은 휴렛팩커드에 인턴을 시작을 했다고 한다. 그 곳에서 스티브 위즈니악과의 만남은 일생의 큰 행운을 안아준다. 지금의 세계적인 기업인 애플의 회사를 같이 세운 동업자로 팀제로 활동은 존경을 안 할 수 없다. 특히 그가 죽을 때까지 동양철학에 관심을 보였던 부분은 아마도 잡스의 전공은 철학이었지만 대학 중퇴 후 기업의 경영을 하면서 불교 관심의 대상이다. 그 불교(1970년 선 사상)사상에 심취하여 '오토가와 고분'이라는 일본인 승려 밑에서 수행을 한 적도 있다는 글을 보면서 그분의 철학을 넘볼 수 있었다.

그의 청년기를 통해 기업가로 성장한 기업가 정신을 살펴보면 우연한 기회로 아타리(게임회사)에 게임 디자이너로 취직을 하게 된다.

그 당시 나이(20세)가 경험했으니 남들보다 얼마나 다른 생각들을 하게 되었는지 엿볼 수 있다. 그분은 회사에서 일 년을 채우지 못하고 컴퓨터에 빠지는 계기로 '손수 컴퓨터 만들기 클럽'에 가입으로 컴퓨터에 완전히 빠지게 되었단다. 그 당시 세계적으로 성장하고 있는 HP에 일하고 있는 위즈니악과 잡스가 의기투합(45:45 백수 탈출)으로 회사 설립이 참 흥미롭고 참 재미있게 진행했다고 보여 진다. 오늘날 그들의 창의는 우리들이 쓰고 있는 컴퓨터를 직접 설계하고 컴퓨터를 제작했다는 것에 참여했다는 것들에 대단한 기업가 정신이 시작되었다고 자랑하고 싶다. 두 분의 기업가 정신은 지금의 애플(1976년 PC)PC역사와 세계적인 혁신의 모델로 수많은 뉴딜의 내용들은 성공모델로 남아 있다.

특히 스티브잡스가 애플사의 여러 고난(1995년 잡스, 워즈 없는) 속에서 복귀로 유명한 이야기가 남아 있어 더욱 기업가 정신이 새롭다. 애플 회사 경영자 아멜리오가 잡스를 복귀시킨다는 소식을 듣고 빌 게이츠가 당신은 결국 후회하게 될 것이라고 말했다는 이야기는 오늘날 새로운 애플사가 있기까지 히스토리로 충분하게 설명이 될 수 있다. 사실 전 경영자를 다시 불러들이는 모양새였기에 여러 대안과 불안 등으로 서로에게는 그래했지 않을까 생각 든다. 어찌되었던 스티브잡스가 애플의 위기사항을 극복하고 세계 일류기업으로 성장시킨 혁신은 '제품의 종류를 줄이고 꼭 필요한 사업으로 혁신'을 이끈 부분의 헌신적인 혁신적 기업가 정신에는 틀림없는 성공한 기업가 정신이다.

필자가 존경하는 스티브잡스가 2000년 후반에 내놓은 아이폰 출시와 스마트폰 혁신(2007년 6월 29일)은 정말 잊을 수 없는 날이다. 한국에서 벤처정신으로 긴 경영을 하면서 현 중소벤처기업부 IT혁신상, 장관상을 수상한 자로서 한편으로는 부끄럽기도 했지만, 새로운 기회의 시장에는 틀림없다는 혁신에 그렇게 스티브잡스의 기업가 정신이 좋았다.

그 당시 그는 이렇게 소개한다. 아주 유연한 청바지 모습으로 프레젠테이션 기법은 새로운 화두로 오늘날 투자자들로부터 인가가 짱이다.

스티브잡스는 아이폰의 세 가지 핵심 콘셉트는

* Revolutionary mobile phone
* ipod with touch control
* breakthrough internet communicator는 혁신의 아이콘이다

라고 전 세계적으로 혁신의 내용을 공개했다.

어디 그뿐인가. 세 가지 기능이 지능적으로 분리된 기기가 아닙니다. 이것들을 하나의 기기에서 다 사용이 가능하다는 발표는 전 세계 시장을 강타했다. 즉 우리가 평소 가장 많이 쓰는 휴대폰, MP3, 인터넷을 하나로 합친 혁신적인 제품서비스를 보여주는 테크닉으로 대단했다. 한 손에 넣은 컴퓨터를 스티브잡스가 프레젠테이션 하는 것들로 다양한 해결책으로 오늘날 결국 아이폰의 혁신을 시작으로 세계의 시장에서 스마트폰으로 만들어 가는 혁신의 장이 되었다. 참 창의적이고 감동적인 혁신이 아닌가!

IT경영을 하는 혁신자로 아니 아이폰 첫 구매자로 오늘날까지 쓰면서 혁신의 과정을 연구해보지만 무엇보다 손안에서 멀티터치 UI가 혁신적이다. 기기에서 터치 디스플레이를 배치하여 터치가 메인이 되는 사용자의 신기함과 편리함에는 기존의 물리적인 버튼들이 필요했던 기능들을 소프트웨어 키보드와 버튼을 디스플레이에 적용하므로 물리 버튼들을 완전히 대체하는 혁신의 시장을 해주었다. 사실 더 지능인터넷으로 인터페이스, OS X를 아이폰 도입은 핵심역할로 혁신을 이끌어 나가는 길목이 되었다.

이러한 환경들은 오늘날까지 폭발적인 인기이면서 기기 반응을 이끌어낼 수 있었던 것은 앱스토어 시장의 잠식한 시장이다. 즉 아이폰으로 출발한 계기가 소프트웨어 혁신을 통해서 스마트폰으로 정착이 되었다. 그 이후 아이폰 방식을 표방한 안드로이드의 등장은 또 다른 혁신으로 오늘날 삼성전자가 동반 성장이 가능한 지능형인터넷 시장을 견인하는 축이 되었다. 스티브잡스가 생전에 두 마리 토끼를 잡기를 원했던 아이패드 출시는 태블릿 아이패드의 멀티터치 기기는 당초기대보다 기존의 노트북 시장을 강타하기에는 기대에 못 미치는 시장이 되었지만, 젊은 층과 마니아 그룹으로부터 아이폰 못지않은 인기를 거두고 있는 것도 현실이다. 이러한 시장은 국내에서 기업을 경영하는 사람들에 스마트폰 연계 아이디어는 나날이 새로운 아이디어로 전환이 매우 필요한 시점이 되고 말았다.

인터넷 혁명을 같이했던 Moon이도 지능형 혁신을 사실 했었다.

스티브잡스가 아이폰 프레젠테이션 하기 전에 정부의 839정책으로 센스네트워크(RFID)와 홈 네트워크 시장에 필요한 혁신을 이끌어 내는 아이디어로 다양하게 연구하고 있었다. 창의적인 아이디어로 지능형 혁신으로 확신은 주요 거래처가 대기업의 통신사에 있었기에 앞으로 방송과 통신시장의 융합에 따른 홈 네트워크 시장의 확신에 연구를 시작으로 뉴딜의 정책 혁신이 가능했던 부분은 큰 자신감으로 자산이었다.

그 당시는 융합의 시장에 뉴딜의 정책으로 방송관련 회사들의 시장들이 기존의 아나로그 방식의 방송에서부터 디지털TV 시장으로 투자와 변신이 활발하게 진행되고 있는 것도 주변의 거래처 큰 도움이 되었다. 향후 방향성에 확신한 디지털 뉴딜이 가능했기에 아이디어는 자신감을 얻고 있었다.

그 당시에 회사에서 도입했던 지능형 혁신은 기존 방송시장에 늘어나는 채널에 맞춤형이 가능한 사전 송출되는 데이터 분석시스템으로 맞춤형이 가능한 시스템구축이었다. 즉 기존의 방송시장과 디지털 IPTV 채널 속에 고객의 사용 층이 서버에서부터 사전분석을 통해 추천이 가능한 EPG시스템 솔루션이었다. 주요 거래처 지역방송의 디지털 고객사용 데이터 분석을 통해서 고객에게 맞춤형 서비스를 제공할 수 있는 솔루션이었다.

아마도 지금까지 기업을 경영했다면 기존의 디지털 셋탑박스 연계 허브가 될 수 있는 IPTV 시장에 혁신의 시장에 많은 투자로 지능형 방송 혁신의 산업을 이끌어 낼 수 있었을 것이다. 그래서 기존의 기업들은 새로운 시장에 뉴딜의 정책은 이래서 필요하고 향후 기업성장에 필요한 사전 연구로 투자가 필요한 영역이다.

예전이나 지금도 아날로그 방식이나 디지털TV 시장도 중요한 매체로써 고객이 필요로 하는 시장으로 성장하고 있지만, 스티브잡스의 혁신의 아이콘 스마프폰 중심으로 손안에 TV가 더욱 각광을 받는 시대로 변화고 말았다. 그래서 기존의 시장에 파괴적인 지능형 혁신으로 뉴딜의 정책은 끝이 없는 도전의 시장이다.

[○○○ 일하는 사람 모델]

스마프폰은 새로운 아이콘으로 안방의 TV역할을 대체하였다.

대체를 한 세계적인 기업과 기업인은 단 시간에 TV시장을 강타했다. 어디 그뿐일까 대중매체의 시장을 개인매체 시장으로 만들고 말았다. 대표적인 기업으로 유튜브(Youtube.com)는 수많은 영상스트리밍 서비스로 디지털방송은 세계 속에 구독서비스로 확장이 가능하고 수익성까지 분배의 수익이 가능했다. 물론 영상스트리밍 서비스로 여러 산업과 개인들이 영상 속으로 쏙쏙 들어오는 디지털 방송의 뉴딜정책들은 창업의 성공, 실패한 스토리들이 넘쳐나는 시대로 재미와 갈증을 해소해 나가는 한 트렌드가 되었다.

이 분들의 벤처 창업의 동기도 참 재미가 있다.

두 사람은 공동창업으로 시작했다. 초기 유튜브(Youtube.com)는 자기들이 찍은 사진과 동영상을 이메일로 보내자니 파일이 너무 크고 온라인에 올리자니 인터넷 환경에 너무 오래 걸려 짜증이 나는 것에서부터

* 아이디어 창조
* 디지털 혁신
* 뉴딜의 정책이 시작되어 오늘날 최고의 기업으로 성장했다. 두 사람은 아도브 플래시 기술을 이용해 비디오를 손쉽게 편집이 가능하게 했고, 인터넷 환경에 올리는 방법을 찾는데 연구를 통해 쉽게 올릴 수 있는 기술혁신을 이끌어 냈다. 물론 두 젊은 팀원의 작품으로 볼 수 있다. 두 팀원의 창업은 유튜브(Youtube.com)제 구성은 인디에나대에서 디자인 전공자 채드와 일리노이대에서 컴퓨터 사이언스를 전공하는 젠 컨셉으로 페이팔의 동료였던 조위드 카림 참여로 창업이 시작된 점이다. 놀라운 자율적인 팀 구축의 활동이다.

이들의 유튜브(Youtube.com) 혁신의 가치는 이미 헤아릴 수 없는 기업가치로 성장했다. 또한 '누구나 손쉽게 동영상을 올려 공유할 수 있는 것들에 투자를 아끼지 않았다.' 이들의 디지털 미디어시장 혁신은 실패 경험자의 창업으로 빠른 시일 내 팀 구축과 MVP(5개월 만에 미니 제품

서비스)할 수 있는 역량이 있었다. 그러다보니 설립한 유튜브
(Youtube.com) 투자자(세쿼이아캐피탈)들로부터 투자유치는 용이하게 작용
했다는 언론 내용이 많다. 물론 외부로부터 투자유치는 팀원 구축이
용이하고 단 시간에 팀원들이 활동했던 가치는 세계 시장으로 성장하
는 부분도 큰 혁신의 뉴딜모델이 되었다.

　여기에서 이들의 혁신 과정에 학습이 되면 좋다.

　국내시장은 2006년 태그 사이트에서는 하루에 엄청난 트래픽을 만
들어 내면서 급물살로 유튜브(Youtube.com)는 하루아침에 인기 있는 사
이트로 인식이 된다. 지능형 디지털혁신은 이래서 필요한 시장이다.
특히 인터넷 환경으로 출범한 유튜브의 RSS(Rich site summary) 기능은
이용자들이 자산이라고하는 콘텐츠로 자신의 관심사를 등록해둠으로
새로운 동영상이 업로드 될 때마다 실시간으로 공유할 수 있는 기능
제공이 가능하다. 그 기능들은 편의성에 만족과 구독고객으로 성장하
기에 스마트폰 보급률도 운이 따랐다. 이러한 시장은 스티브잡스가
혁신을 이끈 스마트폰하고 연결이 가능한 콘텐츠로 인기를 누릴 수
있는 기회의 포착의 시장이다. 물론 지능형 디지털혁신의 아이콘이기
때문에 가능했다. 그래서 유사 서비스모델은 고객중심이 되는 콘텐츠
로 앞으로 전 세계적 시장과 문화 속에서 많은 지능형 디지털혁신이
거듭될 수밖에 없는 현실의 시장이 뉴딜의 정책으로 적중한 시장이
되었다.

　산업과 산업의 융합으로 지능형 디지털혁신이 선도했다.

　실리콘 밸리가 오고 있다는 콘퍼런스가 한국에서 개최 되면서 미국
의 최대 금융회사(JP모건)인 최고 경영자(CEO)가 한 내용이다. 콘퍼런스
에서 기술력과 플랫폼을 가진 빅테크 기업이 본격적으로 금융시장에

진입을 하고 있다는 것은 융합의 정신에 필요한 뉴딜의 정책이 될 것이다. 이 분들의 콘퍼런스 행사는 '빅테크의 도전과 금융 산업의 미래'를 주제로 개최를 진행하지만, 빅테크 연사들의 기존 금융과 빅테크의 대결은 볼만한 가치들의 행진이 될 것이라 예측했다. 또한 정부에서 추진하는 디지털 뉴딜 중에 과기정통부 예산증가(17조 3415억 원) 편성은 지능혁신으로 선도할 것이다.

가보지 않은 길

꿈틀거리는 세상을 향해
잠을 깨운 삶의 흔적
꼭한 번
만나야할 사람
그대는 아시나요.

흔들리는 맘을 태운
창업 스토리
꼭 한번
도전으로 공감해야할 일
그대는 아시나요.

가보지 않은 길
채워가는 협업의 시간
꼭 한번
함께 써내려야할 긴 창업
그대는 아시나요.

💡 멀티미디어 혁신시대

정부의 인터넷 혁명을 시작으로 기업의 참여의 정신은 대단했다.

오늘날 인터넷 환경은 개인화 영역은 이미 대중화 되면서 방송과 통신의 시장이 융합으로 성장하면 개인 매체 시장까지 성장하는 디지털 시장이 되었다.

인터넷 기반이 되는 정보기술(IT)을 기반으로 공유하는 콘텐츠기술(CT)이 주로 인터넷 공간에서 오래 머물 수 있는 비즈니스가 필요하다. 이러한 영역에는 팀이나 개인이 콘텐츠 뉴딜의 정책들과 도전을 실행하는 과정이 주로 많이 성공한 기업으로 성장했다. 특히 여가활용에 필요한 정보라든지 일상생활에 필요한 정보와 콘텐츠 생활용품 등으로 참여한 회사들이 오래 동안 인터넷 기업으로 성공했다.

그리고 우후죽순 시장에 진입한 비즈니스 정보와 콘텐츠 시장으로 거듭나면서 인터넷의 기업들이 많이 실패로 거듭났던 기억도 아련하다. 그러다보니 선두 기업으로 확약이 왕성한 인터넷 회사의 네이버 포탈 플랫폼(네이버 하루 방문자 1천 300만 명) 속에서 카페, 블로그 등을 통해 시장을 주도 했던 시간이 오늘날까지 성장을 리드하고 있다. 이러한 시장은 팀이나 개인들이 디지털 콘텐츠로 고객들을 직접 만날 수 있는 기회의 시장이 되었다. 특히 글로벌 인터넷 공간 속에서 소통하는 시간이 늘어나는 대세가 되면서 멀티미디어 시장은 오늘날 디지털 시대를 견인할 수 있게 했다.

국내 시장을 주도했던 아프리카TV가 선도시장에 있었다.

초일류기업으로 성장한 지능형 인터넷 미디어 기업들 중에 유튜브의 RSS(Rich site summary) 기능은 이용자들이 자산이라고 하는 콘텐츠로 이동이 되는 추세 선으로 볼 수 있으나 기존의 인터넷 회사들의 디지털미디어 혁신은 거대한 세계 시장에 국내시장 검증으로 도전 중이다. 이러한 회사들은 자신의 관심사를 등록해둠으로 새로운 동영상이 업로드 될 때마다 실시간으로 공유할 수 있는 기능제공과 편의성 때문에 공유의 가치가 가파르다. 즉 디지털 미디어는 새로운 직업군으로 등장하는 추세 선으로 국내 시장의 강타는 물론 세계 시장으로 성장이 가능 할 것이다. 그러다보니 아프리카TV는 국내시장을 견인했고 현재는 성장을 위한 인수합병(M/A)의 뉴딜의 정책으로 새로운 성장의 길을 걷고 있다.

디지털미디어 혁신으로 새로운 직업의 크리에이터 유명세다.

세계적인 기업과 국내의 미디어 기업들이 제공하는 미디어 플랫폼에서 제공하는 활동으로 가치 있는 공유의 경제로 이동되는 수익의 형태가 놀랍다. 그러다보니 누구나 자신의 관심사 콘텐츠 기획, 편집으로 등록해둠으로 새로운 동영상이 업로드 될 때마다 실시간으로 수익이 발생이 된다. 온라인을 통해서 공유되는 경제로 플랫폼을 제공하는 회사와 콘텐츠를 공유하는 제공자와 플랫폼 회사가 동반성장이 가능하게 된 시장에는 분명하다. 그래서 도전이 필요하다. 누구나 유익한 콘텐츠로 플랫폼을 활용한 내부에서도 얼마든지 디지털미디어 창업이 가능하게 되었던.

어디 그뿐인가 새로운 디지털미디어 직업군으로 성장하다보니 크리에이터는 거대한 시장에 도전이 가능하고 마케팅이 필요로 하는 시장으로부터 성장할 수 있는 기회의 시장의 직업군이 되었다. 즉 아프리카TV나 유튜브(Youtube.com)는 회사계정이나 개인의 계정으로 만든 동영상 등록은 구독 고객으로부터 관리와 인기를 거듭하는 자체가 뉴딜의 미디어 정책 포인트이다. 그러다보니 회사나 개인의 콘텐츠 기능은 하루가 멀다 하고 유튜브(Youtube.com)가 제공한 플랫폼으로 팀이나 개인의 콘텐츠 시장에 하루 방문자의 구독자에 의한 시장은 확장을 통해 수익성으로 연결 되고 있는 직업이다.

유튜브(Youtube.com)는 미디어 시장의 뉴딜의 직업군 정책이 가능했다.

온라인시장 확장으로 세계는 플랫폼 경제로 이동하고 있다. 플랫폼 속에 확장이 되다보니 여러 환경도 있겠지만, 멀티미디어 시장은 고객편리 중심과 고객가치 중심으로 빠르게 이동으로 새로운 미디어 직업이 가능했다. 그렇다보니 플랫폼을 통해 미디어 마케팅과 광고시장을 통해 시장에 필요한 성과를 창출하고자하는 시장은 성장할 수밖에 없다. 특히 기업과 개인의 역량이 다양한 콘텐츠 기반 홍보와 마케팅의 시장이 크리에이터 역할의 미디어 시장에서 가장 인기가 많을 수밖에 없다.

한국마케팅협회의 자료를 출처하면 주관하는 시장(2020 제8회)은 콜라보레이션(스파오), 공유오피스(패스트파이브), PR전문기업(프레인글로벌), 인공지능 뷰티(룰루랩) 등이 수상하게 되었던 부분의 트렌드 학습이다. 대회를 통해서 유튜브(SNS)채널에서 우수기업으로 국민카드가 금융업계 최대 구독자(52만 가입자) 보유하고 있었으며, 블로그(SNS)채널에서는 한샘 블로그 채널에서 신상품, 인테리어제안, 이벤트 등으로 다양한 콘텐츠 제공으로 고객들로부터 활동성과 공감으로 쌍방향성으로 지표에 모두 만족하는 명예로 전년도 이어 2년 연속 명예를 얻는 언론 보도이다.

특히 멀티미디어 기반 고객가치 창출을 위해 노력하는 개인 인플루언서(2020대한민국파워인플루언서) 개인부분에는 유튜브, 블로그, 인스타그램 등 온라인 채널에서 가장 영향력을 발휘하고 있는 엔터테이너 대한 시장의 확장성이다. 이번 상은 역시나 대니(강희웅), 엉클대도(대도서관), 류스펜나, 뷰스타 레이나, 시나고, 여행하는 사나, 유나설 등이 최종 수상자로 선정이 되었다. (출처 : 언론 홍보 내용)

이러한 성과는 새로운 직업군으로 성장하기 충분한 데이터의 입증이다. 그동안 대학에서 전공학과 개설 등으로 멀티미디어 기반 시장이 확장되었던 부분으로 직업을 가졌던 부분의 변화의 시장이 예상된다. 차후의 시장은 기존 플랫폼 기반 디지털미디어로 성장이 용이한 환경을 제공하다 보니 더욱 더 개인화 중심으로 디지털미디어로 성장하는 것으로 예측이 된다.

디지털미디어 기반 플랫폼은 또 다른 미디어경제로 새로운 직업군으로 인기가 많다.

미디어 플랫폼(유튜브, 트위치TV, 아프리카TV, 팟캐스트, 페이스북) 경제에 참여자는 주로 어떤 일을 하는지 궁금할 수가 있다.

이들의 시간을 분석하면 개인 미디어 콘텐츠 제작자는 영상과 오디오로 된 미디어 콘텐츠를 만들어내는데 주목적을 둔다. 그리고 개인화된 콘텐츠를 만들기 위한 자료 조사와 도전정신이다. 주요 활동의 시간은

  * 아이디어 기획

* 개인 또는 배경연출
* 개인장비 촬영, 편집, 파일 업로드 등으로 손쉬운 방법으로 초기에 는 쉽게 참여하는데 목적을 두고 고객탐색을 게을리 하지 않는다.

크리에이터를 되기 위한 다양한 콘텐츠를 여러 미디어 플랫폼에 직접 계정을 만들도 활동을 직접 한다. 특히 제작자 개인의 적성과 취향에 따라 활성화 정책으로 경영이 필요로 하는 부분에 심도 있는 경영의 자세이다. 또한 콘텐츠를 통해서 표현하고 싶은 주제의 콘텐츠를 스마트폰이나 지원되는 장비를 통해 제작에 주안점을 둔다는 것도 흥미롭다. 그렇다보니 미디어 콘텐츠 제작은 개인의 모든 것을 스스로 만드는 경우에 개인의 역량이 충분해야하고 팀 단위로 모여 만드는 경우도 필요하므로 각종 지원기관을 통해 학습을 하기도 한다.

그렇다보니 개인 미디어 콘텐츠 제작자는 인기 있는 직업으로 통한다. 미디어를 제공하는 플랫폼에 따라 다르게 칭하기도 한다. 주요 미디어 디지털플랫폼에는
* 인터넷 방송진행자(BJ)
* 크리에이터 인플루언서
* 팟캐스트 등으로 다양한 명칭을 사용하기도 한다.

특히 개인보다는 팀으로 운영하는 미디어 콘텐츠는 미디어 기획자, 연출자, 시나리오작가, 영상 촬영자, 편집자, 음향 전문가, 번역가 등으로 함께 할 수 있는 장점이 있다. 그리고 활동분야로 개인미디어 제작자는 업로드 하는 미디어 콘텐츠에는 영상시간에 많이 할애하는 크리에이터 참여가 매우 중요하다 왜냐하면 크리에이터와 실시간으로 영상을 방송하고 구독하는 시청자와 소통하는 인터넷 환경이 중요하기 때문이다.

플랫폼을 통해서 활동을 하는 개인 역량이 구독자로부터 인증을 받

게 되면 인터넷방송 진행자(BJ), 팟캐스트를 통해서 방송을 제공하는 팟캐스터 등으로 최근에는 지상파방송, 캐이블방송, 라디오 등에 출연하거나 프로그램을 진행하는 범위가 갈수록 광범위하게 발전하고 있는 것도 좋은 성장의 예이다.

그럼 미디어 디지털경제 어떻게 준비해서 참여가 가능한지 궁금할 수 있다.

관련전공으로 개인 미디어 콘텐츠 제작자자 되기 위해서 참여하는 경우도 많지만, 현재는 학력의 제한이 없는 기회의 시장도 눈여겨볼 만 하다 특히 창업을 촉진하는 기관과 대학에서 1인 미디어 콘텐츠제작, 영상제작 과정을 훈련기관의 영상제작 과정을 통해 개인 미디어 콘텐츠 제작자가 되기 위한 훈련과 교육을 받을 수 있는 기회를 제공해주고 있다.

주로 교육에 참여하는 자는 취업보다는 주로 개인 채널을 운영하고자 도전하는 자가 많다보니 미디어 플랫폼에서 미디어 콘텐츠(MCN, multi CHAMEL network) 자기채널을 만들고, 구독자를 확보하는 1인 미디어 활동가가 최고의 인기 직업으로 각광을 받고 있다. MCN 회사는 개인 미디어 콘텐츠 제작자를 관리하고 활동을 촉진하는 지원으로 기획사, 멀티 채널네트워크 지원으로 성장하는 회사들이 앞으로 많은 성장을 견인할 것으로 보인다.

최근 멀티미디어 시장에 대한 관심이 급증하면서 '멀티미디어 콘텐츠 제작전문가' 자격제도에 관심 또한 높다.

자격제도 운영 때 영상, 음향, 디자인 등 멀티미디어 콘텐츠 제작전문가 활동으로 사람의 시각과 청각으로 느낄 수 있는 멀티미디어들을 편집, 수정, 제작하는 국가자격(필기, 실기)제도 형태로 지원하는 제도이다.

주요 업무로는 멀티미디어 콘텐츠 전문가는 멀티미디어 정보를 컴퓨터를 통하여 시청이 감각적으로 표현하는 작업을 주로하고, 인터넷 또는 컴퓨터 통신이나 CD-ROM, DVD 등 멀티미디어 매체를 위한 콘텐츠를 제작하는 업무로 응시자격(연령, 학력, 경력, 성별, 지역 등)에는 제한이 없는 것이 특징이다.

교육을 통해 자격증을 취득하면 영상, 음향, 디자인 등 취업분야로 활동이 가능하며, 최근에는 디자인의 거의 모든 분야가 컴퓨터로 이루어지는 만큼 디자인계열의 모든 분야에 진출이 가능한 장점이 있다. 특히 직업군으로 TV방송국, 영상프로듀서, 웹마스터, 웹PD 웹기획자, 프로그래머, 엔지니어, 멀티미디어기획자, 디자이너 등 활동할 수 있다.

현재 미디어 시장의 창업 형태도 높다.

개인 미디어 콘텐츠 전문가로 창업의 선호도는 상당히 인기가 높은 것은 사실이다. 그러다보니 멀티미디어 전문가 활동이 새로운 직업과 창업으로 각광받고 있다. 팀이나 개인이 제공하는 콘텐츠는 다양한 플랫폼을 통해서 대중매체를 위협할 정도로 콘텐츠가 다양하며 업로드 되는 콘텐츠는 수익으로 연결이 실시간으로 체크가 가능하므로 인기 있는 미디어 창업이 될 수 있다. 그러나 개인미디어 형태로 채널이 계정된 상태로 콘텐츠가 유통이 되다보니 사회적으로 문제가 되기도 한다. 사회적 문제로 대두되는 일부 나쁜 콘텐츠 생성이 빠른 인터넷 환경으로 유통이 되다보니 사회적으로 문제가 도출될 수 있는 기반이 되어 혼란을 초래하는 것은 해결되어야 할 과제이다. 그래서 더 나은 미디어 성장의 시장을 위해 뉴딜의 정책은 사회적 협의에 필요한 다양한 활동이 반드시 정책적 연구가 필요하다.

스마트홈 신 성장 동력

에너지관리   건강관리   원격교육

원격제어   원격행정   원격근무

Moon이가 창업할 시기에는 성장하는 국가였다.

성장하는 국가이면서 IMF위기를 통해 뉴딜의 정책으로 혁신이 필요한 시기였다. 그 어떤 산업보다도 안방에서 많이 접하는 매스미디어 시장의 성장이 컸다.

오늘날 미디어는 아날로그TV에서 디지털TV로 전환되는 시대적인 흐름으로 혁신적인 주체의 대세로 시장에서의 성장과정은 논리에 따라 혼탁하기도 하였지만, 시대적이 요구와 흐름에 따른 디지털TV 확장성으로 혁신이 주도되었다.

기존의 주요 미디어 주체들의(케이블TV, 통신사 등) 동반성장으로 방송 산업과 통신 산업이 서로 융합적인 시장이 되면서 매우 필요한 시점으로 성장을 견인했다. 이러한 시장은 잘 아시다시피 성장의 혁신 주체들과 인수합병(M/A)시장으로 산업과 산업은 다소 혼탁하게 견인했다. 이들의 주요 수입구조는 가입자 유치에 따른 성장이 되기에 고객의 빼기고 빼 수는 고객유치로 성장기는 위기를 맞이하는 미디어 시장들이 많았던 시기였다.

특히 대형 통신사들의 미디어 시장의 도전이다.

양방향 서비스가 가능한 통신사의 IPTV시장 미디어 진입으로 거대한 미디어시장에 통신사가 방송시장으로 도전, 오늘날 매스미디어 시장도 많이 변화되었다. 통신사의 뉴딜의 정책은 새로운 미디어 콘텐츠시장에 큰 변화는 변곡점이 되어 모바일 미디어 콘텐츠 시장까지 진입이 가능하였다. 오늘날에는 통신사는 네트워크 자원의 광대역 통신 인프라 기반으로 IPTV시장은 안방시장을 장학했다. 그러나 방송과 통신의 융합시장으로 위기와 기회의 시장을 동시에 맞이하고 있다. 모바일 기반 유튜브 등의 시장진입으로 모바일 시장으로 안방에서 시청하지 않고 스마트폰으로 시청하는 인구의 증가이다.

아마도 사업을 계속 진행 했을 경우 방송사와 통신사를 두루 거래선으로 하고 있었기에 디지털미디어 시장에 뉴딜의 정책에 투자를 늘리면서 융합의 틈새시장으로의 성장은 가능했겠지만, 모바일시장의 성장으로 위기대응을 어떻게 했을까 궁금하다.

방송과 통신의 융합이 필요한 시장에 도전했다.

그 당시 회사의 연구소에서는 디지털미디어 시장에 진입에 필요한 고객의 맞춤형이 가능한 채널선호 분석시스템 연구개발(EPG시스템 개발)로 IPTV 몰입에 필요한 연구를 진행했다. 만약에 계속 사업을 진행했다면 지능형혁신의 모바일 미디어 시장을 준비를 위한 투자자원을 확보하고 준비했어야만 했을 것이다.

그렇다 회사는 살아남기 위해 혁신을 주도했던 변곡점 시점이 마치 한편의 드라마도 남아있는 것 같아 그 당시의 추억들에 잠시 행복을 담아본다.

모바일 시대정신 💡

   모바일 시장 하면 먼저 떠오르는 기업가가 있다.

   잘 아시다시피 애플(Apple Inc.) 스티브 잡스와 스티브 워즈니악이다. 두 우수한 인재는 컴퓨터 제작 동호회인 홈브류 컴퓨터 클럽에서 만난 것을 계기로 의기투합이 되었다고 회고하고 있다. 회고에 의하면 회사설립(1976년)으로 컴퓨터 생산까지 시작했다는 전설로 유명하지만 글로벌 시장으로 도전한 정신은 대단한 혁신의 정신이다.

   그러나 기업경영은 여러 고난과 시련 속에서 성장과 실패의 경험이 동반되는 만큼 애플의 회사도 경영실패와 판매부진(1985년)의 책임으로 스티브 잡스가 회사에서 물러나게 된다. 그는 한동안 서러움을 간직하고 다음을 기약했어야 했다고 하고, 이러한 환경들에 애플회사는 아이맥 시리즈 개발과 고객반응을 얻게 되면서 회사가 흑자경영이라는 영광으로 스티브잡스는 정식으로 최고경영자(CEO)에 취임하게 된다.

   스티브잡스가 이끄는 회사는 흑자경영으로 넥스트스탭의 기술을 바탕으로 새로운 운영체제를 발표하였고, 혁신가의 작품은

   ＊ 아이팟(ipod)이라는 MP3 플레이어

   ＊ 아이튠즈(itunes)뮤직스토어가 시작되었고

* 새로운 비즈니스 모델 개발로 맥북(MacBook)과 아이맥(iMac) 시리즈
  를 새로운 도약의 역사를 써 내리게 된다.

여기서 스티브잡스 경영자는 만족하지 않고 아이폰(iphone 2007년)을
개발하여 기존의 휴대폰 시장에 혁신적인 제품을 세상에 내 놓아 새
로운 아이폰 역사를 써 내리는 큰 계기가 된다. 그 당시 아이폰은 전
세계에서 가장 스마트한 혁신제품으로 유명해지면서 성공한 혁신가
로 거듭나게 된다.

어디 그뿐인가 아이폰 등장으로 아이폰으로 소프트웨어를 구입하고
직접 다운받을 수 있는 앱스토어(App store) 서비스를 시작하면서 수많
은 수십만 개의 어플리케이션의 등록과 콘텐츠 시장은 앱스토어에 직
접 수십 억 회를 다운로드하여 판매할 수 있게 하였다.

한마디로 대단했다. 컴퓨터 지능형은 모바일 시대로 태블릿 컴퓨터
시대를 열었고 이동수단에 편리한 아이패드(i-pad)를 개발하여 전 세계
시장에 판매(80일 만에 300만대)하는 기록을 수립하였다. 그야말로 단시
간에 최고경영자로서 성공적인 애플사의 시가 총액(2220억 달러)을 기록
하는 영광도 얻게 된다.

그러나 스티브잡스는 아쉽게도 우리 곁을 떠났다. 아주 저 멀리 죽
음으로 떠나는 슬픈 소식에 컴퓨터 천재를 현장에서 볼 수 없다는 것
에 슬픔이 몰려왔다.

그의 혁신모델은 글로벌시장에 정보통신기술(ICT) 혁신의 뉴딜의 정
책으로 혁신한 정신은 위대한 신의 한수다. 혁신의 천재가 남긴 기업
가 정신은 곳곳에서 애도하며 안타까워했던 슬픔이다. 하지만 그가
남기고 간 혁신의 내용도 있기에 모바일시장은 더 매력적인 시장으로
성장이 되는 것에 위로가 된다. 자랑스럽다 모바일 시대에 정신은 혁
신의 시기마다 스티브잡스 정신에 함께하며 진화되고 있는 시장에는

틀림없다.

이 무렵 우리나라의 정보통신기술 연관된 기업들도 혁신이 이어갔
다.

모바일 기술들이 우리 생활에 큰 영향을 미치는 파괴력은 대단했다.
그러다보니 다양한 산업 분야에서 혁신의 뉴딜의 정책도 필요했지만
사용하는 사람들의 모바일기기 다양성은 세계 시장 질서를 파괴적으
로 선도 했다. 평소 같으면 지하철 같은 대중교통에서 신문을 펼치고
기사 글을 읽는 모습은 모바일기기의 시장으로 이동되면서 예전의 모
습을 찾아 볼 수 없는 형국이 되었다.

그러다보니 모바일 시장은 살아남는 것부터 모바일 시장의 대중문
화에 필요한 소비자의 편의를 고려해 더 진화가 필요한 혁신으로 모
바일시장이 필요했다. 지금이야 4차 산업혁명의 핵심 분야로 뉴딜의
정책을 수립하고 혁신을 이끌고 있지만 모든 분야에 마치 첨단산업
기술끼리 융합으로 변화의 시장이 되면서 산업과 산업은 융합의 시장
으로 이동하고 있다.

그러나 이미 모바일 시장은 새로운 융합서비스로 산업의 경계선이
무너지고 있다. 특히 기기간의 연결성이 용이하고 이동을 통해서 모
바일 기반의 융합된 산업의 사용으로 이동이 빠르다 모바일 스마트
생태계는 다양한 기기로 연결 데이터를 주고, 받는 것 뿐 아니라 인
공지능(AI)을 통해 그 기능을 최적화시키는 것들의 산업으로 진화되고
예측이 가능하다.

그렇다보니 모바일시장은 인공지능(AI)과 사물인터넷(IoT), 빅데이터
(Bigdata)등의 기술적 융합이 큰 사회적 이슈로 혁신의 뉴딜의 시장은
선도할 키워드 중심으로 제품의 지능화가 필요한 시장으로 혁신이 요
구 되고 있다.

스타트업들의 아이디어도 혁신적이다.

스타트업들의 아이디어 내용들을 분석해보면 대다수가 기기는 인공지능, 센싱 기술, 음성인식 기술 등을 사용하는 주제가 많다. 아이디어 구체화는 일상 생활환경이나 사용자들의 상황 등에 맞춤형이 가능한 실시간 정보와 생활에 스며드는 다양한 기능을 갖춘 구체화 활동이 많다. 또한 소프트웨어 기반 앱스토어에 등록이 가능한 제품 또는 서비스는 AI의 음성인식을 통해 검색, 음악, 답변, 주문까지 해주는 등 소프트웨어 기술에 의한 아이디어가 많다.주요 아이디어 구체화된 다양한 기능을 갖춘 제품 또는 서비스는 AI 스피커, AI 비서, AI IoT 기술, 각종 어플리케이션 등으로 상용화가 많았다.

모바일시장은 편리성 기기와 소프트웨어 알고리즘에 구체화 될 아이디어들로 시장에 도전하는 기회로 아이디어들이 자리를 잡아가고 있는 실증이다. 특히 일상생활을 대다수 사용하는 주거문화에 대기업에서는 LG U플러스 홈네트워크, 삼성물산 레이안 IoT홈 랩은 주방, 거실, 안방, 창문 등 주거공간에 주력하는 혁신이 돋보인다. 이러한 기술 융합이 각종 전자제품과 연동되면서 인터넷 기반 클라우드 시스템으로 연결해 입주민 각각의 성황과 생활패턴에 맞춰 유기적으로 제어, 데이터 기반 최적의 생활환경 조성 및 개인 일상생활의 데이터화 분석, 예측, 처방이 가능하게 되었다.

Moon이의 재창업으로 혁신을 했다.

재창업의 시장은 IT기능으로 조기에 성공을 했고, 더 성장을 위한 필요한 뉴딜의 정책으로 '지능형 컨테이너 디바이스개발'에 참여했다.

아마도 모바일시장을 예상하고 연구에 진행에 했던 미래시장에 도전은 지금 생각해도 아름다운 한 시간이었다. 참여했던 아이디어를 정리해 보면 기존의 컨테이너 운송 과정에 지능형 센싱데이터 기술을 융합한 신기술이었다.

장기간 지역의 대학과 장기간 기업이 참여한 신기술은

＊지능형 컨테이너 육상 운송

＊지능형 해상 운송 중 컨테이너 화물의 상태와 위치를 실시간으로 추적 할 수 있는 시스템을 개발하고 특허, 논문 등으로 했다.

또한 지역대학과 지역기업들이 각 세부로 진행하면서 화물종류를 자동 식별하고 내부 환경을 스스로 감지해 위험상황이 발생하면 예측된 데이터로 관제소에 자동 통보하는 기능으로 기존의 컨테이너를 지능형 컨테이너로 전환이 가능한 시장에 도전하고 있었다.

지능형 컨테이너 개발에 총체적으로 주관한 동아대학교(최형림 단장) 연구센터에서 각 세부별로 진행을 리드했다. 우리 회사에서는 양방향 컨테이너 통신장치 개발이었다. 연구는 컨테이너 장치 적용의 위치 및 화물 상태 관련정보를 실시간으로 전송할 수 있는 역량 등에 연구에 몰입했다. 지원기관의 리드는 지원을 아끼지 않았으며 각종 화물 수단이 이동 중에도 컨테이너 내 외부 상태는 정보를 빠르게 전송 전달할 수 있는 물류시스템으로 상용화까지 했다.

동아대학교 미디어디바이스 연구센터에서 주관해서 각 세부에서 개발하는 시장은 컨테이너 적치장, 화물선 등 기존의 제품들이 금속이 대다수 적치되어 음영지역에 통신 중계가 힘든 곳까지도 보완이 가능하게 했다. 특히 고객들에 불편한 시장을 능동적 상황인식 기반의 네트워크 관리 및 통신장치의 맥 배터리 수명이 교환이 없이 사용이 가능하게 진행하며 인터넷과의 양방향 통신과 저 전력이 요구되는 무선 네트워크 효율성에 최선을 다한 기억에 보람차고 자랑스럽다 연구의 과정은 장기간 지능형 양방향 서비스에 초기 시장에 연구하고 시장 적용으로 테스트베드 함으로 회사의 성장에 큰 도움이 되었다. 특히 지능형 디바이스 개발은 소프트웨어 기술을 기반으로 인터넷의 실시간 정보가 필요한 세계항만 시장조사와 본서비스를 확산하기위해 여러 세계 항만에 마케팅을 진행하였다.

주요 고객사 발굴로 뛰어본 마케팅은 중소기업을 경영하는 사람으로서 직접 챙겨서 했으며, 세계항만을 통한 협력한 큰 보람으로 산업은 성장했다. 현재는 경영자 일선에서 물러나 대학에서 유사한 교육의 업무에 매진을 하지만 지역의 대학에서 지역의 기업들에 필요한 기술과 시장에 필요한 혁신의 주체 '산학 융합정신'으로 이끌어내는 것들에 충실하고 있다.

그렇게 하므로 두 기관들이 선두에서 융합한 협업의 정신으로 지역의 인재가 참여 할 수 있는 기회가 많아지고 참여하는 시간에 더 많은 공을 드려야한다.

특히 스타트업들의 무작정 도전하는 정신도 필요하지만 대학에서 연구한 과제와 장비 등의 활용으로 실제 스타트업에서 직접 연구할 과제 등을 함께 할 수 있는 일들에 협력하는 것도 산학융합의 좋은 예이다. 몇 스타트업들에 기술이전을 적용해서 새로운 접근 방법으로 할 수 있도록 매칭하면서 더욱 효과적인 스타트업 문화가 될 수 있게 지원하고 연구 하고 있다.

스타트업은 참 힘든 도전이며 축의 전환이다.

시장에 도전하는 스타트업을 다양하게 만나고 지원하면서 어려운 현실의 축으로 성공한 기업가들을 보면 무엇보다 가슴을 많이 설레게 하는 부분이 많다. 그러나 여러 스타트업들을 통해서 듣는 우리나라의 스타트업의 생태계는 긴 정책보다는 정책이 자주 바뀌는 경우가 많다는 지적이 많다.

현재는 예비, 초기, 도약하는 성장의 단계별 과정의 축으로 지원하는 생태계로 창업을 지원하고 있는 추세이다. 그러나 성장에 지원하는 축은 아쉽게도 창업에 도전을 하는 만큼 지원의 속도에 따른 성공할 수 있는 기반이 되고, 과다한 정책의 지원과 관리로 실패 할 수 있는 기업의 단점도 만들어지고 있다.

그렇다 단점이 있다는 것은 그만큼 창업으로 과다한 정책 유치전쟁으로 좀비의 시장과 진정으로 필요한 창업자의 정책유치가 쉽지는 않다는 것에는 우리 모두 공감을 하면서 '실패로부터 뉴딜'의 정책들의 연구가 더 되어야 한다.

특히 벤처기업의 경험적 가치와 실행한 현장 연구가 더 다양하게 진행된다면 취업보다 창업으로 성장하는 국가나 개인으로 더 잘 살아갈 수 있을 것이다.

창업의 축 성장 생태계는 여러 도전하는 창업의 기능들이 새롭게 정의된 가치들로 진화 되면서 성공률을 높일 수 있는 계기로 성장할 수 있다. 그리고 실패보다는 성공하기 위한 스타트업들은 오늘도 진행행이다.

창업 7년 미만의 스타트업들의 실패 원인을 분석한 공개 자료에 의하면 대다수가 고객이 원하는 제품서비스를 담지 못하고, 준비된 자금이 부족해서 실패율이 가장 높게 나타나는 것으로 조사된 내용을 접할 수 있다. 그래서 창업은 실패의 시장으로 용인하는 사회와 재도전의 시장을 확대해 나가는 정책이 무엇보다 우선시 되었으면 한다.

선진국이나 우리나라 실패의 원인은 다를 수 있다.

창업의 실패 지수는 대다수 다른 형태로 나타나지만 강자가 약자를 잡아먹는다는 뜻의 양육강식보다는 연약한 환경에 적응한 개체가 살아남기 힘든 적자생존이라는 말에 더 가까운 창업형태로 실패를 경험한다고 한다.

즉 일반적인 통계이지만 조사 내용에 따르면 창업의 기업이 3년 뒤에 살아남은 확률은 10%도 안 된다고 한다. 그만큼 창업은 힘든 도전의 정신으로 실패로부터 뉴딜을 할 수 있는 기회와 지원을 아끼지 않은 정책이 필요하다.

미국의 리서치업체(CB insight) 스타트업의 분석결과를 출처해보면 다음 순으로 조사 내용이 나타나고 있다. 특히 실패 경험의 상위 20위 순위를 보면 우리나라와 비슷한 실패의 이유와 환경으로 볼 수 있다.

우선 상위 내용을 정리해보면 다음과 같이 나타났다.

＊첫째는 시장이 없어서 실패를 한다.

＊두 번째는 자금이 없어서 실패를 한다.

＊세 번째는 올바른 팀이 없어서이다.

＊네 번째 뒤로 나타나는 이유도 중요한 연구 대상이 되겠지만, 서두에 나타나는 시장이 없어서는 문제점으로 해결해야 할 과제이다.

시장에서 만나는 보통 창업가들이 다소 자기의 함정에 빠질 수 있는 현실은 자기가 생각하고 자기가 원하는 제품 또는 서비스로 개발을 진행한다는 것이다.

그래서 해결점으로 고객이 원하는 시장에 필요한 제품 또는 서비스 진입에 필요한 반복적인 학습이나 실패를 하면서 고객으로부터 성장의 축을 설계하고 실행해야 한다. 특히 실패의 경험을 가진다는 것에 두려움과 리스크로부터 해결점은 팀 창업으로 구축하는 것에 유념해서 스타트업을 진행해야 한다는 것과 실패의 교훈으로부터 성장하는 축으로 연결이 필요하다.

기존 좀비의 시장으로 초기 기업이 무작정 정부의 창업지원의 제도권에 참여하게 된다면 실패를 경험할 확률이 상당히 높다는 것이다 이러한 창업 도전 과정의 함정에 빠질 확률이 없도록 하기 위해서 각별히 유념해서 도전하는 정신이 필요하다. 특히 본인이나 팀원들이 경험적 가치로 준비된 창업으로 진행한다면 문제점 해결이 한결 쉬울 수 있다. 그리고 문제점을 기반으로 실패로부터 성공 확률 게임과 도전하는 시장에 뉴딜의 정책들이 상당히 적용하기가 용이하므로 성공 확률은 높일 수 있다. 또한 각종 창업자는 도움을 받을 수 있는 멘토의 만남으로 여러 어려운 문제점을 멘토링을 통해서 해결할 수 있는 시장도 잘 활용을 했으면 한다. 멘토는 경험과 지식을 갖춘 그룹으로 문제점을 조기에 학습 할 수 있고 해결할 수 있는 프로그램도 잘 활용할 수 있기 때문이다.

다시 정리해 보지만, 정부의 창업의 정책에서는 가급적 일반 창업보다는 기술 창업을 유도하고 있다. 하지만 창업의 정책지원이 4차 산업혁명이라는 정책만으로 모든 창업을 포용하기에는 한계성이 있을 수 있다 왜냐하면 예비, 초기기업들이 도전하는 시장은 현 창업 생태계 에서는 매출이나 고용으로 연결하기 위한 준비가 부족한 상태로 장기적으로 정책을 활용한 창업의 정책으로 성장하기엔 넘어야할 산이 높기 때문에 별도의 예산과 관리체계가 더 필요할 수 있다.

본인이 생각하는 우선순위로 개선이 되어야할 문제는

* 첫째는 창업을 하고 싶어 하는 문화가 우선시 되어야하는 환경을 조성하는 것이다. 한 예로 이스라엘 정부처럼 성장과정부터 기업가 정신의 학습이다. 그 나라의 문화적용으로 남자나 여성이 국방의 의무사항 시절부터 창업으로 무장할 수 있고, 자율적으로 창조에 참여하는 정신을 할 수 있도록 한다는 것에 주목할 필요성이 있다.

* 두 번째로는 기존의 금융권의 창업 평가 시스템 도입이 다양할 필요성이다. 현 금융권의 구조는 담보력이나 국가지원의 보증제도권에 한중된 지원제도이다. 그렇다보니 회사 대표이사 범위 내에서 다소 한정된 금융거래에 국한되어 있다 보니 금융권 문지방이 아직도 높다는 것이다. 문턱을 낮추기 위해서는 IP평가 시스템 확대에 따른 자금과 투자 환경이 크게 바뀌는 지원의 금융권 지원 생태계이다.

벤처특례법 적용으로 다행이도 현재는 연대보증 제도 폐지와 초기 창업의 기업지원 정책 등은 우리가 창업을 했을 때와는 비교가 안 될 정도로 좋아진 것은 그나마 다행이다.

부산 블록체인 규제자유특구 사업내용

참여기업	사업내용
부산은행	부산 지역 화폐 거래소 구축
네오프레임	블록체인을 이용한 주식관리 및 주식거래 서비스
바다플랫폼	수주 및 발주 시스템, 수산물 담보 대출 이력 관리
현대페어	관광 빅데이터구축 플랫폼, 부산 스마트 투어
에이아이플랫폼	개인 맞춤형 헬스케어, 의료정보 공유 서비스

외 다수의 참여기업으로 현재 블록체인 특구사업 활성화 중.

출처 : TP 자료

지천이어라

내 마음에 피어나는
꽃망울
그는
신록을 품는 꿈인지라

곳곳에서
그리움 꽃으로 핀
그는
관심으로 지천이어라

어스지게 껴안은
그는
소리 없이 피어오르고

하나하나 이름 없이
그는
어김없이 피어내는데

그 지천이
그를 향한
생각들을 그려놓는다.

지천에서 시심이 있어 좋다.

지천에 우리는 한평생 살면서 생을 마감하게 된다. 이러한 일생에 우리는 취업으로 살아가다가 일반 창업이든 기술 창업이든 생에 한번은 하게 된다. 아니 창업을 해야 긴 생에 보람찬 생으로 살아갈 수 있다고 본다. 왜냐하면 지금은 초 고령화시대를 빠르게 맞이하면서 이미 우리는 어쩔 수 없는 창업의 선택으로 살아가는 인생 이모작을 꿈꾸며 살아가는지 모른다.

그래서 지난 정부에는 기업가 정신을 저학년 시기부터 학습이 가능하게 초기 교육의 기업가 정신의 뉴딜 정책을 발표했다. 조기에 기업가 정신을 접하면서 취업이든 창업이든 긴 생에 설계가 가능한 기업가 정신 교육을 통해서 확장성이 가능한 정책이다. 이러한 정책에 개인적으로 뉴딜을 할 수 있는 다양한 기업가 정신을 경험할 수 있는 환

경에 참여하고 관심을 더 가질 수 있는 지원정책은 참 잘했다는 생각
이 든다.

 아마도 시상에 그 지천이 그를 향한 시심이 있듯이 우리가 생각하
는 것들이 창업의 길이 아닌가! 괜 실히 설레어지는 것은 무엇 때문
일까.

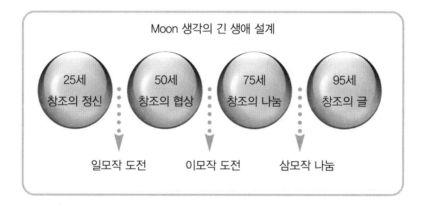

💡 시대의 몰입

학습은 평생에 필요한 과정이다.

필자도 모바일 시대 즈음하여 4차 산업혁명의 기술혁명, 지능형 혁신 연결 사업을 연계해서 박사과정에 학습은 일생에 큰 행복이었다.

뒤늦은 박사과정은 취득 전에 회사에서 '지능형 컨테이너 통신장치 개발' 연구와 경영하는 제품서비스를 통해서 지식 네트워크가 가능했기 때문에 지식 네트워크가 더 연결을 통해서 가능했다. 또한 긴 연구는 사업화를 통해서 수많은 정보데이터를 얻을 수 있는 과정으로 지능형 산업학습이 가능했기에 무엇보다도 지도교수(홍한국 교수)의 맞춤형 학습이 한편으로 이해를 하는데 큰 도움이 되었고 지도를 받았다.

동의대학원 교과목과 지도교수의 지도에 석. 박사 과정은 사업을 하면서 얻는 과정으로 남들보다 다른 보람과 열정이 필요했다. 그리고 사업의 경영 정보데이터로부터 어느 정도 관련 지식정보는 학습지도 가치로 도식화가 가능했다. 또한 학습 과정에는 이론적 학습데이터 정의와 현장의 체험데이터 정의를 동시에 가질 수 있는 것은 가치들의 정보데이터 논문으로 정리 하는데 많은 도움이 되었다.

무엇보다 지도교수님의 진도학습과 피드백 학습은 부족한 저에게 너무 값진 가치로 정의할 수 있는 논문활동이 가능하게 지도를 하였다. 물론 사업을 진행하면서 학습을 했기에 주변의 도움이 없이는 불과한 환경으로 함께한 선배(대환, 진용 박사)의 노력과 배려도 많은 힘이 되었다. 또한 학과 지도교수님들과 산업의 현장에 함께한 구성원들은 무엇과도 바꿀 수 없는 가르침으로 도움이 컸다. 그리고 가족의 배려는 장기간 학습을 할 수 있는 큰 힘에는 틀림이 없었으며, 참 지식의 행복을 만들 수 있는 힘이 되었다.

학습을 하는 동안 기억에 가장 남는 것은 동의대학교의 봄이 오는 교정이다.

동의지천 교정은 비탈길로 아름다움의 오솔길마다 빼곡한 학습공간과 자연정원이 조화롭게 형성된 아름다운 대학이다. 특히 봄이 오면 동지천관부터 이어지는 벚꽃나무와 봄꽃이 핀 오솔길의 조화는 전국에서 가장 아름다운 교정으로 몇 번째로 선정되어 이미 소문이 화사하게 소개된 지 오래되었다. 나 역시도 꽃이 피는 꽃길을 걸으면서 때로는 시상에 빠지기도 하고 전공 학습에 임한 부분은 늦은 나이에 교정에서 느낄 수 있는 아름다운 교정에 한동안 쉬었다 간적이 많았다. 욕심이 있다면 아마도 그 당시에 청춘의 나이로 전공 학습을 했다면 더 다양한 청춘의 일기를 써 내리면서 교정의 아름다움과 학우들의 정이 넘치는 추억을 담아내지 않았을까하는 괜 실히 상상의 욕심을 내어본다.

대학을 다닌 부산은 항구도시이다.

산과 바다의 조화로운 자연의 멋이 빼어난 풍광이 예사롭지 않은 도시이다. 우리나라에서는 최남단 항구도시로 부산항은 세계적인 물동량으로 성장하고 있다. 항만의 자료를 찾아보면 한국에서 가장 오랜 역사(1876년)를 지닌 항구로 항만법상 제1종항으로 오늘날까지 성장하고 있다.

그리고 근대 항으로 한국 최대의 항만이자 내. 외무역의 관문으로 성장을 했으며, 현재는 이전된 신 항으로 거대한 물동량을 신 공항건설로 성장을 견인하기 위한 인프라가 매우 필요한 부분이다 그러다보니 신 항만성장을 중심으로 기존의 부산 도심은 서 부산 권역의 균형 해양 도시로 동반성장이 필요하다.

부산시장 선거 때마다 이슈가 되는 해양 중심의 도시 성장으로 항만과 공항은 늘 단골 메뉴가 되었다. 하지만 국제적인 항만도시로 국제 물류 비즈니스 중심으로 컨테이너 화물과 국제여객 등에 성장을 거듭하다가 부산항의 컨테이너 화물 처리량 만성적 적체와 시설 낙후 등의 문제로 부산시의 민자 유치 대상 사업으로 신항만 뉴딜의 정책으로 건설이 시작되었다.

출처된 뉴딜의 정책 자료에 의하면 부산 신항만 건설 사업(1996년)에 선정되어 부산항과 인접한 강서구 가덕도 일원에 부산 신 항을 건립하여 기존의 만성적 화물 적제를 해소하고 21세기를 대비한 동북아시아 중심 항만으로 실시 설계가 이루어졌다. 사업진행은 착공(1997년 10월 31일)을 시작으로 3단계로 총사업비는 부산신항만, 현대산업개발, 부산신항국제터미널 등이 참여하는 정부와 민간이 병행되는 사업으로 성공적으로 구축이 되었다. 구축의 과정은 1단계(2010년 완료)로 공사는 완료되었고 이후 순차적으로 2단계(2015년)도 완료되었다.

마지막 단계(2020년)는 진행 중으로 총 사업비(16조 6,823억 원)가 투입되면서 부산항은 새로운 다목적 부두로 부산항만공사(TOC, Terminal Operation Company)는 국제물류 시대에 물동량을 대다수 처리가 가능한 항만으로 국제적인 위상으로 성장이 가능했고 성장 중이다.

출처된 자료를 정리하면서 부산사람으로 살고 있는 자부심에 다소 욕심이 있다면 바다(항만)와 하늘(공항)을 국제적 위상으로 새로운 시대를 열어갈 수 있는 뉴딜의 정책들이 조기에 진행된다면 그야말로 국제적인 도시로 항만과 공항의 산업입지로 거듭날 수 있는 절호의 시장으로 욕심을 내어봤다.

어디 나만 그러할까. 이번 지방정부 출마한 정치인, 학계와 시민의 염원을 담아 국제적인공항 유치 건설로 확장이 되었으면 한다. 물론 전에 대대적인 유치 활동을 하였으나 여러 정책의 대립으로 가덕도 국제공항은 실패로부터 기존의 김해공항을 확장하는 것으로 정책이 선행 되었지만 이번 정부로부터 뉴딜의 정책이 수립되면서 다시 하치 앞을 볼 수 없는 형국에서 차츰 행동이 드려나고 있다.

부산 시민은 아직도 신항만과 신공항이 가덕도 중심으로 연결되기를 희망한다. 물론 일부는 반대의 생각을 도출하기도 한다.

정부와 관련부서 국토부의 여러 정책대안과 검토의 정책들이 정치적인 혼기를 맞으면서 정부의 자체적인 정책들이 혼탁하기도하다 그러나 부산도시와 시민을 떠나 대한민국과 국민을 생각한다면 국제적인 공항은 최초 항만으로 성장하고 있는 신항만 도시 연계 반드시 필요하다 왜냐하면 이미 부산항은 신항만 건설로 국제적인 인프라와 위상을 갖추고 있기 때문이다 그리고 지형적으로 새로운 산업화에 필요한 항만과 공항을 근거리에서 확장이 가능하므로 신규 물동량과 신산업들이 필요한 가치들로 연결이 가능할 수 있다.

이러한 영역에 항만 비교분석 논문을 통해서 국제적인 물동량과 정보화 확장성에 따른 각종 편리성을 높이는데 학습을 진행했지만, 항만의 주변 환경으로 인한 혁신적인 도시는 다양한 역할에 따른 동반 성장하는 것도 알 수가 있었다. 그래서 신항만과 공항이 근교에 있으면서 고객의 편리성과 주변의 도시가 품는 명품으로 반전도 거듭날 수 있다. 이러한 도시는 글로벌 경제로 찾는 관문이 넘쳐나고 글로벌 고객들로 찾아드는 욕심을 내어보는 것은 부산시민을 떠나 대한민국의 국민으로써 같이 하면 어떨까

긴 창업으로 산업화 과정 속에서 석. 박사학습이 가능했다.

논문학습의 과정은 주요 항만과 관련 산업을 확장성으로 정리했다. 지도교수님의 가르침으로 '사회네트워크 분석을 활용한 6시그마 경영활동요인 관계성에 관한 연구'(석사학위)는 기업들에 6시그마경영 활동이 조직에 긍정적인 영향을 미치고 있음과 그에 따른 사용자의 적용을 통해 입증되는 가치로 편집이 되었다면 '선사 국적을 기반으로 한 아시아 주요 항만 네트워크 비교분석'(학술논문)은 항만 산업의 사회 네트워크 확장형의 활동이 주요 항만 국에 네트워크에 있는 행위자들의 관계 활동을 비교분석에 연구하였다.

그 학습 과정을 통해서 '아시아 주요 항만의 네트워크 비교와 효율성에 관한 연구'(박사학위)로 논문으로 정리하게 되었다. 항만은 세계적인 얼굴이면서 그 나라의 산업 얼굴이다 보니 최근에 일어나는 키워드 중심으로 한국, 중국, 일본, 대만 등을 중심으로 아시아 지역권역을 중심으로 연구를 확장해 보았다.

논문을 정리하는 동안 아시아 지역 권역의 주요국들의 늘어나는 교역 물동량은 대단한 성장을 예고했으며, 아시아 지역권은 미주 지역권 및 유럽 지역권에 이어 세계 경제의 중요한 축으로 등장하고 있었다.

그 중심에 부산항은 신항만 건설로 새로운 도약을 할 수 있는 기반으로 충분하게 갖추고 있었다. 그리고 부산항만의 우수한 인프라로 세계적인 항만으로 성장할 가능성에 충분히 있기 때문에 신공항의 인

프라의 우수성을 가질 수 있도록 지혜를 모았으면 한다.

 항만은 물동량도 생명선이고 후반작업이 성장을 견인한다.
 지도교수 학습을 통해 석. 박사 논문을 정리하면서 각국에 물동량을 중심으로 부산항, 신항만을 기반으로 각국 항만을 비교분석 했었다. 특히 대한민국의 항만으로서 충분한 여권과 위상은 갖추고 이미 국제적인 활동으로 성장하고 있는 것에 자부심을 가질 수 있었다.
 물론 어느 항만보다 우수하고 활발한 물동량으로 성장이 가능했다 하지만 항만은 물동량도 중요하지만 후반작업도 중요하다 그래서 신항만은 후반작업에 필요한 지능형혁신이 많이 필요하다고 보여 진다.
 또한 항만 주변여권에 따른 성장도 중요하다. 그동안 부산항 중심으로 산업, 주거, 상업, 문화 등으로 항만과 도시의 발전을 견인 했다. 이러한 역사 관점이 주는 발상으로 신항만 주변여건이 보다 낮은 성장을 촉진하는 주변 정책이 뉴딜의 정책으로 확장이 된다면 신항만이 충분하게 세계적인 항만으로 도약이 할 수 있을 것이다.
 이러한 정책은 도약의 뉴딜의 정책으로 갖추어야할 다양한 주변여건과 어느 항만보다 편리한 기능이 지능화 도심으로 발전을 견인한다면 더욱 좋을 것이다. 또한 뉴딜을 할 수 있도록 장기적인 정책과 플랜으로 실행이 선도적으로 했으면 한다.
 논문을 정리할 때 이미 유사한 항만은 지능형 인프라 산업으로 갖추는 항만과 공항으로 성장을 준비하고 있었고 경쟁업체와 차별화를 위해 대재적인 투자가 일어나고 있었다.
 우리는 할 수 있다. 경쟁 국가나 항만이 각종산업을 성장으로 견인 했을 때 국제적인 도시로 국가의 경제로 함께할 수 있기에 빠른 참여의 정신이 필요하다. 이러한 정신의 과정에 정부투자나 민간투자를 통해서 지역의 신항만과 국제적인 항공 산업으로 행복추구 하는 도시로 거듭날 수 있는 발전의 계기가 되었으면 한다.

  욕심이 많다. 대한민국 국민으로 부산항이 추구하는 도시에서 살아
가고 있지만 부산에서 태어나지는 않았다. 하지만 부산에서 사춘기를
보내면서 긴 시간으로 담아내다보니 이제는 부산사람이나 다름이 없
다. 그래서 부산광역시에서 추진하는 신항만과 신공항이 조기에 완공
될 수 있고 두 축으로 동반성장이 가능하게 하루 빨리 실행되길 희망
을 담아 본다.
  특히 석. 박사취득 논문으로 각종 세계적인 항만을 비교분석을 했
다. 주요 항만을 비교분석 하면서 항만의 우수성의 인식과 주변 도시
의 역동성을 보았다.
  이러한 역동성은 지역의 인재가 도시를 떠나지 않고 뉴딜의 정책으
로 참여가 가능하게 하고, 국제적인 항공 인프라조성으로 신공항이
건설된다면 분명히 성장하는 국제적인 도시의 위상으로 성장할 것이
다.

  한 개인의 학습과정으로 늦은 나이에도 평생학습이 필요하다는 것
을 이야기했지만, 지역에서 오래 살면서 느낀 점은 기업들이 어느 정
도 성장을 했을 때나 팀 구축을 진행해서 스타트업을 진행할 때에도
우수한 인재가 부족하다는 것을 많이 듣는다. 그래서 지역의 인재들
이 먼 거리로 떠나 학습 후 지역으로 리턴 하는 정책도 중요하지만,
초기에 인센티브 등으로 지역의 인재가 지역의 경제를 책임지고 경영
하는 기업가 정신도 매우 중요한 부분이다. 또한 지역의 기업들은 맞
춤형 교육이 가능하게 산학혁신의 시장에 더 많은 관심과 투자자원을
투자하는 것도 서로 상생할 수 있는 기반이 될 수 있다.
  그리고 지역의 경제를 위한 지역의 인재육성이 무엇보다 중요하고

중요 의제로 삼아 떠나지 않는 도시로 만들어 가야 한다.

스마트한 스타트업의 성장 단계			
사업기획 단계	제품 또는 서비스 개발 및 런칭	사업플랜 및 확장	인수합병 및 IPO
엔젤투자 액셀러레이터	시드 투자 멘토링	시리즈 A, B, C 투자활동 유치	엑싯(exit) 출구전략

🔆 사회적 몰입

대학에서 교수로 일을 할 수 있게 되었다.

기업을 경영하는 동안 지역의 인재들과 지역의 경제를 일으켜 본 경험자로 지역대학에서 젊은 우수 인재들과 시간을 함께할 수 있는 계기로 지역을 더 사랑하고 지역의 기업들을 위해서 산학혁신을 이끌어 내고 있다.

대학의 다양한 인재들과 함께하기에 산학혁신으로 불균형적인 사회로 성장하고 있는 지역을 책임경영으로 할 수만 있다면 서로에게 고마울 뿐이다. 물론 지도교수 가르침은 여러 학제들에게 나눔과 소통 지식으로 살아갈 수 있게 하는 가르침과 조력자로서 역할도 중요한 활동이다. 그러나 분명한 것은 우수한 인재들이 지역을 지속적으로 떠나는 것에 문제점이 많다. 이러한 문제점은 학습을 진행하는 원동력이 되는 과정에 지역정부나 대학에서 행복 짓는 일상으로 아름다운 사회로 만들 수 있기에 일관성 있는 "산학혁신" 답을 찾아야 한다.

후학을 위해 일을 하다보면 자꾸만 산업을 일깨우는 기업들이 위대하게 느껴진다.

왜냐 하면 각자가 아이디어 창조로 사업을 운영하다보면 성공할 수도 있고, 실패할 수도 있는 과정에 도전 정신이 남다르고 기업을 조직적으로 경영하기 위해서 인재를 구축하고 경영을 하기 때문이다. 이러한 과정 중에서도 하고 있는 사업의 연관성으로 산학융합의 활동은 다소 시간이 소비되더라도 서로에게 도움이 될 수 있기에 참여하는 경우가 많다.

그래서 후학을 지도하면서 가급적이면 산업체 전문가를 학교로 모시기도 하고, 때로는 현장으로 찾아 학생들에 경험학습을 할 수 있도록 많은 시간을 할애하는 업무를 늘려나가고 있다. 물론 산업체의 입장에서는 연관된 전공과 고용하고자 하는 분야 전공으로 사전에 기업을 홍보하고 기업들의 성공, 실패의 기업가 정신 이야기를 들려주기도 한다. 하지만 대다수의 기업에서의 입장을 들어보면 기본적으로 학생들이 전공을 통해서 갖추어야할 실력과 미래의 설계가 뚜렷하고 촉이 좋은 인재가 필요하다. 고 전하기도 한다.

하지만 좋은 점도 있지만 산업체의 입장에서는 배우는 학생으로 할 일이 많은데 너무 기관에서 많이 찾는 모양새로 다소 피로감으로 느끼는 경우도 있다. 그러나 기존의 교과목 과정을 산학의 융합정신으로 확대하고 연구할 수 있는 부분은 꼭 필요한 정신이므로 서로 협력할 수 있었으면 한다.

개인적인 생각으로 스타트업의 융합의 정신은 어떨까 생각한다.

기존의 스타트업들은 성숙도 격차가 심하고, 지속적으로 늘어나고 있는 추세이다. 이러한 성숙도 시장이 있기에 어떤 프로그램에 어떤 시기에 참여하는 정신에 따라서 스타트업의 활동이 다를 수 있고 성장할 수 있다. 그러나 현장의 시장은 가급적이면 현장에 정착된 기업으로 찾는 경우가 많고, 스타트업 체험은 매우 부족한 상태로 가끔 스타트업에 찾을 때에는 매우도움이 되었다는 평가가 많은 편이다. 왜냐하면 스타트업의 입장에서는 우수인재를 모시기가 매우 힘든 환경을 가지고 있기에 인재 매칭이 매우 미비한 상태이다.

그럼 스타트업에게 왜 필요한 시장이 될까
대다수가 스타트업 뉴딜의 정책 중에 참여하고 있다. 지난 정부에서는 청년창업사관학교 운영으로 예비 창업자를 창업 교육과 아이디어 검증이 될 수 있도록 지원하는 프로그램이었다.

초기 창업을 진행하고자 하는 창업자에게 상당이 좋은 뉴딜의 정책으로 성과와 평가는 다른 정책보다는 높다는 평가를 접할 수 있다.

이러한 시장에 운이 좋게도 멘토로 선정되어 멘토링에 참여하면서 느낄 수가 있었고, 초기 기업에 우수 인재가 참여가 가능하다면 무한대 시장에서 동반성장으로 가능하다는 축이 현장에 필요하다고 보였다.

유사한 정책이 다양하게 정부에서는 예비 창업자와 초기 창업자(3년 이내 기업)를 분리하면서 각 단계별로 창업자가 도전이 가능하게 지원을 했다. 공고에 기준에 참여하는 스타트업은 아이디어 검증을 통해 사업에 참여하면서 조기에 성장이 가능하게 지원제도 프로그램이다.

이러한 정책에 조기에 팀으로 참여가 가능하고, 취업연계 체험 인턴, 정보학습 등으로 인해 어떠한 결과가 나올지 궁금하기도 하는 시장에 조기에 참여가 가능한 산학융합의 프로그램이 될 수 있기 때문이다. 또한 정부의 뉴딜정책에 두 기능에 참여하면서 성공적으로 성과가 우수하게 평가되고 기업이 스스로 성장된다면 추가적인 정부정책으로 창업도약(3년~7년 이내 기업)패기지 지원 사업으로 스케일 업이 가능하다. 이러한 정부의 뉴딜의 정책으로 인해 스타트업들의 격차에 지역의 우수 인재가 참여하고 지원으로부터 늘려나갈 수 있다면 분명이 필요한 시장이 될 수 있다.

창업도약 사업이 창업진흥원에서 기획하고 뉴딜의 정책이 실행되었다.

정부 기관에서 선 예산을 확보하면서 사업이 시작될 무렵 벤처기업 창업경험을 소유한 지식 전문가와 대기업 임원급 이상의 전문가 풀을 조성의 공고를 보고 지원을 하였다. 운이 좋게도 시장 전문가(2015년~16년)로 위촉되어 그동안 벤처기업 창업의 경험으로 스타트업 성장이 필요한 기업들과 매칭으로 장기간 멘토링이 가능하게 했다.

그 당시 참여하면서 본 프로그램은 좋은 프로그램으로 인식이 되었다. 오랫동안 벤처경영을 했던 사람으로 매우 좋은 프로그램에 참여했다. 그리고 참여 기업이 사업에 3년 이상 경영하면서 꼭 필요한 정책제안으로 기업이 성장하는 일들에 자문과 조력의 역할로 멘토링 프로그램이 좋은 성과를 냈다. 멘토로 참여하면서 기업들의 필요성과 정책이 확대되길 희망이 많았으면 하는 것을 느낄 수 있었다.

전국적으로 기업들에 지원이 가능한 구축은

* 전국적으로 구축한 전문가 인적 인프라(전국 50명 위원)로 위촉
* 기술 전문가와 시장 전문가 구축으로 구성
* 멘토 자격으로 기업들에 멘토링 프로그램에 1년 가까이 전담으로 실행이 가능한 프로그램이었다.

그 당시에 성장기업의 벤처경영에 일대일 매칭이 되었다. 그동안 부족하지만 경험과 지식들이 성장하고자하는 기업들과 일대일 매칭으로 성과와 공감의 시간에 함께한 시간은 잊을 수가 없는 시간으로 매우 유익했다. 왜냐하면 3년 정도 경영으로 기업에서 필요로 하는 뉴딜의 정책이었기에 확고한 의지와 참여 기업의 성장을 보았다. 두 개사 기업들에 참여하면서 빠른 시일 내에 성과가 가능한 멘토링 프로그램이 가능했기 때문이다.

그렇다보니 정부에서도 운영하는 지원 프로그램 중에 가장 좋은 성과를 내었다는 것을 시작으로 오늘날까지도 확대되어 운영될 수 있었다는 것들에 뒤늦게 알았지만 이 사업이 성공모델과 성과모델로 성장을 했다니 기쁜 마음이 든다. 정부의 뉴딜의 정책은 성과도출이 왕성하면 장기간 일관성 예산으로 늘어나는 정책 입안이 가능하기 때문에 오늘날 창업 도약 패키지 지원 사업으로 성장했다.

인적 네트워크로 그 당시 전문가로 참여했던 지식인들이 벤처 창업 활성화의 발전을 위해서 발기인으로 참여하여 지원기관을 등록했다.

그 당시에 중소기업 청에 등록을 시작으로 '한국창업멘토협회' 설립으로 현재에도 여러 지원 프로그램에 참여하면서 한국의 창업 생태계 확산에 지원하고 있는 것이다. 현 정부에서는 중소기업 청을 중소벤처기업부로 승격을 시켜 다양한 정책으로 국가경영을 하게 되었기에 더 많은 활동으로 성장지원이 가능할 수 있다. 이러한 활동은 운이 좋게도 2019년에는 중소벤처기업부 장관상(박영선)을 수상하는 명예를 얻었다. 특히 나라는 존재를 되돌아보는 기회와 더욱더 창업 생태계 시장에서 열심히 하라는 명령을 주었다고 생각하고 현장에서 최선을 다하고 있다.

중앙정부에서 확산이 진행되면 지역 정부에서도 운영하는 정책에 참여하는 기회가 된다. 부산경제진흥원에서 지자체 예산 편성과 위탁 운영하는 예산을 확보하면서 부산창업지원센터의 업무와 인프라 조성을 시작으로 청년창업의 활성화 뉴딜의 정책을 실행 했다.

이 기관에서도 유사하게 인적 네트워크 구축을 했다. 벤처경영 경험의 지식을 갖춘 벤처인과 각종 전문가 등으로 함께 할 수 있는 멘토 풀을 구축해 나갔다.

주로 경영지도사, 기술 전문가, 시장 전문가 그룹(2014년~20년 멘토)을 구축하고 지식인들을 위촉하고 참여가 가능하게 프로그램을 운영하였다. 아마도 타 도시보다는 긴 시간동안 청년창업 촉진과 플랜이 가능한 영역으로 운영을 하는 것은 자랑스럽다.

자랑을 하자면 부산광역시에서는 어느 도시보다 앞선 자체 예산 확보로 청년창업가를 지원하면서 중장년, 재기창업자까지도 지원을 할 수 있는 프로그램을 운영하기에 원스톱으로 지원이 가능 했다. 비록 멘토의 자격으로 위촉을 받아서 참여하는 형태가 되었지만 벤처 창업을 경영했던 사람으로 무척 고맙기도 하고 보람을 느끼면서 지역의 창업 생태계를 위한 연구도 할 수 있었다.

그러다보니 지역의 인재들이 신규창업으로 활동을 할 수 있도록 2천만원 이내 지원이 가능했다. 지원 정책으로 창업자는 제품서비스 개발, 마케팅, 지식재산권 등 최대로 활용하여 지역의 창업가가 활동될 수 있게 지원하는 제도이다. 그럴 때마다 지식과 경험으로 보유한 멘토 자격 위촉자로부터 멘토링으로 실패를 줄여나갈 수 있게 지원을 했다. 이러한 멘토링 시간은 개인의 한계성이 있는 부분은 다른 전문가가 경험했던 시간들과 함께하면서 지원을 할 수 있었다.

특히 기업들이 발굴되고 예비. 초기기업으로 성장하는 일들에 다양하게 참여하면서 실패로 인한 기업을 만날 수 있었고, 이 사업이 기초가 되어 크게 성장하고 있는 기업들도 만날 수 있었다. 이러한 시간에는 늘 마음이 아플 때나 좋을 때에 종종 있어서 공감에 필요한 한편의 드라마는 막걸리 술잔을 기울며 밤을 새웠던 일들이 허다했다.

신규 벤처 창업은 그야말로 빠르게 성장을 견인하기도 한다. 그러나 실패도 빠르다.

그래서 빠르게 실패의 경험으로 새로운 시장에 몰입의 가치를 하루 아침에 날리게 되는 경우가 허다하다. 그러다보니 선투자가 진행되는 시점에서부터 벤처경영의 경험이 있는 사람들이 주변에 가까이 있으면 그나마 정신적으로나 문제점 해결에 지원을 받을 수 있는 장점이 많다. 는 것을 많이 느낄 수 있었다.

사실 자랑이지만 지역의 부산에서 신규창업으로 장기간 추진하는 창업의 환경은 최고 인프라를 가지고 있다. 특히 지자체 창업지원 인프라와 창업지원 정책은 어느 도시보다 우수한 조건을 가지고 있으므로 참여하면서 실제 현장에서 애로사항들을 해결할 수 있는 장점이 있는 곳이다. 특히 투자연계 연결하는 디딤돌 역할과 실제 지역에서 투자유치 펀드조성 확대 생태계가 확장되어 있어 성공적으로 매칭 할 수 있는 것도 좋은 장점이 될 수 있다.

2016년 국제아이디어 창업대회를 시작으로 오늘날까지 개최되는 것에 K-ICT창업멘토링센터 후원과 멘토로 참여한 부분도 잊을 수 없는 창업의 생태계이다. 전국적으로 구축되어 있는 벤처기업 경영의 경험과 지식 전문가가 같이한 시간은 그 어느 시간보다도 더 높은 관심과 지식이 공유가 가능하게 하였던 것 같다. 이러한 과정에 2019년 부산창업의 날에 부산경제진흥원 원장(박기식) 상을 수상하는 영광을 얻었다.

벤처경영은 주로 지식서비스와 IT관련으로 했다.

특히 IT업계에 오래 동안 경영을 하는 시간에는 지방정부에서 주로 지원하는 여러 기관이 있지만, 부산정보산업진흥원과 많은 시간을 같이 했다. 이 기관은 전국적으로 출연 형태로 구축이 되어 있으며 지역 산하 출연기관으로 운영되고 있다.

부산의 지역에서도 밀레니엄 시대에 설립이 되었다. 인터넷 시대에 적당한 시기에 설립으로 지역의 각종 창업 생태계를 구축하고 지원하는 기관은 오늘날까지도 성장하고 있는 기관이다. 부산광역시 산하기관으로 운영이 되고 있다 보니 경제부시장의 이사장으로 전문 지식의 그룹 협회장, 교수, 회계사 등으로 이사 기능 등으로 운영되고 있다. 그러다보니 지역에서 활동하는 부산정보기술협회(PIPA) 회장 직책으로 이사 위촉과 이사 자격으로 이사회 경영(2012년~2017년 엮임)이 가능했다.

특히 지역에서 정보통신기술 기반을 전반적으로 다 다루다보니 지역 벤처기업인들과 현장에 맞춤형으로 경영이 가능하게 지원 네트워크와 산학관이 협업이 가능한 영역에 많은 활동을 촉진한다.

부산정보산업진흥원은 밀레니엄 시대 출범할 당시 벤처 창업이 닷컴시대로 성장하고 있는 시기였다. 그렇다보니 지역에서는 닷컴의 업체들로 부산정보기술협회 설립과 벤처기업협회 부산지회로 이미 활동을 하고 있어 출연연 기관과 협력을 통해서 서로 성장할 수 있는 두 기관은 성장할 수 있는 계기가 되었다. 물론 설립의 단계에는 많이 미약했지만 현재는 많은 예산 확보와 위탁경영으로 성장하고 있다. 그러나 위탁경영이 많다보니 다소 방대한 조직으로 경영이 되고 있는 것으로 예상이 된다. 왜냐하면 출연기관도 계약직보다 정규직으로 채용으로 장기적으로 일하기를 원할 수 있기에 더욱 더 조직경영에 어려움이 있다고 볼 수 있다. 기업을 경영할 당시 벤처기업 혁신에 공로로 부산정보산업진흥원 원장(서태건) 상을 수상을 했었다. 물론 여러 동지 기업인들도 혁신은 대단하였고, 지역의 벤처기업들과 체육대회, 네트워크 등으로 함께하면서 동지애를 느낄 수 있었던 것은 큰 복이었다. 아직도 벤처경영의 보람을 흠뻑 느껴본 시절이 있어서 글을 쓰는 오늘날에도 눈가에 웃음이 맺히는 기쁨을 누린다.

하지만 기존의 벤처기업들은 정보화 시대를 거치면서 지능형 시대

로 혁신이 필요하다

우리의 동지들은 인터넷 시대를 즈음하여 정보화 사회를 대변했다. 현재는 정보화 사회를 거치면서 지능화사회를 맞이했다.

잘 아시다시피 정보화 사회에서는 정부나 기업에서 모든 산업화가 인터넷 중심으로 성장하고 있는 단계로 성장이 되었다면 현재는 모든 사물과 사람이 연결의 중심이 되는 사회로 발전하고 있는 추세이다.

아마도 모바일 시대가 도래하면서 더욱 연결의 편리성은 이용자의 편리성으로 연결되어 모든 데이터는 새로운 가치로 빅데이터 기술 분석이 가능한 시대를 맞이했다.

한동안 부산광역시 정보화위원(2012년~14년)으로 활동하면서 부산광역시에서 추진하는 정보화시티 및 정책 과정을 함께하면서 유비쿼터스 도시 실증사업을 성공적으로 마무리한 활동의 예이다. 이러한 정책은 스마트시티 실증사업 유치로 스마트한 시대의 정신으로 연결의 중심 사회에 필요한 발전하는 산업의 축이 되었다고 볼 수 있다.. 물론 긴 시간 벤처기업 경영에 함께 참여한 기업들이 오늘날 성공한 기업도 있고 실패한 기업들이 있어 가슴이 무거울 때가 많다. 기업을 지원하는 입장에서 보면 산업체에서는 겪는 평가가 엇갈리는 부분도 있을 수 있다. 그러나 분명한 것은 정보화도시, 지능화 도시는 수출을 할 수 있을 정도로 성공한 모델로 성장에 리드했다. 특히 동남아지역에 스마트시티 수출이 현재에도 진행되고 있는 것은 큰 보람이다.

국가나 지역에서도 창업의 축은 진행형이다. 그리고 축의 전환이 필요하다.

특히 지역에서 스타트업 시작으로 지역에서 정착하기가 힘들다는 이야기들이 많다. 이러한 부분에 산학관이 여유적인 시간이 허락을 한다면 각종 위원 활동을 추천하고 싶다. 왜냐하면 위원으로 활동을 촉진하면서 지역에 있는 창업지원 업무나 트렌드 학습에 도움이 될 수 도 있고, 지속적인 발전을 위해서 각종 위원 활동을 통해서 지역의 인재가 지역의 경제를 책임 경영으로 했으면 한다.

또한 각종 뉴딜의 정책에 참여하는 것도 좋을 것 같다. 하지만 유경험자 이야기에 의하면 활동이 가하여 사업을 경영하는데 지장이 많다는 이야기가 있으므로 유념하는 것도 좋다.

모바일 시대는 많은 변화를 주고 있다.

인터넷 시대가 오기 전에는 부산정보기술협회, 벤처기업협회 및 각종 협회 등의 구축으로 부족한 정보나 네트워크 위한 활동이 필요했다. 그리고 인터넷 시대를 맞이하면서 오프라인 영역과 온라인 영역을 통해 협회 및 기관들이 확장이 될 수 있었다.

오늘날 모바일 시대를 겪으면서 수시로 온라인 정책으로부터 정보를 쉽게 얻을 수가 있으므로 협회 및 기관의 정보 네트워크가 별 필요성이 떨어질 수 있다. 그래서 협회 활동이나 위원 활동도 너무 많은 사회적 활동보다는 꼭 필요한 위원 활동을 했으면 좋겠다.

어떻게 되었던 기업은 지속적인 이익 추구로 혁신이 가능해야 하기에 가급적 직접적인 업무의 지장이 없는 범위 내에서 자제하면서 본업에 충실 하는 것이 좋을 듯하다. 특히 김영란법이 존재하므로 업무적 보장과 지장이 없는 범위 내에서 사회 활동을 촉진하는 것도 좋을 방법이 될 수 있다.

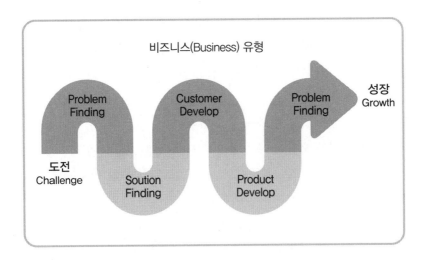

벤처기업의 정신 💡

    밀레니엄 시대에 부산정보산업진흥원이 설립되었다면 민간기업의 단체 부산정보기술협회(PIPA)는 지역에서 정보기술을 기반으로 하는 벤처기업의 주축으로 밀레니엄 전에 설립이 되었다. 그러다보니 전국적으로 벤처경영을 하고 있는 단체인 벤처기업협회의 지회 등록으로 협회 활동을 하게 된다.

    현재까지도 부산정보기술협회장(PIPA) 역임으로 벤처기업협회 부산지회 자격으로 이사 직책도 왕성하게 활동이 가능하다보니 전국적으로 벤처인 네트워크와 각종 산업의 현안 등에 활동이 가능하다. 특히 지역에서 벤처기업정신을 확산할 수 있는 기회의 시장이 될 수 있다. 그래서 지역에서도 닷컴의 열풍으로 성장도 뚜렷했다. 하지만 다소 아쉬운 있는 벤처성장 버블(거품)의 역사 과정이 있었던 시기로 전국적으로 활동하고 있는 벤처기업들도 융합의 정신이 부족한 시기로 혁신이 필요했다.

    지역에서도 통합의 새 시대를 열고자하는 열정이 새롭게 형성되어 통합의 정신에 있었다면 지역에서는 이시기에 유사한 벤처협회와 유사한 기능이 많이 만들어지는 과정으로 산업체들을 이끌어내고 있었던 시기이기도 했다.

지역에서 벤처기업으로 장기간 경영을 하면서 유사한 업체들과 긴 시간을 보람차게 살아냈지만 각자의 경영은 지역이라는 테두리는 늘 시장의 한계성으로 느낄 때가 많았다. 그러다보니 유사한 협회가 만들어지면서 조직은 이탈과 이해 합산에 따른 참여의 정책은 이동되기도 하였고, 통합적으로 이끌어 낼 수 있는 기업가 정신으로 지역에서 소외되는 정책이 없도록 할 정신에 리드하고 있었다.

출처의 자료에 의하면 전국적으로 현재에 활동하고 있는 벤처기업 협회의 역사는 파란만장하고 조기에 리드에 따른 오늘에 성장이 있었다.

초대회장(KOVA 故 이민화), 초대회장(KOIBA 김을재)을 시작으로 두 기능으로 벤처기업의 생태계를 위해 구축이 되었고, 두 기능의 활성화에 따른 기업들의 성장이 남다르게 성장이 되었다. 이러한 두 기능이 자리를 잡으면서 벤처기업의 활성화와 벤처기업의 성장으로 두 마리 토끼를 잡을 수 있는 기반을 마련했다. 그러나 빠른 벤처기업의 버블로 이어지면서 벤처기업은 통합의 길로 나갈 수밖에 없는 구조로 형성이 된다.

그래서 정부의 정책과 민간 두 조직의 기능을 통합하는 과정에서부터 공동대표(2008년 KOVA 백종진, KOIBA 서승모) 공동회장의 형태로 벤처협회 신경영이 시작되었다. 합병이 되기 전에는 코비바 소속으로 한·중 IT포럼에 참여하면서 중국 동북3성에 자주 방문한 기억이 많이 남는다.

필자가 부산광역시 벤처기업협회 지회장으로 활동할 때 중앙 기관의 벤처기업협회는 공동회장(2012년 황철주, 남민우) 기능으로 벤처기업협회의 새로운 혁신이 가능하였다.

그 전의 두 기능에서 역임(장흥순, 조현정, 구관영, 김성현, 고시연) 회장들의 많은 성과는 우리나라의 벤처산업으로 도약할 수 있는 새 희망을 담아냈다고 해도 과언은 아니다. 그리고 벤처기업을 떠나면서 소식으로 알게 된 벤처기업협회로 성장하고자하는 혁신의 회장단(2015년 정준. 2017년 안건준)은 새로운 통합의 정신으로 가고자하는 혁신들을 언론을 통해서 알 수가 있었다. 모두가 개인의 회사를 이끌어 내면서 봉사의 정신과 헌신으로 오늘날 새로운 벤처기업협회 위상과 시장을 만들 수 있었던 것도 기업가 정신으로 볼 수 있다.

모든 기능은 혁신이 거듭되어야 한다.
그래야 참여하고자 하는 정신이 통합의 협치가 가능할 수 있기 때문이다. 물론 모든 조직이 성장을 하면서 조직이 방대해지면서 조직과 경영에 대 만족으로 이끌어내지 못하는 부분이 많이 있기 때문에 더 혁신이 필요할 수 있다.
시대는 많이 변화를 주었다. 지금은 언제어디서나 정보습득과 네트워크가 용이하다보니 구태여 우리들 세대같이 유사한 산업체들의 조직들이 기능적으로 뭉치고 참여하지 않아도 크게 불편성이 없을 정도로 인식을 하는 산업체들이 많을 수 있다. 그리고 모든 조직은 조직속에 답이 있는 법이다보니 조직들 속에서 소통하는 리더십은 예전이나 지금이나 필요하다고 볼 수 있다. 다만 소통하고자 하는 정보통신 인프라 네트워크 환경이 좋아지는 만큼 유사한 산업체들과의 소통은 플랫폼을 통해서 할 수도 있다.

오프라인의 영역에서 배울 수 있었던 것은 벤처기업협회에 지회장으로 참여하면서 보람을 느껴본 일은 공동회장의 경영기법과 기업가 정신이다. 사실 각자 개인적으로 벤처기업을 성공적으로 경영해야하기에 본업이 바쁜 상태에서 선출된 임기를 성공적으로 마친다는 것은

그렇게 쉬운 일은 아니다 그래서 공동회장을 엮임 하는 기업가 정신을 발휘하였다

공동회장을 엮임 하면서 대한민국에 기업가 정신을 확산하고자 하는 정신은 오늘날에도 많은 후배 벤처기업인들에 모범적인 모델이 되고 있다. 특히 벤처 기업가 정신의 공헌은 벤처기업 역사에 새롭게 남을 것이다.

두 분의 기업가 정신 스토리를 정리해 보면 공동회장(각 20억 원 출자)은 민간 출자 영역으로 두 회장님이 선도적으로 참여하면서 중소벤처기업부와 함께 한국청년기업가 정신재단 설립을 할 수 있는 정신을 나눔으로 연결하게 했다. 이러한 기업가 정신은 오늘날까지 기업가 정신을 확산하고 있기에 더욱 값진 정신이다.

전국적으로 벤처기업의 참여로 벤처기업협회에서 활동하고 있는 회원사 참여는 벤처 1세대로서의 사회적 책임의 역할에 소임을 다한 모습에 행복을 함께 누리게 했다. 벤처기업은 오늘날 전국적으로 벤처기업인증을 통한 가입(2018년 36,065개사)이 왕성하게 활동하고 있고 주요 기업들을 경영을 지원하는데 주안점이 있지만 각자 회사에서 추구하는 기업가 정신에 참여가 가능하고 공헌할 수 있는 정신을 확산하고자한 경영은 벤처기업사의 위상을 높이는 계기도 되었다고 볼 수 있다.

그리고 회원사들의 혁신은 있어 더욱 돋보인다. 협회의 조사 자료에 의하면 벤처 회사들의 총 매출 액(191조 원 정도)으로 전반적인 국가 경영에 많은 포지션이 차지하기에 정부의 정책들은 벤처기업의 정신으로 함께하고자 하는 정신을 이끌어내는 책무로 이번 정부 중소벤처기업부로 승격을 했다. 또한 이들의 평균매출(5,321백만 원)은 다소 성장의 기준으로 조사가 되었으나 매출 빈부격차가 심하다고 볼 수 있기에 더욱더 맞춤형이 있는 지원 정책이 필요하다. 특히 민간 분야이지

만 협회의 회장단에서는 정부와 함께하면서 많은 정책들을 현장으로 투입이 가능한 혁신이 가능하게 지원을 늘려나갔으면 한다.

벤처기업협회의 빈부격차는 창업자 지분율 하고 관계가 있는지도 모른다.
벤처기업협회 조사에 따르면
* 창업자 지분(49.1% 지분율)
* 일반 임직원(27.7%)
* 가족(11.8%), 투자자(7.5%), 벤처캐피탈(2.5%), 엔젤 및 액셀러레이터 (1.4%) 순임으로 조사가 되었다는 자료이다.
벤처기업의 빈부격차는 어쩜 외부 자금유치로 투자자나 투자기관으로부터 지분율이 높을 때 자본경제 해소로 빈부격차를 줄일 수 있다. 물론 빈부격차를 줄이고자하는 방안이 될 것으로 예측을 해보지만 무엇보다도 조직원의 역할도 매우 중요한 활동으로 볼 수 있다.
그나마 조사를 통해서 가족 지분율이 낮게 조사된 부분은 다행이다. 벤처기업의 경영에 전문가 경영으로 참여가 진행되었고 전문가 영역이 있는 것으로 예측이 되었기 때문에 조직경영의 빈부격차를 줄일 수 있는 것 같기에 다행이다는 생각이 든다.
그리고 벤처기업의 경영기업들의 매출처 분석을 보면 대다수가 B2B(72.4%)이다. 그 다음으로 B2C(12.5%), B2G(9.0%), 해외(6.2%) 순임으로 조사가 되었다. 통계적인 조사에서도 볼 수 있듯이 벤처기업은 아직 갈 길이 멀고, 할 일이 많은 것을 느낄 수 있다. 10% 이내에 있는 해외 매출처가 최저 순이지만 도전할 수 있는 시장이기 때문이다.
기존의 대기업의 인프라 및 코트라 협력에 따른 글로벌 시장에 투자유치 기능과 벤처기업들의 솔루션이 국경 없는 시장에서 거래가 왕성하게 할 수 있게 협력 프로그램을 늘려 나가는 방법이 있을 수 있다. 또한 지속성이 가능한 지원 정책을 지원하고 해외 문화 및 글로벌경영 기법도 동시에 학습이 필요한 영역이다.

긴 창업으로 성공하기 위해서는 무엇이 필요할까.
시장에서 요구하는 사항의 영역으로 벤처기업이 출범을 시작으로 기업가 정신의 학습도 필요하지만 무엇보다 조기교육이 더 필요한 영역이다. 지금까지 현장에서 느낄 수 있었던 것은 대다수의 기업 활동에 조기에 기업가 정신은 미비한 상태로 조사가 되었다.
창업을 시작으로 대다수가 중소기업이나 벤처기업 형태로 진화가 되고 있기에 더욱 시장에 필요한 조기에 기업가 정신 교육 학습으로 취업이나 창업으로 진행할 수 있는 기초적인 정신으로 확장성이 가능한 능력을 가질 수 있도록 했으면 한다.
현재의 기업가 정신 참여는 대다수 일반적인 학습 활동을 통해서 벤처기업가 특강을 통해서 학습을 접할 수 있는 부분들이 대다수이다. 그러하기에 기업가 정신의 부족으로 기업의 이해도가 떨어져 취업으로 연결이 미비한다든지 조기에 학습으로 창업으로 연결이 매우 부족한 부분 등에 해결할 수 있을 것이다. 그래서 가능한 조기에 기업가 정신 교육이 필요하다고 보는 것이다.

나 역시도 외부 특강 요청으로 특강에 참여해 본다. 하지만 특강형태는 단시간에 많은 것을 담아보려고 하니 성공했던 경험 범주로 하게 된다. 또는 실패했던 경험만 들려주는 강의보다는 성공했던 경험으로 해 달라는 요청이 대다수로 실제 강의를 듣는 자 입장에서는 만족을 하는지 모호할 때가 많다.
이러한 강의를 시작으로 벤처기업의 확산을 위해서 기업가 정신이 현장에 꼭 필요하다는 것을 적실히 느끼게 되는 계기가 되었다. 그러다보니 잘 하고 있는 벤처기업의 경영을 떠나게 된 동기가 되었던 것 같다.

그리고 벤처기업 경영을 떠나기 전에 겸임교수라는 직책(동명대학교 경영정보학과)으로 전공 교과목에 강의에 참여하다가 자리를 옮기면서 전임교원으로 임용(동의대학교 멀티미디어공학과)이 되어 현재는 대학에서 소프트웨어 전공 교과목으로 강의를 하고 있다. 그러나 현 시장의 교육은 코로나19로 인해 녹녹하지 않은 비대면 교육으로 만남이 지속되고 있다.

빠른 시일 내 극복으로 대면교육과 비대면 시장으로 강의 시간를 통해서 학생들 속에서 느낄 수 있는 시간이 많았으면 한다. 그러나 학습의 과정이 마치게 되면 창업보다도 취업의 선호로 대다수가 공무원과 대기업 선호는 여러 문제점이 많은 것으로 보인다.

벤처기업을 경영했던 경험으로 볼 때 졸업 전이나 후에 사회 진입은 충분한 기회의 시장이 가능하다고 생각이 든다. 그래서 진정한 벤처기업으로 성장하고 있는 벤처기업에 어쩔 수 없이 취업을 하는 것이 아니라 개인 단위 또는 팀 단위로 조기에 취업연계 프로그램에 참여할 수 있는 교육과정을 확대하는 것이 좋은 방법이 될 수 있다.

물론 이러한 교육과정이 접점을 많이 이루다보니 현장에서 느낄 수 있는 학습과정이 상당한 시간동안 산업체들과 시간을 가질 수 있는 장점도 있지만, 단점들이 많이 있기에 서로의 사회적 관리는 필수 사항으로 진행되어야 할 것이다. 또한 이러한 교육환경의 괴리를 줄일 수 있는 방법은 조기에 연구를 통해서 문제의 해결이 가능해야 한다. 또한 교육을 통해서 학습이 된 가치들은 세세하게 분석하고 정부의 교육정책과 벤처의 기업가 정신 함양으로 선행되었으면 하는 욕심을 내어 본다.

이미 우리나라는 창업국가로 성장의 발전을 이끌어 낸 위대한 민족이다 이러한 정신을 벤처기업 성장으로 이미 검증이 되었다. 성장이 가능한 창업국가로 전략적 정책이 사회적 확산으로 대 전환될 필요성이 있는 시점이다. 또한 조기교육의 기본기가 충분한 학습 지도로 사회에 필요한 인재는 창업가 정신과 참여하는 구성원이 시장에 꼭 필요하다는 것을 알 수 있다.

그리고 창업국가의 성장전략은 기존의 정부 정책지원금 의존도(65%)와 매출 액 대비 이익률(대기업 7.2%, 4.0%)기반 혁신이 더 필요하다 혁신은 공정한 사회로 성장이 가능한 정책으로 전문성이 높은 혁신의 정책으로 전환될 필요성이 있다.

그 전문가 그룹에는 벤처기업으로 성공과 실패의 정신과 뉴 지식의 트렌드 등이 정책에 반영될 필요성이 있다. 물론 학계에서 깊이 있는 연구와 관련 교과목을 늘릴 수 있는 전문학자의 참여정신이 확산되는 정책도 매우 필요하다.

사회적 가치로 연결이 가능한 학습목표에 따른 가치연결이 매우 필요하다 누구나 경험을 했겠지만 벤처기업 선배로서 후배 벤처기업을 만나는 정책에 참여해 보면 대다수가 정부 정책자금 유치에 따른 창업으로 시작하는 것으로 조사되고 활동하고 있는 것을 볼 수 있다.

그러다보니 절박하고, 진정성에 의한 창업보다는 어떻게 하면 정부 정책을 더 활용이 가능한지에 기대 수에 따른 창업으로 이어지는 경우가 많다. 그러다보니 벤처기업의 본질의 도전정신이 문제점으로 부각되는 경우가 허다하다.

어디 그뿐인가! 정부의 정책유치에 존비가 활동하는 계기로 각종 부작용에 따른 벤처기업의 정신을 흐트러지게 하는 활동이 발생하는 것 같아 마음이 무거울 때가 많다.

벤처기업은 말 그대로 무한대 도전정신이다.

그 정신에는 실패하는 것에 대한 용인하는 사회로 발전을 해야 하고 용인하는 사회로 만들어가는 정책은 더 진화가 되어야한다. 그 과정에는 학습을 통한 벤처기업의 도전이 우선시 되어야하고 그 벤처정신은 가급적 글로벌 시장에 대한 도전정신이 확산될 수 있는 정책을 많이 만들고 지원할 필요성이 있다.

또한 그 정신에는 기존의 정부정책이나 대기업 정책들을 활용한 진입시장도 중요하지만 대기업이 세계적으로 분포되어 있는 인프라 및 800만 해외 동포 네트워크 활용으로 확장하는 것도 매우 필요한 정책이다. 물론 펜데믹으로 비대면 정책과 뉴딜정책으로 위기대응도 중요하겠다.

새로운 벤처기업들의 기회의 시장에는 틀림없는 것 같다.

＊코로나19 관련 업종이나

＊집에 있는 시간이 늘어나면서 관련 업종이나

＊비대면 애듀테크 등은 분명히 우리 모두 벤처기업 정신으로 도전할 수 있는 시장이다.

특히 비대면 관련 기업이나 산업이 발전하는 모습은 기존의 대면의 시장의 축을 전환 할 수 있는 비대면의 시장에 주인공이 되어보면 어떨까?

정부에서도 정책을 입안하면서 지원을 늘리고 있다.

이번 정책은 지역적으로 고려하여 정책을 수립하고 지원하는 경우가 많다. 그 예로 1차 협의 대상 규제자유특구 계획의 내용으로 이해할 수 있다.

먼저 정부에서 추진한 정부정책 발표 자료는

＊충북(스마트안전제어), 세종(자율주행실증)

* 전북(홀로그램), 전남(e-모빌리티)
* 강원(디지털헬스케어), 경북(차세대 배터리 리사이클)
* 대구(IoT웰니스), 울산(수소산업), 부산(블록체인) 순으로 정책을 수립하고 지방정부가 매칭하고 관리할 수 있게 정책이 수립 되었다.

이러한 정책에는 기업들이 공정한 평가를 통해 참여하면서 정책을 시장으로부터 성공적으로 성과와 성장의 동력으로 확장성이 가능하게 경영이 된다. 또한 신규로 추진하는 정책들은 대기업 & 중소 벤처기업들에 기회의 시장으로 참여가 가능하게 된다.

물론 지역기업을 고려하여 관련 분야 업체와 산업으로 활동을 촉진하는 것은 좋을 진인의 사례가 될 수 있다.

필자도 벤처경영을 하면서 그 당시 추진했던 '정부839정책'으로 지역의 업체로 활동에 참여하면서 각종 산업을 추진했던 뉴딜정책은 많은 기회의 성장 시장이 되었다.

출처 : 월간 리더스경제

엑시트EXIT 탈출구 💡

창업을 시작으로 엑시트 출구도 필요하다.

먼저 창업은 개인 창업이 있고, 주로 많이 사용하는 주식회사가 있다. 다른 방식으로 협동조합, 유한회사 등으로 창업을 진행하지만 여기에서는 엑시트 출구가 많이 진행되고 있는 주식회사를 기반으로 이야기해 해 본다.

자료출처 벤처기업협회 통계 조사에 따르면 주식회사의 주요 지분은

* 창업자 지분(49.1% 지분율), 일반 임직원(27.7%)

* 가족(11.8%), 투자자(7.5%), 벤처캐피탈(2.5%)

* 엔젤 및 액셀러레이터(1.4%) 순임으로 조사된 자료를 접할 수 있다. 이 자료는 2018년에 연구해서 조사한 내용을 공개한 자료이다.

자료에서도 알 수 있듯이 주식회사 주주의 구성은 엑시트(EXIT) 탈출구와 긴 경영에 대한 보상으로부터 출구할 수 있는 행동이 될 수 있다. 또한 여러 상황들이 발생하는 원인이 되기도 하고 주주의 분쟁과 도움이 되기도 한다.

그리고 주식회사로 벤처경영을 하다보면 주주의 구성도가 회사에

미치는 영향이 매우 크지만 주주의 활동이 회사에 미치는 영향이 여러 환경으로 발생하기도 한다. 그러다보니 초기에는 외부 전문가나 임직원 구성보다는 가족으로 참여시키는 경우가 허다하다 나 역시도 지난 경영에 그렇게 한 부분이 늘 후회의 시간이 찾아들 때가 많아 후배들에게는 그렇게 경영을 하지 않을 수 있도록 경험의 사례를 중심으로 기업가 정신을 들려주곤 한다.

주주의 구성은 어떠한가에 떠나서 엑시트(EXIT) 탈출구는 벤처기업의 꽃이다.

한동안 꽃의 직업으로 각광받았던 한 예로 금융직업의 은행원으로 동시에 입사를 한 예를 들어보자 동시에 입사를 해서 임원이 되기까지 노력은 임원의 꽃이 도기까지 엄청난 성과와 운이 따라야 한다. 그러다보니 직업으로 활동은 여러 경쟁구도 속에서 어떻게 하면 주주가치를 높여야하는지 어떻게 하면 주주나 임원과 함께 경영을 잘 해야하는지 등의 경쟁 속에서 살아남으면서 임원이 되기도 하고 되지 못하는 길을 걷게 된다.

이렇게 해서 임원이 되면 경영에 참여하는 기회 등으로 여러 엑시트 출구 전략과 행동으로 다양성 채널을 통해서 다양성을 보여줄 수 있다.

현재의 엑시트 시장은 어떠한가!

우리 세대보다 지금은 엑시트(EXIT) 탈출구가 더 다양한 창구가 있는 것은 사실이다. 그런데 실제 기업들이 성과나 탈출구의 현실로 느끼는 시장은 그때나 지금이나 미약한 것은 마찬가지이다. 앞에서 한 예로 했던 금융권의 혁신으로 더 다양한 은행권역의 업무가 다양했을 때 기존의 기업이나 벤처기업에서 참여할 수 있는 기회가 많을 것이다.

그리고 가장 먼저 선행해야할 벤처기업의 정책이 어떻게 보면 엑시트 탈출구로 돈을 벌었다는 이야기들로 창업을 촉진하는 것도 창업으로 잘 살 수 있다는 긍정적인 생태계를 만들 수 있다.

또한 우선시 되어야할 부분은 벤처기업들의 무형자산(지식재산권)에 대한 금융권으로부터 가치 시장이 다양하게 참여가 가능했을 때 엑시트 할 수 있는 시장이 더 다양하게 성장을 촉진 할 수 있다는 것이다. 그렇게 하므로 금융권과 기업들의 유연성으로 국제사회로부터 차별화가 가능할 것이다.

그리고 현 트렌드의 방식이 된 직접 예비, 벤처기업에서 연구개발하는 제품서비스 구조에서 대학, 연구원 등에서 우선 연구된 지식재산권으로 개발된 다양한 기술들에 융합의 가치를 만들어 가는 과정이 필요하다. 즉 기업들의 현 가치평가에 따른 엑시트에 따른 창업 생태계는 확장성으로 연결이 가능하고 더 나은 창업의 생태계를 만들 수 있다. 특히 이러한 과정이 확산되기 위한 기술이전, 기술사업화 등으로 성과가 도출이 된다면 벤처기업들이 바로 고객이 되어 원하는 제품서비스의 상용화 시장으로 확장성이 가능하기 때문이다.

필자도 벤처경영을 하면서 정부 839정책으로부터 참여로 새로운 제품서비스로 시장을 확장해보았지만 긴 시간동안 중소벤처기업에서 직접 개발에 참여한 부분의 치중은 시간과 비용에 비해 그렇게 큰 도움이 되지못하였다.

지난 시간들을 돌이켜보면 만족의 시간보다 다소 후회의 시간이 더 크지 않을까 많은 생각을 해보면서 연구를 하고 싶은 분야이다. 그래서 산학연관 회의가 있을 때마다 기술이전과 기술 사업화에 더 많은 이야기들로 예산확보에 따른 중소벤처기업을 지원해야한다고 목청을 높여보기도 한다.

또한 심각한 이야기도 될 수 있다. 아마도 언론을 통해서 많이 접한 내용이겠지만 어느 나라에서도 찾아볼 수 없는 정부의 매년 예산 확보로 연구비용 예산과 창업의 지원은 다른 나라에서 부러워할 정도로 지속적이고 지원이 많은 만큼 성과가 미비하다는 소문은 자자하다. 그러나 현장에 느껴본 시장은 정부의 예산확보와 투자지원이 투입되는 만큼 시장은 실제적인 창업의 성과는 우수하다. 하지만 성공하는 기반이 되는 것은 더 연구하고 지원하는 것이 바람직할 수 있다. 그래서인지 투자대비 기업성장의 상용화 성과는 세계에서도 하위권에 머물고 있는 것은 이미 다 아는 사실이다.

그럼 어디부터 어떻게 구조적인 문제점을 해결해야 할까?
우선 예산대비 시장의 성장을 위해서는 대대적인 대안이 있는 혁신이 없이는 불과할 정도로 창업의 생태계는 상용화로 이어지지 않은 문제점에 깊이 물들어 있다. 특히 예비, 스타트업으로부터 창업 시작의 문제점과 대학, 연구원 등으로부터 연구한 내용물 관리이다.
예비, 스타트업들이 직접 상상하는 가치에 기존 연구된 결과물에 기술이전을 할 수 있는 뉴딜의 정책과 지원 프로세스가 확장되어야한다. 특히 대학, 연구원 등의 성과 문제점이 없는지 되돌아보는 현실과 현 연구 생태계가 시장으로부터 무엇이 필요할 것인지 보완이 되는 과정이 더 연구대상물이 되었으면 한다. 그리고 예비, 스타트업들의 도전하는 창업 생태계에도 기술이전을 모르기도 하고, 기술이전을 통한 많은 문제점이 있기에 시장에 소외 된다는 것들로부터 해결해야 할 문제점을 찾아 해결하는 학습이다. 즉 산학연관 변화된 융합의 정신으로 기존의 기술개발 및 연구의 문제점을 해결하면서 문제를 해결하기 위한 지원과 지원을 받을 수 있는 생태계로 확장해야 할 두 기관의 문제점을 해결해 나갔으면 한다.

벤처기업 경영을 두 번 실행하면서 사회로부터 혜택을 많이 받았다. 정보통신 정책으로 정부의 839정책으로부터 사업의 확장성을 실행해 보았고, 지식 서비스산업 참여로부터 새로운 도전하는 시장은 정부의 성장정책에 의한 매출 증대로 성장을 견인했다. 사실 자랑 같지만 처음의 창업은 서울올림픽으로 간접적 혜택을 보았고, 두 번째 벤처기업 창업은 닷컴 몰입정책으로 정보통신 경영으로 혜택을 받았다. 그래서 운이 좋게도 어려움보다는 하는 사업들은 하고자 하는 제품서비스로 성장하는데 더 행복이 많았던 것 같다.

더 행복이 많았던 것은 기업을 경영을 하다보면 잉여금 대비 투자에 따른 자체 연구를 하게 된다. 기업을 하는 동안 기업부설연구소 운영으로 새로운 시장이 개척될 때마다 기존의 회사에 업종이 추가되면서 조직원이 늘어나는 구조에 행복을 담았던 것 같다. 그래서 회사는 새로운 조직원들이 구축이 되면서 성장을 견인하기도 하고, 구성원들의 고정비용 지출이 늘어나다보니 비용대비 수익성이 떨어져 조직원에 부여하는 복지제도 운영은 부족했다고 여겨진다. 물론 일부 유사한 벤처기업들의 한 대안이 되는지 각자 다른 회사 설립이나 조인트 벤처 구조로 신규회사 설립 운영하는 경우가 많았으며 자회사, 손자회사 개념설계로 운영하는 형태로 많았다.

기업은 나이를 먹는다. 기존의 제품서비스 방식에서 한계를 드려내면서 앞서는 혁신이 없이는 불가할 정도로 혁신이 필요하게 된다. 그래서 기업을 경영하는 동안 자체 기업부설연구소 설립으로 새로운 시장이 개척될 때마다 각오는 남달랐던 것 같다. 경영하는 회사에서 연구를 통해 혁신을 할 때마다 상호 변경에 따른 혁신의 정신이 공유 되었다. 부끄럽게도 회사에서는 상호변경(불스정보통신, 불스브로드밴드)으로 혁신의 과정을 담아나가는 신 경영으로 혁신을 이끌었던 기억이 선명하다. 구성원들은 새로운 명칭 속에 직책이 변경되기도 하고 설레는 가치성과를 위한 경영에 함께했다. 그러다보니 장점도 많이 있었지만 단점도 같이 존재했던 것 같다.

긴 경영을 하는 동안 장점으로는 기업의 성장 확장성에 도움이 되었으며, 엑시트 탈출구 전략으로 문제해결의 방식을 선택할 수 있는 분할합병으로 위기를 기회의 시장으로 만들 수 있는 장점이 있었다. 가령 회사에서는 아무리 노력을 해서 제품서비스가 시장으로부터 지속적으로 성과가 지속적으로 만들고 싶어도 시장은 그렇게 녹녹하지 않다.

그래서 가장 먼저 회사에서 구조조정 차원에서 분할합병을 생각하게 된다. 동기는 기존의 조직이 비대해 지면서 갖는 경영자의 리드의 한계와 자질부족의 탓으로 탈출구를 찾았다.

지난 일이지만 인수합병 뉴딜의 정책이 좋았다. 처음으로 조직의 슬림화 해결을 위해서 분할합병을 시도한 전기업종 분할은 성공적으로 업종이 이양이 되었다.

잘 알고 있겠지만 기업을 경영을 하다보면 구성원이 늘어나며 부실의 강도를 느낄 수 없을 정도로 기업의 성장 경영에 빠지는 특성이 있다. 그러다보니 구성원들과의 소통과 관리가 미흡 하여 부실경영으로 내몰기도 한다.

IT업종의 특성상 근무의 시간 환경이 매끄럽지 못하면서 구성원이 100명 가까이 늘다보니 조직경영에 어려움을 겪게 되었다. 그래서 몇 년이 지날 무렵 두 번째 분할 할 IT서비스업도 성공적으로 분할합병이 되었지만 매월 매출 비중이 높고, 본 회사의 초석이 된 부분의 매각으로 후회를 가장 많이 했던 인수합병 뉴딜의 정책이 된 부분이다 그러다보니 경영자의 판단이 얼마나 중요한지를 뼈저리게 느낀 본 시간 이었다.

두 번을 뉴딜의 정책으로 분할합병을 진행하면서 경영하니까 외부나 내부에서도 경영을 포기하고 경영에서 멀어지는 것들에 많은 이야기들이 들려왔다. 이러한 표석이 되었는지 나도 모르게 마지막으로 분할 할 네트워크 업무까지도 뉴딜의 정책으로 분할합병이 진행 되면서 긴 벤처기업의 경영에서 물러나게 되는 계기로 엑시트가 끝이 났다. 지난 일이지만 만약에 한 곳에 담아서 벤처기업의 경영을 하지 않았다면 현재에도 경영을 하고 있을지 모르겠다. 특히 여러 벤처기업을 경영하면서 때로는 리스크 관리를 하면서 경영을 하고 있지 않을까 생각을 해 본다.

하지만 기업의 매각은 기업의 꽃이 라고 했다.

기업을 경영하면서 소문 없이 인수합병은 어렵다. 그래서 아직까지는 인수합병이 회사의 가치를 평가받고 소정의 비용을 받으면서 진행한 부분이 미비하다. 왜냐하면 분할합병과 턴키합병이 가능한 시기에 회사 실사나 소문 등으로 나쁜 사례로 인식이 되는 경우가 많기 때문이다 이스라엘, 미국 같은 나라에서는 엑시트 자체가 매우 자연스러운 문화로 인식이 되고, 빠른 시일 내 엑시트 할 수 있는 부분에 존경의 대상이 되고 있다. 비롯해 턴키합병으로 성공적으로 이끌어내지는 못했지만 주주의 가치의 실현은 가능했다.

아무리 기업의 꽃이라고 하는 분할합병을 하던 턴키합병을 하던 회사를 경영하는 입장에서 주주나 구성원들의 합의는 최우선시 되어야 하는 의무를 가진다. 왜냐하면 기존 분할과 합병할 업종에 구성원들이 포함되어 있기 때문이고 때로는 분할, 합병에 따른 이동이 발생하기 때문에 더욱 신경을 써야할 부분이다. 또한 대부분 조직원의 구성원은 가족을 꾸리고 있기 때문이고, 가령 이전에 따른 새로운 회사에서 새로운 식구로 스마트한 환경으로 만족을 해야 하는 기반이 되어야 되기 때문일 것이다.

　어찌 보면 경영자로써 판단과 경영의 시간이 상당히 어려운 일이기도 하다. 그러나 산업의 활성화를 위하고, 벤처기업의 꽃이 라고 하는 분할, 합병의 시장은 더욱 활성화 되어야 할 부분이다. 그래야 창업국가로 갈수가 있다. 이미 선진국 사례처럼 어느 정도 기업이 성장하면 기업의 가치를 평가받고, 조기에 매각으로 성과에 만족하는 시장으로 만들어 나가는 과정이 매우 필요하다. 또한 인수합병으로 불타오르는 시장으로 창업의 생태계가 활성화 될 수 있기 때문이다. 그러나 현재 우리나라는 회사의 가치를 평가를 받고 거래되는 기업이 매우 한정적이고 미비한 실적이다.

　필자가 주장하는 창업국가로 가기 위해서는 더 혁신이 필요하다. 기존의 산업화 육성과 활성화 하는 입장에서는 기회의 시장을 만들 수 있다. 또한 기업을 지원하는 입장에서도 산업의 산업 간에 인수합병으로 더 큰 시장을 만들 수 있기에 반드시 필요한 시장에는 틀림없다. 그 동안 사례를 중심으로 보면 일반적으로 벤처기업 경영의 성장과정의 사례는 턴키합병이 대다수이다. 턴키합병과 분할합병은 인수를 하는 입장이나 인수를 당하는 입장에서 본인들이 직접 관여하기보다는 전문가에 의한 인수합병(M&A) 시장이 활성화 되어있다. 하지만 인수합병을 위한 펀드나 전문가 활동이 많이 부족 하는데 투자를 늘려야 한다.

　또한 현재의 시장자체도 아름아름 인적 네트워크 환경으로 인수합병(M&A) 시장이 진행되고 있는 형태이다. 그러다보니 인수합병(M&A) 시장은 적은 시장일 수밖에 없는 현실에 만족해야 한다. 이러한 시장에 우리가 이미 다 아는 사실이지만 반드시 해결해야할 문제점이다.

　산업의 성장에 인수합병(M&A) 시장이 적다는 것은 서로의 필요한 시장에서 지원정책이나 뉴딜의 정책으로 비례 한다는 것을 알 수 있다. 서로 합병이 되는 산업체의 공개 뉴딜 활동이 미비한 부분도 한 몫을 한다. 이러한 시장이 활성화 되려면 먼저 산업체의 인식과 전문가의 학습을 통해 거래할 수 있는 '기술거래시장' 을 만들어 주어야 한다.

산업체들이 기술을 평가받고, 기술거래를 하기 위해서는

* 기술도입, 이전하고자하는 자 참여정신
* 매매, 교환, 증여 등에 대한 전문가 참여
* 기술양수도, 라인션스, 노하우 실시권 계약 등에 대한 활동이 선행 되어야 한다.

특히 거래할 펀드자금을 지원하는 정부의 정책은 활성화 축이 된다. 아무리 산업체끼리 사고팔고 싶어도 거래시장과 인수합병(M&A) 시장에 투자지원과 거래장터가 부족하다면 축으로 인한 촉진할 필요성에 한계가 있을 수 있다. 물론 민간 차원에서 기업에서 거래할 수 있는 인수합병(M&A) 참여하는 기업가 정신이 무엇보다 중요하고, 긍정적인 사고로 공개시장에 참여하는 것도 매우 필요하다고 볼 수 있다. 이미 창업문화가 개방적이고 활성화 되는 미국이나 이스라엘 국가에서는 민간이 참여하는 인수합병(M&A) 시장은 매우 활성화 되어 있는 추세이다 보니 스타트업 활성화도 동시에 성장하는 시장이 활성화되고 있는 실증이다. 이러한 사례를 중심으로 창업, 축의 전환이 필요하다.

긴 벤처 창업이 중요할 수도 있다.

그러나 긴 창업으로 갈수만 있다면 한없이 좋겠지만, 시장으로부터 실패하기 전에 성공하고 있는 회사로부터 인수합병이 될 수 있는 것도 좋은 사례가 될 수 있을 것이다. 누구나 긴 경영 시간으로 실패의 경험보다는 성공하는 긴 기업으로 바라는 사항이지만, 누구나 겪을 수 있는 벤처 경영은 일명 죽음의 계곡이라고 하는 문턱에서 실패의 경험을 겪을 수 있기 때문에 인수합병 시장은 반드시 필요하고, 활성화 되어야한다.

긴 창업은 그만큼 힘이 들면서 누구나 성공한 벤처기업으로 남아 있기를 희망하는 시장으로 투자를 늘리고, 연구를 하고 있다. 그렇다고 모두가 다 남을 수 없는 시장이다. 때론 실패를 경험을 통해서 재창업으로 긴 창업으로 남아도 된다. 꼭 성공했다고 할 수 있는 창업의 길을 걷는 것보다는 실패를 경험했더라도 재도전 활동이 더 필요하고 값진 사례이다.

일반적으로 실패의 원인을 분석해 하고 재도전하는 형태를 보면 긴 창업으로 펼치다 위험한 시장에 처하면 모두 경영자 몫으로 남아 있다는 것이 현재로서는 부담스러운 시장에는 틀림없는 원인이 된다.

또한 지난 일이지만 지역에서 긴 창업을 했기에 인수합병이 미비했던 시장도 한 원인으로 보며 분석해 보면 경영자 판단이 부족한 원인이 대체로 많다.

더 이해를 돕기 위해서 필자의 경영의 실패 경험의 원인은

＊첫 번째로는 밀레니엄 시대에 벤처 바람을 태우지 못한 부분이다.

＊두 번째로 전문가 경영의 참여가 미비했다는 것이다.

＊세 번째로는 자회사, 손자 회사 같은 구조로 회사의 가치를 높일 수 있는 경영으로 시도해 봤어야 했다.

다시 내용을 정리해 보면 투자유치 활동으로 남들과 같은 주식공개와 투자 환경에서 뉴딜의 정책을 과감이 펼치지 못한 부분의 실패 경영이다. 즉 하고 있는 기존의 회사에서 주주로 경영자로 만족했다는 것 자체가 바로 실패의 정책이다. 또한 전문가 경영의 참여가 미비했다는 것이다 즉 내보다 더 똑똑한 인재를 육성해야 했고 스카우트 했어야 했다. 조직의 경영에는 전문가 모시기로 스톡옵션 등을 최대로

활용했어야 했다.

마지막으로는 전문가 경영으로 자회사, 손자 회사 같은 구조로 회사의 가치를 높일 수 있는 경영으로 시도해 봤어야 했다. 그리고 지역의 환경에서부터 만족으로 타 시장의 선점이 부족했다. 주요 거래처가 대기업(B2B) 중심에 있었는데도 공공의 사업화(G2B)에 영역에서 미비했던 부분이다. 어디 그뿐인가 글로벌 제품서비스로 소프트화 시장으로 이끌어 내지 못한 부분은 내내 머릿속에 아쉬움이 있는 실패의 경영이다.

그래도 벤처경영에는 후회는 없다.

이미 초고령화 사회 진입으로 긴 인생의 길을 살아 내다보면 후회하는 날들이 수없이 많을 수 있다. 하지만 평소 어려운 환경 속에서 내가 좋아하던 일을 시작을 했기 때문에 벤처기업 경영에 대해서는 후회가 없다. 그러나 경영을 떠난 후 다른 후회의 시간이 남는 것은 너무 경영하는 회사에 안주하며 외부 투자자로부터 투자유치가 부족했던 아니 흑자경영으로 투자유치가 불필요한 인식에 따른 경영에는 후회가 남아 있다.

그래도 사회는 부족한 나라는 존재를 경영인으로 각인되게 해 주었고, 학습을 통해 회사의 경영이 성공적으로 가능하게 혜택을 주었다. 그래서 여러 경영으로 성장기를 넘기면서 더 늦기 전에 사회로부터 혜택을 받은 것을 시간이 허락하는 범위 내에서 혜택을 나누고 싶었다. 왜냐하면 사회로부터 혜택 받은 것도 있겠지만 정보통신 전공의 흐르는 기술과 경영이 너무 빠르게 세계화로 흘러가고 있었기에 서둘러 다른 사회인으로 살고 싶은 욕심이 생겼다.

그러다보니 엑시트 과정에 기존의 구성원 삶으로부터 소통하는 관계성의 정리로 이끌어 내는 것에는 분명히 부족했을 것이다. 늦은 감이 있지만 혹여나 경영을 하는 동안 함께 했던 구성원에는 서면으로 나마 부족한 부분이 있다면 '미안하다' 는 글로 그리고 각자가 사회에서 살아가고 있는 삶이 희망적인 사회로 성장할 수 있기를 기도하고 싶다.

이미 강산이 바뀔 무렵 글을 쓰면서도 나라는 존재를 되돌아보는 기회가 되어서 다행이다. 이 시간이 지나고 또 함께했던 많은 시간들에 행복도 잠시 떠 올려 본다.

어느 가을날 전 구성원이 '가족의 나들이' 이름으로 워크숍을 떠났던 기억이 가장 많이 스쳐지나 가지만 경영인으로 별수 없는 할일을 했다고 생각을 하니 더욱 미안함이 몰려온다. 아마도 함께 했던 구성원들도 가을날이 오면 가끔 떠오르는 추억이 되었으면 하는 희망으로 도전했던 벤처 기업가 정신으로 애써 마음을 달래 본다.

참 그 가을이 아름다웠다.

어느 가을이 주는 계절에 아름다운 강산에 찾으면서 보통사람이 쓰는 글이 오색으로 옷을 입고 나불대는 잎사귀처럼 가을을 마셔봤다. 함께했던 가을날 마치 시인이 글을 접하는 글처럼 누군가에는 마음의 씨앗이 되었으면 하고 인사말을 적어 갔던 기억이 선명하다. '임직원 여러분! 자연 속에 나불대는 이 좋은 가을날 여러분들과 함께하는 시간만큼은 행복을 만드는 시간으로 시인이 되었으면 하는 희망을 담아 본다'고 인사말을 한 것 같다.

혹여 글을 쓰기 전에 치유하는 마음의 씨앗들은 여러 어려운 환경 속에서도 파란 잎이 돋아 무럭무럭 자랄 수 있는 자연처럼 우리 회사도 더 건강했으면 한다고 쓰고 싶었다.

늦가을의 나들이는 한마음의 씨앗으로부터 세상 밖으로 빛을 보지 못하는 경우가 있더라도 오늘만은 한마음의 씨앗이 되어 모두가 한마음이 되는 시간으로 함께했던 시간이었다. 그리고 치유의 시간을 지나 다시 회사는 전 조직원들이 뉴딜의 축으로 성장으로 진행하고 더 건강한 회사로 희망을 담고 있었다. 그리고 창업은 글을 통해서 마음의 씨앗으로 잉태하는 것도 중요하지만, 준비된 창업가 정신으로 뉴딜(New Deal)의 정책과 보다 안전한 삶으로 보다 나은 삶으로 연결이 되었으면 했다. 또한 반드시 된다는 신념에 너도나도 희망의 성장의 씨앗을 세계 시장에 심어보자고 리드했던 기억이 좋다.

  자연의 각종 씨앗도 튼튼해야 싹을 틔울 수 있다.
  인간으로 태어나 살아내는 마음의 씨앗은 튼튼한 용기와 도전이 필요하다. 수많은 도전의 씨앗은 가급적이면 창업의 꽃으로 튼튼한 용기를 얻었으면 한다. 우리들이 살아가는 사회로부터 이미 세상은 연결의 가치를 기반으로 성장하는 삶으로 설계 단계부터 각종 뉴딜의 정책에 학습과 준비된 창업이 되었으면 한다.
  왜냐하면 세계적인 시장은 늘 더 가치 있는 연결로 성장하고자 하는 빠르게 변화가 되었으며, 도전의 시간들에는 열정의 꽃과 희망의 꽃으로 반드시 싹을 틔어야만 하는 창업의 길이 되었다. 그 길에는 활짝 피어나는 꽃으로 인간으로부터 더 많은 사랑을 받는 가치들이 있었을 때 성장의 길로 갈수 있다.
  사실 누구나 사회로부터 착한 사회를 시작하고 만들 수 있다. 착한 사회로부터 반듯하게 살아가는 꿈들은 누구의 힘으로 되는 것은 아니다. 자연의 순리에서 알 수 있듯이 순탄하게 살아가는 우리의 자세는 서로의 처해 있는 위치로부터 반드시 착한 사회에 만들어 가겠다는 역동적인 삶이 있을 때 차별적으로 살아 낼 수 있다.
  오늘도 다양한 씨앗들이 꿈틀거리고 있는 소리가 들린다. 겨울이 지나고 봄이 지나는 길목에서 자연의 아름다움과 새로운 시대정신의 삶에 동반되어 꿈틀거리고 있다. 이 아름다움이 서로 잉태하는 새로운 생태계로 오늘도 따스한 햇살이 보듬어 주는 가치들이 있듯이 우리 생각하는 인간세상도 나눔이 있는 세상을 기대해 본다.

글을 쓰는 동안 가끔 창밖으로 고운 햇살이 볼에 와 닿는 기쁨이 있듯이 가끔 불어오는 바람은 따뜻한 삶으로 살아갈 수 있는 기회를 주고 있다. 아 창문이 활짝 열리도록 불어 주는 바람이 고마울 뿐이다.

아마도 봄이 지나는 시간이 지나면 시월의 마지막 날 가을에 물드는 창밖에 벌써 희망의 씨앗으로부터 국경 없는 연결의 가치들이 조롱조롱 매달리고 있는 꿈을 꾼다. 아 오색등으로 익어가는 아름다움으로 새로운 꿈들이 세상에 익어가고 있다.

Moon이의 창업도 엑시트(EXIT) 탈출구가 보이기 시작했다.

한국청년기업가정신재단 교육 방식

순서	교육 내용
STEP 1	나의 가치를 찾아라
STEP 2	아이덴티티를 분명히 하라
STEP 3	아이템이 아니라 제품라인을 구성하라
STEP 4	투자자를 파악하라 외 13

벤처경영에 졸업 💡

두 번의 창업으로 살아낸 삶이 엑시트(EXIT) 탈출구가 보였다.

새로운 뉴딜(New Deal)의 삶으로 연결이 된다는 것에 흥분된 시간으로 보내고 있을 무렵에 뉴딜의 정책의 제안으로 교수의 씨앗을 심어보자고 했다. 아마도 글처럼 녹녹하게 연결의 가치들이 싶게 만들어지지는 않을 수 있지만, 산학 환경에 시시각각 변화무상한 일상들 속에 도전하는 뉴딜의 정책으로 변화를 두고 싶었다.

교수로 살아갈 수 있는 과정은 기존의 산업을 정리하고 살아가고자 하는 수순으로 기존 산업의 정리절차가 필요했다. 그러나 수시로 기업의 변화되는 과정 속에 있었기에 쉽게 판단될 일이 아니었다. 그래서 곰곰이 생각을 거듭하다가 모든 정책들에 실패로부터 뉴딜의 정책을 너무 다양하게 뉴딜이 과정은 학습이 되었기에 이미 교수의 뉴딜의 참여 속에 꿈틀거리고 있었다.

필자가 어려운 환경을 이겨내고 평생을 벤처기업 경영으로 살았던 죄이기에 벤처경영 졸업과 경영에서 물러나는 일을 선언하면서 현장을 떠날 수 있다는 것과 했던 과정의 포기의 일 참 어려운 일이었다. 기존의 기업이 존재하고 경영자체가 분명히 책임의 경영 속에 있기에 변화의 시간들은 녹녹하지 않았던 것은 분명하다. 그러나 두 번째 창업으로부터 연결의 사회를 몸 속 깊이 새겨낼 수 있었기에 조심스럽게 이해를 고하는 선택과 가치에 집중 했다고 보여 진다. 그렇게 해서 교육의 교육자로 대학의 학자로 새로운 뉴딜(New Deal)의 정책에 참여하며, 도전하는 삶으로 살아갈 수 있는 계기가 되었다.

누구나 평소 살아가는 시간 속에서 새로운 뉴딜(New Deal)의 정책으로부터 도전하는 삶으로 기회를 맞이한다고 보지만, 막상 잘 짜인 일상 생활의 변화를 과감하게 정리하고 새로운 일들에 연결 하고자 하는 뉴딜(New Deal)의 삶의 변화의 도전은 싶지 않은 과정이다. 그러나 이 글을 읽을 쯤에는 와우 나도 해 볼걸 하면서 후회의 회생을 시작으로 다음에는 꼭 기회를 놓치지 않은 삶으로 살아갈 것이다. 다짐을 하는 시간들이 분명이 함께할 것이다 자부해 본다. 나 역시도 아무리 자연 속에 시어로 시를 짓는 사람으로 살아가면서 유연하게 대처하는 성격이었지만, 자연의 순리로부터 나의 세상사로 과감하게 꺾어본 시간에 잠시 놀라고 있다.

욕심이 있다면 자연의 순리대로 연결의 가치에 희망적으로 접근을 하면서 도전을 한다고 했지만, 어디 세상사가 마음 가는대로 살아가지던가요 참으로 어렵고도 어려운 것이 우리들의 삶의 뉴딜이 아니던가요?

사회로부터 새로운 뉴딜(New Deal)의 삶으로 부름은 많이 받았지만 학계로부터 뉴딜(New Deal)의 정책은 새로운 희망의 시장으로 엄청난 결단을 하기 위한 자세와 경험의 지식이 필요했다. 어디 그 뿐인가. 벤처경영의 조직과 정리 운은 어찌하고 감히 용기와 경험보다는 새로운 뉴딜(New Deal)의 삶으로 살아낼 수 있을까? 대단한 결단이 필요했다.

새로운 뉴딜(New Deal)의 정책은 연결의 가치로 가능할까 시작으로 사회적 책임으로 무장이 되어갔다. 평소 벤처경영을 하면서 사회적 책임과 공헌은 반드시 사회로부터 실행설계가 함께 할 수 있도록 나름대로 준비된 삶으로 살아냈다고 본다. 그런데 사회부터 새로운 뉴딜(New Deal)의 정책으로 보다는 대학의 새로운 뉴딜(New Deal)의 정책으로 도전은 벤처 경영의 졸업으로 과감한 정책이 매우 필요했다.

어찌되었던 사회적 책임과 공헌의 정신으로 동명대학교 경영정보학과 겸임교수(2013년~2015년) 활동은 큰 용기를 내는데 기반이 되었다. 본 대학교 졸업생으로 교수활동을 하는 동안 사회에서 경험하지 못한 청춘의 눈빛과 지식의 광장은 이미 나라는 존재를 한 송이 꽃으로 지식의 광장에 피어나게 했다.

교수 생활로 처음으로 근무하면서 함께했던 시간들은 아직도 여러 청춘의 꽃들에 나비가 되었던 시간들이 너무 고맙고도 꽃들의 향기는 내내 교정으로부터 사회로부터 잊을 수 없는 향기가 되었다.

이러한 향기는 동의대학교(2015년 3월 1일)에 ICT공과대학에 임용된 교수로 현재까지 향기롭게 살아갈 수 있게 했다. 본 대학에서 석. 박사 전공으로 교수활동은 더 많은 향기들이 학내로 가득하게 했으며, 꿈과 희망들이 사회부터 이양이 가능한 시간들에 꽃들로 피어나게 했다. 아마도 수많은 꽃들은 향기 찾아 떠나는 길마다 뉴딜(New Deal)의 사회로부터 새로운 삶으로 활짝 피어나는 꽃들의 잔치가 되었으면 하는 기도는 오늘도 시작된다.

새로운 뉴딜(New Deal)의 삶으로 착한 사회인으로 살아가는 꿈을 오늘도 꾼다.

나라는 존재가 벤처 경영의 졸업을 시작으로 새로운 뉴딜(New Deal)의 삶으로 살아가듯 나라는 존재로부터 함께한 학생들과 시간들은 사회로부터 혜택을 받은 것으로부터 봉사하는 시간이다. 새로운 뉴딜

(New Deal)의 정책과 꿈들이 사회로부터 인증 받는 삶으로 연결이 되었으면 하는 욕심을 내어 본다. 왜냐하면 뭐라 해도 꽃 중에 꽃은 무궁화 꽃이다. 국가로부터 국민의 책무로 착한 사회의 꽃으로 살아왔고, 살아가는 몫은 누가 뭐라 해도 국민의 몫이요, 국민은 향기 나는 꽃의 이름으로 살아가는 책무를 가지기 때문이다. 그 책무는 사회적 책임과 공헌으로 살아가는 훌륭한 인재들의 꽃들로 피어났으면 하는 시간에 성실과 지혜로 보답하고자 한다.

또한 착한 사회의 꽃들은 혼자만으로 할 수 없다. 언제 어디서나 스마트폰으로 연결되는 인프라 기반 연결되는 것처럼 언제 어디서나 연결하는 스마트한 사회에 주인공이 되는 것이다. 그리고 스마트한 사회는 소통이 가능한 협업의 사회로 스마트한 꽃들로 멋지게 활짝 피는 시간들로 살아갔으면 한다.

오늘도 꽃들에 찾아든 나비 떼를 꿈 꾸어본다. 벤처경영이여 안녕!

"부산 산업 혁신 이끌 인재 키웁시다"

부산산업과학혁신원과 한국청년기업가정신재단이 지난 9일 업무협약을 맺었다. 부산산업과학혁신원 제공

[출처: 2019. 12.10. 부산일보]

제 3 장

창업, 몰입의 뉴딜(New Deal)

몰입의 산학은 💡

　사회로부터 새로운 뉴딜(New Deal)의 정책은 누구에게나 기회의 시장이다. 그래서 인생의 3번의 기회가 온다는 일화가 있을 정도였다.

　개인이나 사회나 기회의 시장은 소리 없이 찾아들다 소리 없이 사라진다고 한다. 그러다보니 기회의 시장을 잡기는 쉽지 않을 수 있다. 나라는 존재도 사회적 책임으로 책무를 다한다는 취지로 벤처기업협회, 부산정보기술협회장을 역임을 하면서 파트너 경영을 할 무렵에 젊은 인재들이 바라는 사회라는 제목으로 특강의 시간을 많이 가지면서 소리 없이 찾아드는 기회의 시간을 느낄 수 있었다. 그러한 기회의 사회적 공간을 찾는 시간들에 나라는 존재를 기회의 시장으로 빨려들게 젊은 눈빛은 희망을 나누게 했으며, 사회적 공헌이라는 명분은 나 자신으로부터 첫 업무로 동명대학교 겸임교수 임용에 임하게 하였다.

　겸임교수란 한 분야의 전문가 실무와 교직에서 강의가 가능한 자격을 둔자로 칭한다. 즉 사회에서 경험한 자원을 기반으로 교과목 과정에 참여하는 산학의 정신이다. 또는 겸직이 가능한 자격자로 대학의 교수를 겸하는 경우를 일컫는 말이다. 즉 사회적 경험과 지식의 가치 활동의 교과목으로 자격을 갖춘 자로서 직장과 대학 교과목 강의에 임하는 업무로 사회적 전문 구성원 자격을 갖추고 활동을 하는 겸직 교수활동이다.

 나라는 존재는 그 당시 벤처회사의 경영과 벤처협회 활동을 왕성하게 활동하고 있는 상태로 겸임교수라는 직책을 수행하는 과정에 준비된 활동으로 큰 문제가 없었다고 본다. 그래서 첫 강의에 참여했던 동명대학교 경영정보학과 교과목은 '정보통신 비즈니스'라는 과목으로 첫 강의가 시작 되어 또 다른 사회적 가치에 임할 수 있었다. 교과목이 그러다보니 전공연계 비즈니스모델 구체화 활동에 개인의 역량보다는 팀의 역량에 필요한 지식학습이 가능한 프로젝트 붐 조성으로 학생들의 전공하는 분야가 사회적 산업화 가치로 연결이 가능한 교육활동에 매진했다. 특히 학습교과목 교육 중에 오늘날 기억에 많이 남는 것은 교육에 참여했던 학생들과 해외에서 유학을 온 해외 학생들이 기억에 많이 남는다. 왜냐하면 내부의 자원들이 외부의 활동으로 한국의 벤처활동과 벤처문화 현장방문을 통한 체험학습이 가능하게 현장을 중시하고 오프라인 산업체 활동 영역으로 깨달음이 있을 수 있는 교육의 시간들에 충실했었다.

 그러나 첫 대학의 강연이라 그 때 같이 했던 학생들이 기억에 많이 남는다고 하지만 기존의 교육의 과정에 현장체험을 중시했던 것은 잘한 것 같다. 그러한 시간도 갑작스럽게 타 대학으로 교수로 임용이 되는 바람에 개인, 단체로 방문을 하면서까지 아쉬워하고 찾아준 부분들에 고마움을 담아본다.
 그 당시 강의를 들었던 학생들은 학점이수로 졸업을 이미 하고 사회에서 왕성하게 활동을 하고 있겠지만 대학에서 첫 강의 추억으로 남아 있는 시간들에 함께했던 동지들이 가끔 생각이 난다. 졸업을 하고 사회생활을 하는 동안 서로 시간들이 연결되어 편안하게 사회인으로 술 한 잔 나누었던 시간들도 남아 있어 첫 강의의 기억들과 함께했던 고마운 시간들이 많이 있는 것이 행복하다. 일부 학생들은 소셜네트워크(SNS) 연결로 평소의 일상들이 공유되면서 현 사회를 공감하고 살고 있다. 가끔 이전한 대학으로 방문을 해서 찾아주는 학생들이 있기에 첫 강의의 정보통신 비즈니스 시간들에 고마움을 더 담아본 시간들로 첫 강의는 성공적이었다고 자랑도 해본다.

운이 좋게 첫 강의는 사회로부터 새로운 뉴딜(New Deal)의 정책과 강의가 가능하게 했다. 하지만 나라는 존재를 통해서 학생들의 새로운 뉴딜(New Deal)의 가치들은 어떤 형태로 기회의 시장으로 새로운 뉴딜(New Deal)의 기회들이 왔는지 궁금하다.

그 당시의 욕심 같으면 첫 강의 시작이 현실적으로 산업체 사회에서 적용되는 분야로 생생한 정보통신 경영과 연구 내용적 체험의 지식을 전달하다보니 무엇보다도 첫 강의는 정보통신의 비즈니스가 체계적으로 전공을 하는데 기본 설계가 가능한 분야로 도움이 되지 않았을까 조심스레 진단을 해본다. 하지만 오프라인 강의는 각 개인의 특성을 살려서 공감을 이끌어내는 목적이 있기에 이론적 학문으로 한계가 있을 수 있다는 판단으로 기업들의 경영과정 속에 실무적 학습이 가능한 분야로 병행을 했던 부분이 학생들로부터 새로운 전공분야 뉴딜(New Deal)의 학습과 사회의 연결이 가능했으리라 본다.

그래서 누구에게나 새로운 뉴딜(New Deal)의 기회는 있는 법이다. 그 당시 함께 했던 학생들이 사회로부터 새로운 뉴딜(New Deal)의 기회들이 왕성하게 사회의 공간 현실의 시간 속에 함께하길 기도해본다.

전공분야의 교과목의 학습은 사회로부터 필요한 새로운 뉴딜(New

Deal)의 정책이 바로 산업체에 필요한 교육 분야로 필요하다고 요구를 많이 한다. 기존의 공교육은 오프라인 영역이 대다수로 진행이 된다. 코로나19로 인해 갑작스럽게 온라인 시장에 익숙한 학생들이 온라인 수업으로 변화된 시장에 참여하고 있다. 이러한 시장이 교육의 새로운 뉴딜(New Deal)의 혁신 모델로 전환의 시장이 있을 수 있다.

무슨 시장이든 단점과 장점으로, 대면과 비 대면으로 혁신하는 과정들로 혼탁한 시장에 있는 것 같은 것에서 기회의 시작이 확장되기 때문이다. 특히 교육은 참여하는 학생의 입장에서는 언제든지 본인이 원하는 시간에 학습과 편리한 기능적 교육과정을 추가적으로 할 수 있는 것들에 익숙할 수 있다. 즉 온라인 교육은 전문지식으로 편집된 강의 영상을 반복적으로 학습이 가능하고 또는 저장이 가능하고 언제든지 궁금한 사항을 다시 되돌려 볼 수 있는 장점도 존재하는 시장을 더 원하는지 모르겠다.

아마도 인터넷 시장에 익숙한 N세대 이후에는 꼭 지정된 수업시간에 접하지 않아도 오프라인 카페 방문 및 온라인 서핑으로 다른 사람에게 피해를 주지 않으면서 혼자만의 공부에 집중할 수 있는 습관적 활동으로 자유롭게 원하는 집중되는 시간에 학습할 수 있는 습관과 장점이 있는 N세대 이후에 시대정신 세대의 장점이다.

그런데 현재의 교육의 수준은 어떠한가?

보편적 교육의 형태는 오프라인 학습과 정해진 시간들에 익숙하게 하는 교육의 형태가 대다수고 일부과정은 오프라인 영역이 더 필요한 교육이다. 또한 오프라인 공간 속에 서로간의 학습을 하면서 경쟁구도로 실무적 공감이 가능하기 때문에 본인이 집중되는 범용에서 정해진 시간표대로 오프라인 현장을 중시하는 교육의 중심이 대다수가 더 익숙하다. 특히 교육의 핵심으로 실시간 질문과 답변이 가능한 보편적 교육의 시장은 쌍방향 교육의 현장이 부족한 시장이 진화되는 계기로 해결할 수 있는 시장이기도 하다.

현재의 교육 시장은 쌍방향 시장으로 온라인보다는 오프라인을 중시하는 교육제도이다 보니 N세대 이후에 시장에 필요한 교육혁신이 필요한 부분들에 공감하는 정책들과 쌍방향 소통할 수 있는 지식을 이번 기회에 연구해야 하는 숙제를 안고 있다.

일부 변화된 교육의 혁신의 사례를 살펴보자

* 우선 학점은행제 온라인 수업 방식으로 학점 획득이 가능하다. 우선 학점은행제 온라인 수업 방식은 대학교 또는 오프라인 학점은행제 평생교육원 수업진행 방식으로 우선시 활동이 되고 있다. 학점은행제 온라인 수업도 일부 대학에서 추진하고 있는 교육과 유사하게 진행이 되고 있으나, 보통 일반적인 경우 중간시험, 기말시험 등으로 평가 시스템으로 진행되고 있다. 하지만 학습을 하는 동안 온라인으로 수업들이 진행되다 보니 학습하는 내용 측면의 부분적 학습과 온라인 수업의 특성을 잘 살려서 학습하는 태도가 중요하다보니 이 또한 장점으로 모두 담아내기에는 한계가 있을 수 있다.

* 벤처중소기업부에서 주로 진행하는 계약학과 운영이다. 전공분야 미취업자 연계 및 관심분야 모집으로 소단위 단계별 맞춤교육 프로그램으로 학점이수가 가능한 제도이다. 우리 대학에서도 운영하고 있지만 전공을 통해서 중소기업에 취업이 용이하기에 인기가 많은 교육 분야이다. 아마도 이러한 교육의 방식의 과정으로 산업체에서는 맞춤형 인재를 원하는 이야기들이 많다보니 관련된 학과 수는 늘어나는 시장으로 예측이 된다.

＊이번 정부 한국전력에서 관련대학 설립과정이 진행되고 있는 과
정도 한 혁신의 과정이다.

현재 교육의 환경은 위기를 맞고 있으나 여러 혁신이 진행되고 있
다.

학내에서 일부 적용이 가능한 온라인, 오프라인 병행수업도 있다.
이러한 수업방식은 여러 가지 장점으로 온라인과 오프라인이 익숙한
시장으로 병행하면서 하는 교육의 질에 만족하는 시장으로 만들 수
있는 장점이 있다. 우선시 상호 만족의 적용분야는 무엇보다 온라인
수업으로 시간절약과 이동의 편리성이다. 그리고 오프라인 수업으로
개념강의와 유형강의 분리를 통해서 집중도와 이해도를 높일 수 있는
온. 오프라인 병행 학습과정이다 교육의 방식은 사전에 온라인 수업
으로 이론적 가치 학습이 가능한 분야로 학습이 진행된다. 그 다음 병
행하는 시간들을 오프라인 교육영역으로 학습의 장점을 최대로 활용
하는 학습습관의 커리큘럼 변화의 교육혁신이다. 강의를 진행하면서
교육 적용 분야로 진행하고 있지만 참여하는 학생들의 만족도는 그다
지 높지는 않지만 오프라인 교육으로 진행하는 것보다는 서로의 필요
한 시간으로 인식은 하고 있어 온라인, 오프라인 병행수업을 늘려나
가면서 수요조사를 통해서 교육의 질을 높이는 것도 좋을 사례가 될
수 있을 것 같다.

그 당시 오프라인 교육과정으로 동명대학교 첫 강의는 오프라인 중
심으로 경험을 했지만, 현재의 시점에서는 온. 오프라인 교육의 장점
과 단점들의 분석으로 상호간에 최대한 공감할 시간들에 추가 연구
활동으로 변화된 강의가 매우 필요하다고 볼 수 있다. 왜냐하면 그 당
시나 지금이나 오프라인 강의 형태로 많은 공감대의 시간들을 담아내

기에는 시대적 한계가 있을 수 있었기 때문이다. 물론 온라인 교육으로 기존의 시장을 대처할 정도로 만족할 수 있는 온라인 교육의 질과 소통이 한계적으로 접할 수 있다.

어떻게 되었든 산업체 경력자로서 보는 관점으로 온·오프라인 병행 수업의 환경을 선도적으로 적용하면서 혁신의 과정의 조사를 통해서 점차적으로 적용 분야를 늘려나가는 것이 좋을듯 하다. 또한 온라인 수업도 가능한 분야라고 본다. 하지만 오프라인 수업들이 더 공감대를 만들어 낼 수 있는 교과목이나 교육의 현장 문화들이 할 수 있는 범위 내에서는 최대한 살려가며 교육의 혁신들 시간이 필요할 수 있다. 어찌되었던 코로나19로 인해 교육의 현장은 혁신의 시장몰이에 몰입할 수밖에 없는 시대적 대안을 안고 있다.

이렇게 첫 강의의 오프라인의 영역은 온라인 교육 혁신이 필요로 하는 숙제를 얻게 되었고, 동명대학교의 첫 강의 관문으로 교수활동의 첫 단추를 채우게 되었다. 지난 시간이지만 총장, 교수, 학생이 함께하며 대학을 홍보하는 자료로 촬영을 통해서 학교 표지 모델로 선발이 되었던 영광의 새로운 뉴딜(New Deal)의 경험을 하게 된 시간이 떠올라 잠시 그 시간으로 채워본다.

이러한 영광은 개인적으로는 후배양성에 필요한 과감한 용기를 얻게 했다. 평소 사회로부터 혜택을 받은 부분에 대한 새로운 뉴딜(New Deal)의 정책과 교육혁신을 통해서 살아가는데 늘 겸손의 자세로 교육의 장에 연구할 수 있는 기회의 시장이 있어 좋다.

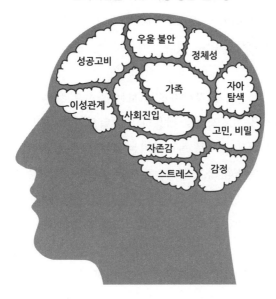

산학혁신을 위한 학생 상담 필요성

오늘날에도 교육의 혁신은 정치적 화두로 떠오른다. 대학의 교육개혁을 꺼내든 정치계에서는 '박사까지 10년 쓸모없다'(국민일보 기사) 미래통합당의 김 위원장께서 시작된 혁신의 내용이다. 현재 우리는 대학교육의 과정을 새롭게 생각해볼 필요가 있다고 했다.

그는 코로나 사태가 지나면 산업구조 혁신에도 박차를 가할 수밖에 없는데, 4차 산업관련 인공지능, 기계학습, 베타 사이언스 등을 충분히 교육할 교수들을 확보하고 있는지 굉장히 의문시된다고 했다. 그리고 결국 대학생들은 우리나라 대학에만 의존할 수 없다면서 미국의 유명 대학 온라인 강의를 들을 수밖에 없는 시스템인데, 그렇게 해야만 하는 구조적인 문제를 새로운 대학교육을 해야 한다고 교육의 혁신 중요성을 위하여 위원회를 설치하는 게 어떤가 생각한다 하였다.

이러한 대학의 교육혁신은 고등교육 빈부격차, 교육 불평등, 사회 양극화 등의 근본 원인을 해소 할 수 있을 것이기에 가칭 교육혁신위원회를 설립해 논의를 시작하자는 제안에 필자도 적극 찬성이다.

  아마도 사회로부터 새로운 뉴딜(New Deal)의 교육혁신은 지금의 구조로 미국 애플사의 시가총액(1조 5000억 달러)이 국가 국내 총생산 규모와 비슷한 구조적 인재를 중시하는 사회로부터 새로운 뉴딜(New Deal)의 정책과 혁신의 중요성이 필요하다고 봤다. 어느 정도 공감하면서도 정치적 감각으로 사회적 교육의 가치 (가칭)데이터청 설립 전문가 간담회를 통해 성장하길 희망하는 것 같아 기대를 해본다.
  그렇다. 교육의 혁신과 참여하는 학생들의 수요조사가 필요하다. 학생들이 평소에 학창시절을 경험하면서 겪는 문제점을 기반으로 차근히 공급자부터 교육의 혁신이 가능하게 참여의 정신이 필요하다고 볼 수 있다.
  특히 지역의 우수한 인재들이 지역을 떠나지 않아도 중심이 될 수 있는 환경을 조성하고 지원하는 정신이 매우 필요하다. 또한 우수한 인재가 육성이 되면 지역의 기업들이 포용하고 동반 성장할 수 있는 기업의 환경을 깊이 있게 더 좋은 환경으로 조성하고 동반 성장할 수 있는 기업의 문화에 과감하게 투자를 늘려야 하는 책임이 있어야 한다.
  이러한 환경이 산학혁신의 시작으로 전 국토에서 모두가 만들어가는 지역경제와 지역 일꾼이 함께 만들어 가는 사회의 변화를 꿈꾸어 본다.

💡 몰입의 역할은

　오늘날 사회적 교육의 가치로부터 필요로 하는 미래의 시장은 (가칭) 데이터청 설립이 필요하다는 의견을 내듯이 앞으로 찾아 더는 미래는 데이터 경제가 확실하다. 각종 전문가 의견들을 종합해보면 어떤 분야보다는 교육 전문가들의 혁신을 통해 교육의 뉴딜정책 혁신들이 현실로 빠르게 진입할 것으로 예측했다.

　개인적으로 보는 생각도 벤처기업을 경영 했을 때 각종 디바이스 기반 데이터 응용사업을 진행했던 각종 분야별 서비스를 통해 성장이 예측되는 과정을 알 수 있었다. 산업측면을 기반으로 학문적으로 검증을 했던 부분은 데이터의 가치변환과 가치전환 수고가 된 중요성을 충분하게 학습을 할 수 있었다. 그러다보니 첫 강의 시작으로 타 대학에 임용이 되는 과정에 용기를 낼 수가 있었다.

　특히 참여하는 교육의 과정이 미래의 사회는 데이터 및 플랫폼 경제로 이동하면서 맞춤형 인재육성이 가능해야하고 미래의 학생의 일자리는 인공지능, 빅데이터 등으로부터 자유롭게 지원할 수 있는 기회의 시장에 능동적으로 필요한 인재가 가능해야 한다. 이러한 인재는 새로운 직업군으로 우대받고 살아갈 수가 있을 것이다.

미래를 위해 살다보면 누구나 새로운 선택의 길에 후회하기도 하고 그 당시 선택을 잘 했구나 하는 양면성으로 접점을 접할 수 있다. 필자 또한 예로 선택한 시간들은 바로 참여가 가능한 데이터 경제로 교육 인으로 학자의 선택이다. 이 분야는 미래국가 비전에 공감이 가능한 분야기 때문에 더욱 새로운 뉴딜(New Deal)의 정책과 교육혁신에 참여한 부분의 과정이다 보니 본인의 선택으로 후회보다는 진보적인 교육의 질로 성장이 필요했다.

그래서 대학에서 첫 강의 관문을 시작으로 두 번째 타 대학으로부터 새로운 뉴딜(New Deal)의 교육혁신의 장 동의대학교 창의소프트웨어공학부 부교수 임용에 합격하는 영광을 얻게 되면서 새로운 뉴딜(New Deal)의 정책과 교육혁신에 함께 할 수 있는 영광은 후회 없는 삶으로 길을 내어 주었기에 후회는 없다.

지난 일이지만 임용의 과정에는 아주 어려운 관문의 몇 고비를 넘기면서 최종 합격의 소식으로 부교수 임용이 되었다. 임용으로 첫 발령이 된 멀티미디어공학과는 대학에서 두 번째 강의의 첫 무대로 개인적으로 영광이었지만 평소의 직업의 논리가 완전히 바뀌는 환경으로 사회로부터 새로운 뉴딜(New Deal)의 교육의 혁신이 되어야하는 소명까지 받들어야 하는 변화의 정신이 필요했다. 또한 산업체 지식과 미래 인재육성 지식 중심으로 견인할 수 있는 교육자가 되어야 하는 의무를 가지게 했다.

한동안 떠났던 사업적 색깔이 짙은 산업체의 혁신은 오늘날 어떠한가!

어느 산업체들이나 특정단체의 입장에서 보면 각자의 색깔의 깊이가 있는 혁신의 주제로 서로 많은 다른 색깔을 띤다. 그래서 미래의 시장에 전략적으로 토론을 접해보면 산업체 역시 대대적인 혁신이 가능했을 때 지역 대학의 인재들이 근교도시 일터에서 꾸준히 늘어나는 추세로 혁신이 가능하다는 의견들에는 공감을 많이 한다. 하지만 현재의 산업체들은 혁신성이 부족한 부분적 혁신이 많다보니 대학 교육과정을 단계의 과정으로 받아줄 수 있는 넉넉한 환경을 제공 못하는 것으로 정리되기도 한다. 특히 석. 박사 학습 환경이 10년 가까이 전공을 추가 하는 인재들이 지역 산업체로 연결이 매우 부족한 상태이다. 또한 긴 전공을 하면서까지 지식을 학습한 인재들의 산업체 대우 등은 어떠한가!

현재의 시장으로 볼 때 상호간의 몰입의 정신으로 풀어내야만 하는 과정으로 서로의 너무 다른 환경에서는 어느 누가 잘 하고 있다고 자부 할 수 없는 미스매치가 많은 분야이다.
그러다보니 두 기관들부터 장기적인 전략으로 교육기관은 산업체가 필요로 하는 인재육성으로 산업체에서는 역량 있는 인재들을 포용하고 혁신이 가능한 환경을 제공해야하는 책무와 책임경영을 해야 하는 숙제를 너무 많이 안고 있다.
두 기관이 보다 새로운 뉴딜(New Deal)의 시장은
 * 다소 많은 사회로부터 새로운 교육과 맞춤형 교육
 * 산업 뉴딜(New Deal)의 공간적 우수한 환경
 * 지역 사회적 산학융합의 협의 등이 매우 필요한 시장으로 인식을 하면서 결국은 학생들이 원하는 시장으로 만들어 내야 한다.

왜냐하면 4차 산업혁명의 시대로 4차 산업혁명의 선점할 수 있는 시간이 많이 남아 있지 않기 때문이다. 더 늦기 전에 각 기관들이 만남과 혁신의 주제들로 마라톤 회의를 진행한다하여도 하루아침에 해결 할 수 있는 대안들이 시장에서 필요로 하는 주제의 시장으로 연결

이 아니 될 수 있다. 그래서 정부와 정책들이 함께하면서 두 기관들이 장기적으로 시장의 접점에서 사회로부터 협의에 정신과 학생들이 필요한 새로운 뉴딜(New Deal)의 교육혁신과 산업체 혁신이 매우 필요하다는 인식이 높을 때 질 높은 교육의 혁신을 성공적으로 리드 할 수 있기 때문일 것이다.

　나 역시도 두 번의 벤처 창업으로 현장을 중시하는 지식을 가졌다 하더라도 현 구조적으로 처한 문제점에서는 해결할 수 있는 범위는 한정적이다. 그래서 산학융합으로 이어지는 정책적 변화와 혁신의 주체성이 미비하다면 빠르게 요구하고 있는 필요로 하는 시장에는 단 시간에 해결 할 수 없는 문제점부터 시간을 늘려 나가고 있다. 또한 초 고령화 및 저 출산 문제로 인해 각 대학에 처해 있는 인구 구조적 대안과 현실적 재정난 겪고 있는 어려운 대학 환경이 한계적으로 각 대학들이 해결이 되어야 하기에 혁신의 필요성은 더욱 중요한 대안으로 해결을 할 수 있어야할 것이다.

　그렇게 하므로 대대적인 구조적 변화와 체계적 교육의 혁신적 가치들로 산학의 융합 정신은 활성화 될 수 있다. 특히 사회로부터 새로운 뉴딜(New Deal)의 핵심 정책과 핵심목표 대안들이 해결할 수 있는 가치의 시장으로 정신을 담을 수 있는 두 기능이 활성화 될 수 있을 것이다 하지만 고객의 입장에서 보면 더 요구하는 시장으로 우리들이 살아가는 사회는 냉정하게 판단하고 고객이 필요한 시장으로 거듭나야하는 책임은 분명히 있다고 볼 수 있다.

　또한 세상은 너무 빠르게 진화하는 사회로부터 새로운 뉴딜(New Deal)의 근본적 변화가 필요한 정책으로 실행이 불가능하다면 시장은 반드시 실패하고 말 것이다 그래서 아무리 냉정한 사회라고해도 우리는 할 수 있다는 신념으로 더 빠른 혁신에 목말라 한다.

잘 아는 내용이지만 우리나라는 빠른 민족성으로 빠른 문화학습에 따른 세계적인 시장에 대처가 가능한 민족의 시장으로 오늘날까지 잘 적응하고 대처 했다. 특히 정부나 민간의 양쪽 기관들이 빠른 시장에 연구해서 대처하는 대안들로 해결이 가능하게 했던 민족이다.

이러한 구조적 변화의 혁신에 교육자로 함께 할 수 있어서 좋을 수밖에 없다. 평소의 작은 일들을 해결할 때도 작은 주제나 철학들에 변화를 두려워하지 않고서 변화하고자 하는 시장에서 해결의 주안점으로 항상 마음을 두기 때문에 변화의 승부수로 이겨냈다.

그러할 때마다 그런 처신과 소임은 벤처기업으로부터 부지런 현장 사람중심 경영과 학습으로 솔선수범을 했던 정신으로 볼 수 있다. 즉 철학적 주제가 구체화 될 수 있게 풀어나가면서 살아온 시간들에 변화는 늘 하나의 선상의 대상으로 해결할 수 있는 현장 중심 자세가 가능하기 때문이 아닌가 생각해 본다.

이번 임용도 평소 살아가면서 겪는 한 신뢰로부터 철학 일부로 받아들이면서 혁신은 나로부터 가능해야하고 나로 인해서 필요로 하는 시장이 만들 수 있어야 하기에 받아들일 수 있는 선택의 시간이 행복의 시간으로 맞이했다고 볼 수 있기에 더 값진 시간으로 볼 수 있다.

필자의 예로 변화를 즐기는 나라는 존재의 가치로부터 보다나은 사회로부터 새로운 뉴딜(New Deal)의 철학적 관점으로 교육 강단에 함께 할 수 있는 것은 나 자신의 행복지수는 물론 더 나아가 산학융합을 높을 수 있는 역할이 아닐까 생각을 한다. 어찌되었던 강의를 비롯하여 훌륭한 대학생이 나아가는 길에 학자의 길로 살아가는 길은 있기에 더욱 행복지수가 높을 수밖에 없다.

임용은 그동안 사회적으로 활동한 경력을 인증 받아서 교육부로부터 인증하는 절차에 의해서 부교수로 임용이 되는 과정으로 활동을 하고 있지만, 근무하는 동안에는 동의대학교에서 할 수 있는 범위 내에서는 무엇보다도 산학융합의 활동을 촉진하고 성과가 나올 수 있도록 최선을 다하는 것이 무엇보다 중요한 과제로 여기고 실천하고 있다.

특히 지역에 있는 대학으로 인재들은 글로벌 시장의 빠른 산업에 대처가 가능한 교육을 중시하고 그 가치들에 빠른 지식을 연구와 강의를 통해 할 수 있는 범위에서 최선을 다하는 것이다. 또한 욕심이 있다면 사학에 이미 왔으니 입사에 따른 정년퇴임으로 강단에서 떠날 수 있다면 무한한 영광으로 여기며 살아가보고 싶다.

사학이라는 틀은 현재 너무 어려운 환경에 처해있다. 그래서 어려운 환경을 대처할 수 있는 소임에 충실하고, 퇴임을 하는 날까지 사학 위함을 다하고 퇴임하기까지는 초 격차 해소를 위해 근본에 충실해야하는 의무와 책무에 완성하는 교육자 정신으로 반드시 함께 할 것이다.

대학의 구성원으로 보직자로 책무와 책임은 교육자로 학과 근무는 기본으로 성실하게 수행을 해야 하겠다. 겸직에 해당되는 2보직으로 창업보육위원 활동이 처음부터 발령을 받아 활동을 했다. 밖에서 활동했던 관심분야로 보직을 받고 참여했다고 볼 수 있다. 그러니까 창업보육위원은 첫 부임으로 내리 위원으로 활동을 하면서 현재는 창업보육센터 소장을 엮임하고 있다.

대학의 창업보육센터는 99년 선정으로 유사한 대학에서도 함께 운영하고 있는 형태이다. 그러다보니 대학 내에서 창업관련 지원 공간과 지원 내용을 기반으로 사회로부터 새로운 뉴딜(New Deal)의 창업의 생태계로 볼 수 있다.

특히 사전 교육혁신 통한 창업 분야의 지식과 자원이 지원 기업들에 도움이 될 수 있게 지원하고 산업체 혁신에 함께할 수 있게 지원하는 제도이다. 그러다보니 올해는 운 좋게도 창업보육센터 소장(2020년 1월 1일부터)으로 임명이 되었다. 아마도 학내에 필요한 창업보육 분야로 입주 기업들의 혁신이 필요한 분야에 협업이 가능하고 사회로부터 새로운 뉴딜(New Deal)의 창업혁신을 통해 많은 성과도출을 해야만 한다. 아마도 직업은 속일 수 없나보다 벤처 창업의 품에서 교육장으로 시집을 왔지만 학내에서 오는 날부터 창업관련 업무 위원과 창업의 지원으로 성과도 S그룹으로 최상의 등급 취득으로 의무에 책임을 완수했다.

현재 대학에서 입주기업, 벤처 기업을 보육하고 있는 역할은 공간제공과 체계적인 애로사항 지원 관리체계로 입주기업의 성장을 돕는 일이다. 그리고 대학에서 다양하게 보유하고 있는 지식이나 장비 등으로부터 입주 기업들에 지원을 통해 성장이 가능한 일들의 관리에 협업정신이 현장으로 투입이 필요하다.

그러다보니 각 기업에서 처한 환경을 사전에 예측하고 애로사항 대안들은 대처가 가능해야 한다. 물론 중소벤처기업부 및 부산광역시로부터 일부 지원을 받아서 운영하다보니 각 기업에 필요한 주제별로 성과 도출이 가능하게 지원을 하면서 벤처기업에서 필요한 인재들이 채용과 인턴 등으로 성장의 시장에 함께할 수 있는 일들에도 지원과 관리가 가능해야만 한다. 이번 포스트 코로나로 인해서 단기간 일부 임대비용을 지원을 했지만, 입주 기업들은 상당한 피해로 인해 성장에 막대한 지장이 있는 부분이 높아 앞으로 어떻게 풀어나가면서 지원 늘리면서 관리를 해야 하는지 큰 문제점을 안고 있다.

세계적으로 처한 환경은 비슷하지만 이번의 코로나19 사태로 인해 교육의 방식이 완화되는 과정에서 만족도가 떨어질 수 있고 교육의 질로 융합 적으로 바꿔야하는 배경으로 맞이한 시장으로 소통해야 했다. 그동안 교육의 현장은 대다수가 오프라인 영역으로 대면수업을 진행했다. 초기에 수업계획을 대면 수업계획으로 시작을 했다가 비대면 수업으로 변경을 하면서 서로가 혼선을 겪으면서 수업에 임해야했다. 우리는 한 번도 겪지 못한 세상에서 교육의 형태가 비대면 수업을 다수가 진행하면서 각종 이슈의 사항들이 언론에 오픈되기도 하였고, 온라인 영역으로 리포트나 중간, 기말고사 등에 따른 학생들의 불만은 여러 대학들에서 도출되어 어려운 숙제를 안겨 주었다.

특히 사회의 혼란과 정부의 정책에 준하여 온라인 교육으로 수업계획서를 변경하면서 온라인 교육으로 수업한 한 학기 종강을 앞두고 대학가에서 학생들의 등록금 반환 요구가 거세지고 있다는 소식은 결국 올 것이 오고 말았다는 언론의 보도는 아직도 진행행이다.

언론을 통해 이수가 되다보니 사회로부터 또는 학부형으로부터 코로나19 사태는 원격강의로 진행된 불만과 수시로 변경된 수업계획서들의 불만들이 위기의 사항으로 몰고 있는 것은 사실이 되고 말았다. 그러나 전 세계적으로 처음으로 겪는 포스트 코로나의 문제점을 동시에 해결해야 하는 큰 과제가 있기에 우리는 다소의 손해와 불평들이 있더라도 국민적 대안으로 건강한 사회를 만들어 나가야하는 임무부터 충실했으면 한다.

나 역시도 온라인 환경으로 원격강의를 처음 접하다보니 기존의 사이버대보다 강의 수준이 절하될 수도 있어서 걱정이 앞섰다. 기존의 온라인 강의에 익숙한 사이버대의 한 학기 등록금(144만 원 정도)으로 운영이 되다보니 학생들의 등록금 반환은 객관적이고 타당성이 있어 보일 수 있었다.

그러나 코로나19 사태는 전 세계적 사건으로 사전에 대처가 가능해서 오는 정책이 아니라 세계적으로 찾아든 전염병이 강한 사태이보니 모든 국가에서 선도적으로 대처하는 정책이 필요했다.

어느 국가이든 국민이 만약에 확진상태로 다수가 결정이 된다면 사람의 생명이 위험할 정도로 강한 외부적 재해환경과 긴급 국민적 해결사항이고 대 국민적 인식하고 부족했던 대처 방안들로부터 부분적 적용으로 또는 불평등 사례들은 빠른 시일 내 대처하고 해결하는 방법으로 리드만 해야만 했다.

아직도 진행형으로 진화하고 있는 포스트 코로나 사태를 해결하는 것에 위로와 격려를 했으면 한다. 왜냐하면 다른 나라에서 대처한 국민성은 높게 평가하기 때문이다. 이번 사태로 K-방역은 지금처럼 어려운 환경에 국민적 행동으로 대처하면서 재 확산으로 퍼지는 환경을 막아야 하는 국민적 책임에 전 세계에서 본보기가 되는 국가로 한층 높은 국가의 위상을 높일 수 있었고 전 국민이 대단했다.

K-방역은 서로에게 처한 환경이 있기에 비대면 원격강의로 진행된 내용들이 현실적으로 불만족으로 받아드릴 수밖에 없다. 그러나 K-방역을 통해서 새로운 뉴딜(New Deal)의 정책과 교육혁신도 중요한 부분으로 인식되고 한층 높은 성장을 위해서 겪어야만 하는 과정으로 이해를 했으면 하는 욕심을 내어 본다. 하지만, K-정부가 가능한 시장과 K-4차 산업혁명이 가능한 시장이 검증 되었던 부분으로 위로가 된다. 그러다보니 G-시장으로 투자와 혁신이 가능한 이번 정부의 의지도 한국판 뉴딜(New Deal)은 추격 국가에서 선도국가로 도약이 가능한 대통령의 리더십을 볼 수 있었다. 그러나 전 국민적 만족을 강하게 지지 받으면서 지지가 하락하는 부분과 의지를 대처할 수 있는

기간을 맞이했다.

　정부는 새로운 국가발전 전략이라며 '사람 우선의 가치와 포용 국가의 토대 위에 디지털 뉴딜과 그린뉴딜을 두 축으로 나란히 새운 한국판 뉴딜(New Deal)의 국가의 미래를 걸고 강력히 추진해 나갈 것'이라고 밝혔다. 이번 기회로 정책은 범국가적 차원에서 강력한 의지로 교육단계부터 추격하는 정신에서 선도하는 정신으로 어쯤 실행 가치로 전환이 가능한 추격형 경제에서 선도형 경제로 대 전환이 가능한 정신으로 무장되게 했다.

　그래서 국민적 정신으로 취업과 창업정신으로 나서면서 일자리형 기회의 시장으로 만들어야 하는 국민적 공감대가 매우 필요한 시점이다.

　특히 한국판 디지털 뉴딜(New Deal)의 정신으로 지속가능한 디지털 경제 창출이 필요하다. 이미 다 아는 사실이지만 디지털 뉴딜(New Deal)의 경제로 갈 수 있는 인프라는 세계 최고의 수준이다. 이러한 인프라의 활용으로 신규 사업을 발굴하고 지원하는 프로젝트가 모든 기관들이 선도형 뉴딜(New Deal)의 모델로 대 혁신이 필요하다면 분명히 성공할 수 있다. 이번 코로나바이러스 시대 K-방역 혁신모델은 세계적인 표준형 모델로 수출동력으로 키울 수 있는 선도형 모델의 가능성을 보여준 국제사회의 뉴딜(New Deal)의 정신이었다.

　어디 그뿐인가. 4차 산업혁명의 시대의 정신으로 뉴딜(New Deal)의 모델이 곳곳에서 가능하다. 선도형 경제의 기반을 구축하기 위해서는 산업과 산업 그리고 정부와 산업체가 긍정적인 협업의 정신으로 제2의 한강의 기적을 만들면 어떨까.

　세계 사회의 한국판 뉴딜(New Deal)의 경제로 우선시 되는 역량들에 협업이 우선시 되었을 때 선도형 경제와 뉴딜(New Deal)의 정신이 세계 곳곳에서 경쟁력을 높일 수 있다. 특히 이번 코로나바이러스 사태로 언택트(UNcontact) 산업으로 한국판 모델이 세계시장으로 가능한 뉴딜(New Deal)의 경제로 가능한 시장이 검증되었다. 언택트(Uncontack) 란 접촉을 뜻하는 콘텍트(Contact)에 부정, 반대를 뜻하는 언(UN)을 붙인 신조어다. 즉 언택트 산업의 소비는 소비자와 직원이 만날 필요가 없는 소비 패턴을 말한다. 이에 우리는 충분하게 실험하고 소통을 하였다.

그래서인지 정부의 추경예산(7500억 원)이 대단했다. 특히 어떤 산업보다 비대면 산업을 키울 수 있는 기회의 자원을 제공했다. '경제위기 조기극복과 포스트 코로나 시대 대비를 위한 제3회 추경예산'을 보면 디지털뉴딜(2조 7000억 원), 그린 뉴딜(1조 4000억 원) 등으로 막대한 예산을 새롭게 투입한다. 이 가운데 디지털 뉴딜 정책 가운데 비대면 산업 육성으로 많은 예산을 확보했다. 이러한 예산들은 교육의 혁신의 시장이 우선시 된다.

기존의 대면식 교육의 방신이 비대면식 교육의 방식으로 변화가 가능하다. 특히 기존의 교실과 강의실이 디지털 환경으로 디지털 뉴딜(New Deal)의 학습으로 전환이 가능하다. 물론 교육의 혁신은 각종 산업체 혁신으로 재택근무, 원격근무, 화상회의 등으로 비대면 디지털 산업 대체 언택트 시장의 활성화될 조짐이다.

그러나 코로나19가 대학을 한계점(breaking point)으로 내몰고 있다.

미국이나 한국에서도 학생들의 등록금 반환 소송도 줄을 잇는다. 그러다보니 대학 4분의 3이 재정위기에 몰려 있다는 통계도 지역의 대학은 살얼음판이다. 이번 사태로 학생들이 대부분 학내에 머물지 않고 온라인 강의로 진행하다보니 지역 상권과 학내는 초토화 됐다. 그것으로 끝이면 얼마나 좋을까.

현재로서는 학교가 언제 정상화될지 아무도 장담 할 수 없는 환경이 되다보니 돈줄이 마른 대학들은 교육부에 읍소할 수밖에 없다. 그 동안 등록금 동결과 포스트 코로나 재정손실, 등록금 반환 등으로 비상사태를 중시하여 숨통을 터 달라는 읍소는 당연한지 모르겠다.

사회적 측면으로 보면 저 출산에 따른 인구감소도 대학의 위기의 사회로 볼 수 있지만, 전 세계적으로 코로나바이러스 감염증이 대학의 환경을 통째로 바꾸고 있다. 그러다보니 사회에서 보는 관점은 '바로 대학의 종말' 이다. 언로보도는 미래학자들도 예측의 현실화를 이렇게 앞당길 줄 몰랐다는 당황의 시간으로 맞이했다.

어디 그뿐인가 언론은 '향후 10년간 대학 절반 사라질 것' 현실화 가능성에 진단까지 예측을 한다. 코로나사태가 장기화 된다면 대학에서는 온라인화를 기본 인프라로 할 수밖에 없다면 기존 교수들의 이동과 인수합병(M/A) 등을 거치면서 가장 경쟁력 있는 인적자원과 온라인 콘텐츠를 보유한 대학만 살아남는다는 결론이 나온다.

한국에서 살아남는 대학이 얼마나 될까?

대면이든 비대면 시장이든 기회의 시장으로 봐야한다. 왜냐하면 '글로벌 대학 플랫폼'으로 기회의 시장이 틈새의 시장으로 있기 때문이다. 현재 교육의 현장에서 연구를 통해서 새로운 혁신의 시장에 동참이 가능했다면 온라인 교육 콘텐츠에서 앞서가던 글로벌 대학으로 선도형으로 할 수만 있다면 기존의 행정인력을 정보기술(IT)을 바탕으로 전환이 가능할 수 있을 것이다.

경쟁력 있는 콘텐츠와 교수가 참여한다면 전 세계시장의 비대면 교육의 대학으로 성장이 될 수 있을 것이다. 시장은 가능성으로 사회적 수용성으로 할 수 있는 범위 내에서는 성장할 수 있는 시장으로 리드할 수 있을 것이다. 이미 우리나라는 K-방역으로 비대면 시장모델

검증이 필요한 방역이나 바이오 백신산업이 주도한 비대면 시장에서 빼놓을 수 없는 선도형 시장을 검증했다.

그리고 교육의 비대면 환경과 디지털 교육의 변화의 실정이다. 물론 기술적, 사회적, 경제적으로 접점을 찾을 수 있는 기회의 시장을 실정했다. 또한 4차 산업혁명으로 여러 산업들이 요동을 치겠지만 우선 코로나 시대에서 언택트(Uncontack) 서비스가 사람들의 뇌리에 깊게 박혀 있는 시장이 우선시 될 가성이 높은 시장으로부터 성장할 수 있는 기반을 조성했다.

특히 사람과 사람이 마주보면서 대면하는 것이 부담스럽게 느껴지는 세상이 언택트(Uncontack) 시장을 선도형으로 적용 사회로 대 이동이 가능할 것을 예측했다. 하지만, 기존의 대면 시장으로 모든 분야로 비대면을 기본으로 실정을 하면서 위기를 면하고 있다.

이러한 대면의 시장을 혼합하는 교육의 방식의 연구와 실행은 여러 산업분야에서 선취적으로 적용하고 데이터마이닝을 통해 새로운 시장으로 검증을 해야만 한다.

그 중심에 대학 교육의 패러다임이 경쟁력으로 바뀔 수 있기에 실증이 필요한 시점이다. 이러한 실행설계는 임용이 된 우리대학에서 선도적으로 실행했으면 하는 욕심을 내어본다.

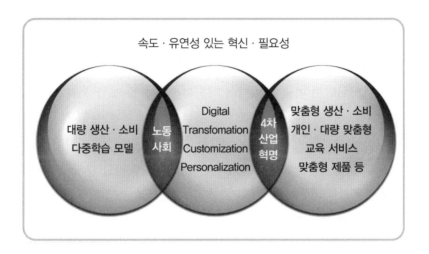

속도 · 유연성 있는 혁신 · 필요성

대량 생산 · 소비
다중학습 모델

노동
사회

Digital
Transfomation
Customization
Personalization

4차
산업
혁명

맞춤형 생산 · 소비
개인 · 대량 맞춤형
교육 서비스
맞춤형 제품 등

💡 산학의 뉴딜

멀티미디어 분야는 사회성장의 속도와 비례하는 분야이다. 그러다 보니 멀티미디어 기술과 미디어 시장의 확장성을 통한 콘텐츠기획, 상품개발, 판매, 유통 등의 촉진이 늘 우리들의 주변 사회생활 속에서 깊숙이 파고들고 함께했다. 오늘날 더 사용이 편리한 디바이스 기반 새로운 디지털미디어 세상으로 꿈틀거린다. 이러한 디지털미디어 세상은 추격형 기술과 미디어 시장도 마찬가지로 선도형 방식으로 변화의 시장을 선도하고 있다.

특히 플랫폼을 통한 새로운 기술과 미디어 시장으로 충분한 기반이 조성된 세계 시장의 거점으로 성장하기에 충분한 가능성으로 성장하고 있다. 이러한 시장은 성장속도가 높기에 국가적 차원에서 지원하고 추진했으면 한다. 아마도 임용에 응시한 부분도 성장하는 멀티미디어 시장이 디지털미디어 시장으로 확장이 가능하고, 전공학과 전공자의 참여로 교수보직은 만족의 시장이 되었다.

그동안 추격형 멀티미디어 시장이 홈쇼핑, 온라인포탈, 전자상거래 등으로 발전을 견인하고 기존의 오프라인 백화점, 마트 등의 시장의 변화로 온오프라인 시장으로 이동이 가능했다. 고객이 원하는 시장은 오프라인 시장과 온라인 시장의 병행으로 서로의 만족하는 시장으로 견인을 했다면 선도형 디지털미디어 정신은 기존의 시장을 오프라인에 익숙한 마트나 백화점으로 인식된 시장이 온라인 시장으로 당연시 되는 시장은 디지털 데이터화로 고객 맞춤형이 가능한 시대가 되었다.

그 러다보니 신규 산업으로 총알배송, 새벽배송 등으로 비대면 시장은 더욱 다양한 창업가들의 도전의 시장이다. 그 중에서도 국내의 이커머스 업종의 성장성은 가파른 성장세로 온라인 시장이 비대면 시장을 주도한 시장이 되었다. 이러한 틈새시장에 외국자본(일본소프트뱅크 2조억 원) 투자유치로 주식회사 쿠팡의 가파른 성장 속도에 나스닥 상장으로 회사의 가치평가를 통해 성공적으로 주식이 상장되었다.

이 기업은 초기(2013년 778억 원) 매출성장이 지속적으로 적자생존으로 모두가 불안하게 한 시장인데 과감히 투자한 투자자나 경영자 리드로 오늘날에(2019년 71,531억 원)는 국내 이커머스 시장의 대표하는 기업으로 성장과 업종의 매출액이 돋보인다. 그러다보니 향후 오프라인 쇼핑업체들의 코로나19가 더 좋은 환경으로 회복세를 보이겠지만 예전 같은 오프라인 성장으로 매출은 기대하기 어렵게 되었다는 것이 업계와 투자자들의 전망이다. 나 역시도 디지털미디어 시장은 이미 언택트 쇼핑을 끝을 수 없는 영역으로 성장을 검증했고, 거대한 온라인 쇼핑으로 디지털미디어 업종들의 투자와 성장이 지속될 부분에 응원을 하고 있다.

어디 그뿐인가 최근의 코로나 사태로 가장 사용빈도 낮은 것이 금융권 방문과 금융의 거래 방식이다. 그동안 금융의 거래방식이 다소 대면하는 거래의 방식이 코로나 사태로 더욱 비대면 방식으로 사용 성장과 고객 대전환이 가능한 시장으로 이동했다고 볼 수 있다. 그러다보니 주식시장은 미래의 가치로 이동이 되는 만큼 은행주들의 주가는 바닥중의 바닥인 상태로 대대적인 혁신이 없으면 성장이 불과한 시장으로 거래약정을 보여주고 있다. 이러한 틈새시장은 디지털 은행권의 비대면 금융이 가능한 카카오, 네이버 등의 IT에 최적화된 언택트 금융이 대세의 인터넷 은행의 시장으로 자리 잡고 있다.

어디 그뿐인가. 비대면 시장은 새로운 금융권의 근무형태와 환경까지도 바꾸어 놓으면서 인기 있는 근무환경이 불안한 환경으로 변화고 있다. 지금까지 금융권의 근무자는 평소 구성원과 친구들이 술자리를 같이 하며 애기를 나눈 문화들에는 좋은 직업군으로 속했다. 그러나 비대면 방식과 재택근무 형태로 바뀌면서 생각보다는 빠른 금융 시장으로 이동하면서 새로운 만족의 시장을 경험하게 되었다는 의견들이 많다.

물론 다른 유사한 업종도 재택근무와 비대면 문화로 바뀌는 것에는 어느 업종이든 갈수록 익숙해지는 것에는 분명한 시장이 있다고 볼수 있다. 그러다보니 시장은 여러 비대면 방식과 환경적 변화의 시장으로 전환이 될 것으로 예상이 된다. 이러한 시장은 재택근무와 비대면 방식이 기업들도 뜻하지 않게 코로나19 사태로 기업들이 도입하면서 국내외 시장은 크게 움직이는 시장으로 변하게 되었다.

특히 국제적인 서비스 영역이 직접 방문 없이 화상회의와 비대면 방식이 진행 되는 거점이 코로나19 사태에 준하여 다양한 세계 시장(3억 명)경험으로 이미 시장들이 검증이 되었다는 디지털 미디어 시장으로 도출이 되고 있다.

멀티미디어학과에 임용이 시작되는 시점에서 멀티미디어 시장을 포화상태의 시장으로 플랫폼 네트워크가 가능한 유튜브, 아프리카TV 등이 개인미디어 시장으로 성장을 견인하는 것을 보았다. 이 시점부터 여러 해를 거쳐 멀티미디어 시장이 사용이 편리한 디지털 모바일 시장으로 확장이 되는 접점에서 디지털 미디어 시장으로 각종 플랫폼에 의해서 새로운 미디어 콘텐츠와 데이터에 의해서 광범위한 디지털 미디어를 생성하게 되었다.

그러다보니 각종 콘텐츠 분석을 통해 논문으로 정리하면서 빅데이터(Big data)에 의한 미디어 산업으로 성장하는 플랫폼 시장을 경험과 댓글을 통해 공감도 분석을 했다.

연구를 하는 동안 결제 기능인 인터넷 은행도 살펴보면서 지난해 인터넷은행 디지털 관련 인력 고용증가(7% 증가)는 뚜렷하게 성장하는 단계가 보였다. 그동안 오프라인 입점이 가능한 금융권 시장이 새로운 뉴딜(New Deal)의 디지털 기술과 혁신으로 빠르게 변화의 시장에 진입할 수 있는 시스템을 보강하고 도입에 따른 성장의 비즈니스 필요하다고 볼 수 있다.

그러다보니 금융권 디지털 전환 속도와 금융권 디지털 인재 확보 전쟁이 되고 있다는 언론보도는 당연시 받아들여진다. 이에 속한 우리 학과는 인기가 있는 학과로 성장할 수 있겠다.

그 교육의 중심에서 산업체 영역으로 성장하는 핀테크 기업들까지 가세한 시장은 교육의 질을 높이고 금융권 디지털 시장의 속도 경영에 매진할 수밖에 없는 시장으로 산학융합이 가능하게 될 것이다. 모은행의 디지로그 위원회는 그룹 내 중 디지털 사업 아젠다를 논의하고 실행을 지원하기 위한 조직이 발 벗고 나섰다. 향후 미래신기술 및 디지털 금융에 대처하기 위해서다.

그리고 산학융합을 통해 멀티미디어 기반 고객확보 및 관리하는 교육체계를 구축해 인력양성과 인력 고용이 유기적으로 연계되는 순환체계를 갖춘다고 했고 우리도 함께 할 수 있어야 한다.

물론 자체 육성도 중요하지만 핀테크 및 디지털미디어 기업을 직접 인수하거나 타 업종과 디지털 협업을 추진하겠다는 언론홍보 등으로 오픈 이노베이션(Open innovation) 전략을 통해 외부 협력을 강화하는 등으로 혁신은 디지털(IT. IB)과 투자. 자금 수시 채용형태로 편행하기까지도 할 수 있다고 했다. 이러한 위기 대응의 변화는 앞으로 금융권 디지털 인재 및 산학협업은 더욱 심화될 것으로 예상된다. 이미 디지털미디어 고객들은 기존의 금융, 은행권에서 탈중앙화 된 모바일 뱅킹 활성화, 비대면 결재수단 등의 시장에 검증으로 비대면 사업에 총력을 기울이고 있는 시점에 교육의 입장에서는 기회의 시장이다.

어디 그뿐인가. 정부가 각 부에서 추진하는 정책이 구체화 되었고, 특히 과학기술정통부 중심으로 추진하는 미래기술의 블록체인(4600억 규모) 예타 예산 집행이 통과 되었다. 다 아는 사실이지만 디지털 기술 중심의 확장성에 있는 블록체인 기술은 정부가 추지하고자하는 금융, 온라인 투표, 각종 기부, 사회복지, 신생에너지, 부동산 거래, 우편 등 7개 분야 블록체인 기술을 전면 도입하는 정책을 입안했다고 공지했다.

대통령 직속 4차 산업혁명위원회 전체 회의에서 '초연결과 비대면' 신뢰사회를 위한 블록체인 기술 확산전략을 수립하고 정부는 부산규제자유 특구의 실증 특례를 활용해 블록체인 기반 지역 디지털 화폐를 비대면 거래의 수단으로 활용하는 사례를 만들겠다는 포부까지 밝혔다. 어느 분야보다 산업측면에서는 기존의 금융권보다 정부가 일정 금액을 지원하는 '자산형성 복지급여' 복지 지원 제도 등에서 뚜렷하게 블록체인 성과가 있을 것으로 시장이 예측된다.

이러한 시장은 중소벤처기업부 스타트업들의 성장과 기존 관련 기업들에게는 기회의 시장이 된다. 왜냐하면 각자가 제안하고, 혁신적 사업 모델과 성장성을 검증 받으면서 예산을 기반으로 성장을 촉진할 수 있기 때문이다. 특히 이번에 '아기유니콘 200 육성사업'은 7년 미만 기업으로 투자유치 자체 금액이 20억 이상 100억 미만이 신청자격을 두었다. 최종 선정(40곳 우선선발)은 정책자금(159억 원)수혈을 받을 기회를 가졌다.

선정된 기업을 보면 평균 업력은 4년 이내 기업들로 평균 매출은 30억 정도로 형성 되었기에 기존의 업종보다는 정보통신기술(ICT)과 인공지능(AI), 플랫폼이 용이한 블록체인, 바이오 헬스 등 분야로 정책지원과 자체유치 활동(투자유치 48억 정도)대비 성장이 뚜렷하게 가능하기 때문이다.

이들의 기술을 기반으로 사업성 평가는 기술보증기금에서 했는데

* 1차로 검증을 하는 것으로
* 2차 평가는 전문 평가단 구축. 평가단으로 진행했으며
* 3차 평가는 전문가 평가단과 국민심사단이 참여하는 공개 발표 평가로 진행을 했고 최종 평가 발표가 된다고 한다.

특히 비대면 기업들의 평가와 성장자료를 보면 대면 시장보다 비대면 시장이 영업이익(15배수)분야와 고용의 효과도 생각보다는 높은 3배수 차이를 두었던 자료를 접할 수 있다. 그러다보니 매출(40%) 성장과 투자유치(20%)가 남다른 시장으로 시장을 대변하는 시장으로 급변하고 있는 실증 사업체들 성장이 돋보인다.

이러한 시장이 산학의 뉴딜정책이라고 볼 수 있으나

* 산업체 요구 프로세스 정리
* 학계의 구조적인 문제 인식 및 혁신방안
* 산학의 뉴딜정책 포럼 등이 가동 되면서 서로 기관들이 상생할 수 있는 시장을 만들고 주인 고객이 되는 학생들의 맞춤형 학습이 가중한 뉴딜의 정책이 필요할 것이다.

우리도 할 수 있다.

산학혁신으로 산학이 나아갈 길을 알기 때문이다.

우리는 이미 산학혁신의 길을 걷고 있다. 새로운 뉴딜의 사람으로.

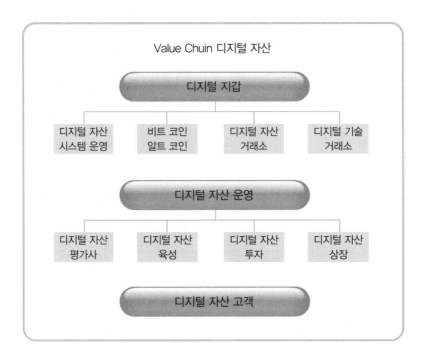

소프트웨어 시대정신은 💡

　한국판 실리콘밸리 인프라 구축은 하루 이틀이 아니다. 그러나 정부나 민간이 손잡고 한국판 오픈 이노베이션(Open innovation) 전략을 통해 한국판 실리콘밸리의 구상은 창업국가로 가기 위한 좋은 활동에는 변함이 없다. 그런 가운데 전 세계적으로 포스트 코로나로 어려운 시점에 온 누리 희망을 심을 수 있는 창업 뉴스가 있었다.

　한국판 한강의 기적으로 성장한 대표적인 포스코 기업이 중소벤처기업부와 손잡고 한국판 벤처기업 육성에 나섰다. 그동안 한국판 실리콘밸리 인프라로 활동하고 있는 '팁스타운'(Tips Town)에 민. 관 협력으로 도전하고자 하는 예비스타트 업 인큐베이팅 지원은 평소 창업국가로 지향하는 나로서는 반가울 수밖에 없는 일이다.

　오픈 이노베이션(Open innovation) 전략은 대기업과 중소기업이 협력하는 프로세스가 매우 중요하다. 특히 창업국가의 스타트 업 창업가들에 도전하는 꿈들과 성장하고자하는 기업가 정신 역할에 협력을 성공적으로 이끌어 낸다면 천생연분으로 결혼을 하는 것과 같다. 그렇기에 민간이 참여하는 벤처의 정신을 현장에서 심을 수 있기에 무엇보다도 민간이 참여하는 시장을 늘려나가야 한다. 이러한 참여의 중심에는 기존의 하드웨어 중심에서 소프트화가 가능한 기술과 시장으로 펼칠 수 있도록 장기적인 지원은 성공 기업으로 성장하기에 매우 유리한 활동이 된다.

현재 한국판 실리콘밸리로 진행하고 있는 팁스타운은 중소벤처기업부(2015년)가 역삼로 일대에 조성하고 있는 스타트업 보육 공간이다. 그러다보니 누구나 참여가 가능한 인프라는 물론 상상의 가치들이 현장에서 가급적 민간영역으로 지원하고 있는 정책이다. 그 정책에 참여하는 미래의 인재들이 도전하는 시장에 실패보다는 성공할 수 있는 기회의 장이다보니 미래의 대한민국을 이끌어 갈 다양한 사람들이 창업가 정신이 함께 할 수 있는 정신에 지원하고 관리를 하고 있다. 특히 팁스타운 거점으로 참여하는 예비 스타트업 도전정신은 팁스타운 시설을 무료로 사용하면서 창업지원프로그램 등으로 아이디어를 구체화하면서 연구와 투자자원으로 성장을 이끌어 낼 수 있다.

정부에서 이러한 정책들로 민간영역 참여 기업가 정신 확산은 창업 국가로 가는 지름길이 된다. 그동안 많은 민간영역에서 활동이 함께 했지만 오픈 이노베이션(Open innovation) 전략으로 신세계 인터네셔날 회사의 자회사 형태로 시그나이트파트너스 투자회사를 올해 설립(자본금 200억 원)했다. 민간영역의 기업가 정신의 창업 생태계를 위해 참여한 신세계 인터네셔날과 신세계, 신세계 센터널시티가 공동출자 형태로 기업가 정신에 함께 했다. 시그나이트파트너스 투자회사는 첫 세팅으로 구성원에 참여하는 스톤브릿지벤처스 출신 전문가를 스카우트 하면서 정보통신기술(ICT) 기술기반 활동이 높은 유통과 협업성이 가능한 스타트업에 관심이 둘 수밖에 없는 인프라를 조성하였다.

그리고 대기업 운영으로 막대한 자금들이 펀드투자와 직접투자 형태로 플랜을 수립하였다. 그렇다보니 새로운 산업에 대한 육성은 물론 인수합병(M/A) 과정에도 오픈 이노베이션(Open innovation) 전략과 성장이 가능한 민간 영역으로 확장이 가능하게 되었다. 또한 민간영역에 참여 할 있을 수 있기에 유사한 업계에서는 벌써부터 시그나아티 파트너 활동에 주목하고 있다.

민간영역의 오픈 이노베이션(Open innovation) 전략 활동은 삼성전자 C랩의 성공모델로 예를 들 수 있다. 운이 좋게도 지난 정부 창조경제혁신센터 첫 오픈 인프라 구축에 참여한 부분이다. 그동안 벤처경험을 했던 경력으로 K-ICT멘토로 참여할 수 있는 기회로 정책을 만날 수 있었다. 센터와 함께 멘토 자격으로 여러 C랩 정책들에 함께하면서 C랩의 문화를 학습할 수 있었다. 그 당시 주요업무는 여러 형태가 있었지만, 삼성전자 C랩의 입주기업 발굴을 통해 스케일 업이 가능한 멘토링이 주요 활동이었다.

물론 회사 내부에서 선 도입하면서 운영한 삼성전자 C랩은 사내벤처 육성과 경영으로 유명하다. 그 분야를 아웃사우드 민간분야 활성화 정책으로 도입하면서 정부의 정책과 대구. 경북창조경제혁신센터 삼성전자 C랩은 민간이 누구나 도전할 수 있는 인프라로 참여의 열기는 대단했고, 참여정신에 지원의 자원을 제공 하였다.

민간분야 참여로 고객사는 지원을 통한 성장 할 수 있는 인프라와 투자 환경을 만들었고, 지원하는 업무에 많은 비중을 주어 스케일업이 가능하게 했다. 즉 전국적으로 누구나 아이디어만 있으면 매년 반기에 모집하는 C랩 보육과정에 공모해서 평가를 통해 참여할 수 있는 기회를 얻게 된다.

이 프로그램에 참여한 기업들이 많지만 언론을 통해서 이미 알려진 '약국 의약품 통합관리 솔루션 개발' 업체 e-블루체널을 운영하는 대표를 성공모델 예를 들 수 있다. 이 스타트 업 업체는 늦은 나이에 아주 평범한 동네 아줌마로 도전하면서 기회의 시장으로 연결이 되는 운을 가지게 되었다. 정책에 도전해 선정된 창업가는 평범한 주부로 그동안 편의점 등을 운영하면서 평소 많이 접한 매장 내 매출과 재고 관리 하는 포스트 단말기를 보면서 이 분야를 전문가 집단의 약국에 도입했으면 하는 상상의 가치로 스타트 업을 시작했다.

초기 기업은 평범한 주부가 시작한 아이디어가 C랩 프로그램을 통해 구체화 되면서 삼성전자 C랩의 존재감은 시장에 필요한 분야로 성장하기에 충분한 가치를 제공했다. 지원받았던 가치들은 본인이 받은 혜택으로 성과가 나타나고 있어 본인이 직접 유튜브 통해 홍보를 하고 있을 정도이다.

이러한 기업가 정신은 새로운 창업가 스타트 업으로 지원하기 위해 삼성전자 C랩은 더 나은 인프라 제공으로 'C랩 아웃사이드' 프로그램을 도입했다. 이 뉴딜(New Deal)의 정책 프로그램 정책은 5년간 외부 민간 스타트업 500개를 육성하는 게 목표이다 보니 삼성전자 C랩의 동행지원 등으로 글로벌 기업으로 성장할 수 있는 기회의 정책이다.

다음은 대기업들이 참여하는 정책으로 기존의 영세한 시장에 참여하는 경우도 있다. 얼마 전에 발표한 자료에 의하면 서울시농수산식품공사의 '가락시장 스마트 마켓 구축' 연구 용역에 참여한다는 기사를 접하게 되었다.

이번 발표한 사업은 농수산물 산지 수확단계부터 배송, 하역, 거래, 도소매 등의 시장에서 일어나는 전 과정에 IT기술 협업이 중요한 프로그램이다. IT기술은 시장이라도 대변하듯 인공지능(AI), 빅데이터, 블록체인 클라우드 등의 기술을 접목해 디지털 기술의 확장성으로 스마트 시장으로 만들어가겠다는 오픈 이노베이션(Open innovation) 전략이다.

이러한 프로그램 과정에는 기존의 영세 시장에 속하고 있는 수많은 상거래 생태계를 하나의 플랫폼 경제로 청사진을 수립할 수 있기에 다양한 업체들과 사회적 협의를 반드시 많이 이끌어내야 하는 책임이 있는 기술과 시장이 확장되는 프로그램이다.

그러다보니 오픈 이노베이션(Open innovation) 전략은 반드시 응용소프트웨어가 필요하다. 농수산물 디지털트랜스포메이션을 통해 산지생산과 직송부터 화상 거래선 기술이 필요하고, 물류 효율화를 위한 지능형 소프트웨어가 필요한 영역이다. 어디 그뿐인가 블록체인 기술을 활용한 생산 이력이나 신선도 관리가 소프트웨어 신기술로 확장이 가능한 영역이다.

이러한 데이터는 빅데이터 기반 다양한 예측이 가능한 분석기술을 통한 유통정보시스템으로 거래량, 경제수단, 거래량 등으로 수급과 가격 안정화에 도움을 줄 수 있는 확장형 사업이다. 그러니까 이러한 산업분야에 참여 할 수 있는 인재육성은 무엇보다 사회적 협의를 할 수 있는 인재를 대학에서 육성해야한다.

그 인재들은 소프트웨어 엔지니어 자질과 시장 확장성이 가능한 기업가 정신이 함께해야 한다. 그래서 응용소프트웨어 전공하는 우수 인재육성에 최선을 다하자 하는 마음으로 교육의 혁신과 열정에 오늘도 변함없는 사랑으로 임하고 있다.

그러나 오픈 이노베이션(Open innovation) 전략은 혼자 힘으로 불과한 영역이다 왜냐하면 고객사들은 작은 아이디어부터 큰 아이디어로 다양한 분야로 산업체 요구와 활동을 하고 있기 때문이다. 이러한 인재를 육성하기 위해서는 다양한 프로젝트가 현실적으로 시장에 필요한 아이디어로 구체화되는 과정으로 학습이 다양하게 진행이 되어야한다. 하지만 현실은 다소 개인적 활동영역을 선호하는 학습문화와 현장 시장에 도전하는 정신이 부족한 상태이다.

이러한 생태계를 오픈 이노베이션(Open innovation) 전략과 전술로 학습이 진행될 수 있도록 혁신을 이끌어내야 하는 책무가 대학에 반드시 있다. 물론 현재는 전 교육과정을 '캡스톤디자인 교과목' 수업으로 확대를 하고 있는 것은 사실이다. 하지만 교과목에 접목하기 위해서 산업체 중심의 캡스톤디자인 주제 발굴과 매칭 등으로 프로젝트가 구체화 되고 산업체에 필요한 자원으로 연결하기 위한 노력은 각 대학에서 경쟁을 할 정도로 과열형상으로 운영될 정도이지 산업체에서 필요로 하는 시장은 아직 많이 부족한 상태이다.

응용소프트웨어 전공과정에는 엔지니어자로 하드웨어 기술과 소프트웨어 기술 가설이 가능한 분야이다. 이러한 분야에 배출되는 인재들은 수도권 진입 유출이 심화되고 있는 형태로 지역의 산업체 참여할 수 있는 과정에 지역에서 상호 수평적인 협력 프로그램 역할도 중요한 영역이다. 노무현 정부에 기획되어 현재 지방분권 한 축으로 이전한 한국거래소의 코스닥 유망 기업 육성 프로그램인 '라이징스타' 운영 프로그램이 있어 주목을 끈다.

그러나 아쉽게도 동남권의 업체가 단 한 곳도 이름을 올리지 못한 과정에 지역의 언론이 나서 '블록체인 규제자유특구'의 정책을 활용하면 첨단산업인 핀테크 분야에서 유망 기업을 충분히 발굴 할 수 있다고 지적 했다. 맞은 말이다. 지역정부, 학계나 업계에서는 분명 기회의 시장이다. 왜냐하면 이미 선정된 블록체인 규제자유특구인 부산이 실증 사업을 할 수 있기 때문이다.

기회의 시장 뉴딜(New Deal)의 정책은 새로운 기술 4차 산업혁명 중에 블록체인 규제자유특구 활용 등으로 참여하는 기업들이 규제, 투자, 인력 세 가지 측면에서 강점이 크다는 게 업계나 전문가들의 시각이다. 또한 정책과 참여하는 기업들은 유리한 조건부 성장이 가능하기 때문에 한국거래소 본사가 있는 금융공기업이 몰려 있는 장점을 최대한 살려야 한다는 것이 주요 핵심목표이며 실증사업을 통한 성장할 수 있는 시장이다고 지적했다.

특히 동남권역에 속한 대학이 50여 개 대학이 있는 장점은 IT관련 인력 수급도 용이한 장점이 있다. 이러한 신기술 집중화산업에 대학의 인재육성 교육에 의한 지역인재 유출이 없는 도시는 반드시 우리가 협력하는 시간으로 실행될 수 있도록 노력 했으면 한다.

또한 부산출신의 한 핀테크 전문가는 '금융산업은 규제가 많이 있고, 벤처기업이 기술을 개발해도 보안심사의 문턱을 넘어야 하는데 어려움이 많은 분야로 이번 규제자유특구 정책에서는 이 심사를 유연하게 대처 할 수 있기에 실증사업을 통해서 성장의 기회 시장으로 할 수 있다'고 언론을 통해 자문을 했다.

하지만 정부 부서 충돌에 의한 사회적 합의는 반드시 협력해야만 할 시장으로 부각된다. 이 분야에 과정부, 금융위 서로의 밥그릇 싸움은 언론 통해 접하는 각 관련 단체 및 전문가 입장에는 눈살을 찌푸리게 한다. 먼저 글로벌 시장으로 선도적 시장을 만들기 위해서는 밥그릇 싸움을 통해 시간을 소비하는 시간을 최소로 했을 때 젊은 우수 인재들이 도시를 떠나지 않고서 산업에 참여 할 수 있는 기회를 많이 얻게 된다는 것에 서로 협력의 시간을 늘려나갔으면 한다.

현재 응용소프트웨어 기술들로 벤처기업 시작으로 대기업으로 성장하는 데는 모두 혁신이 거듭되었기에 가능했다. 세계적인 구글 기업이 있다면 네이버가 성장했으며, 페이스북이 있었다면 먼저 서비스로 활동한 싸이월드 회사가 있었다.

　그리고 우버가 있었다면 다음카카오 택시 플랫폼이 오늘날 혁신의 작품들로 고객으로부터 인기를 받으며 기업의 꽃들로 피고 있다. 이래서 소프트웨어 기술의 융합은 컴퓨터 정보화사회를 거치면서 지능화 사회에서는 필수 항목으로 필요로 하는 알고리즘 고객들의 상품의 설계가 가능한 기술이다. 또한 각종 기술을 기반으로 어느 기술보다 인공지능의 힘은 데이터의 변화를 명확하게 파악이 필요한 시장으로부터 성장이 가능한 시장이 되었고, 데이터에서 필요한 패튼을 뽑는 데이터는 곳 경제로 이동이 가능하기에 데이터 경제가 가능한 소프트한 융합시대이다. 이러한 해법을 찾기 위해 만들어가는 인공지능사회는 소프트한 시대로 대변을 할 수밖에 없는 시장이 되고 말았다.

　이미 우리는 기회 시장을 얻었다.

　K-방역에서 이미 검증된 각종 데이터는 경제로 이동이 가능했다. 각종 전염병의 방역, 진단, 치료, 백신개발 등도 중요한 시장으로 인식이 되었지만 인공지능(AI)과 빅데이터 검증된 시장의 토대로 국가 시스템은 이미 검정된 시장으로 산업체 활동이 가능하게 했다.

　K- 책을 오픈 이노베이션(Open innovation) 전략과 전술로 접근을 하다 보니 개인정보 유출에 따른 피해의 시장도 검증이 되었다. 이러한 시장에 산업체들은 인공지능을 통해서 전염병 조기발견 및 진단, 예측, 처방의 시장에서 추적 치료법으로 대처한 맹활약은 K-정책에서 K-미래 산업으로 가능하게 했다.

　전 세계적인 바이러스와의 전쟁은 시간과 싸움에서 인간의 판단 적 사고방식을 사회적 협의 할 시장으로 냉정하고 빠르게 판단 할 수 있는 효율적인 시장으로 안내를 했다. 그리고 우리 대한민국은 성공적으로 대처하며 오픈 이노베이션(Open innovation)이 가능한 국가로 선도적 성장이 가능하다.

　이래서 응용소프트웨어 전공은 오늘날 필요로 하는 시장으로 미래의 글로벌 경쟁시대에 살아남을 수 있는 전공분야로 뉴딜(New Deal)의 동의대학교 임용으로 함께 할 수 있는 교육의 현장은 나라는 존재를 또 다른 존재감으로 살아가게 길을 내어 주었다.

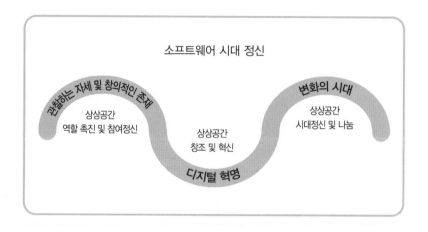

💡 창업 생태계는

오픈 이노베이션(Open innovation)은 오늘날 친구 같은 존재이다. 개방형 혁신은 취업도 중요하지만 창업으로 창업국가로 거듭났으면 하는 것이 저의 평소 지론이다. 그래서인지 개방형 혁신은 가급적 혼자 힘으로보다 세대융합을 통한 협력 네트워크 프로그램으로 성장 했으면 한다.

평소 창업국가로 갈 수 있다고 생각한 동기는 올림픽대회(88년) 개최로 국내시장이 글로벌 시장으로 가능한 모습을 눈여겨 보았기에 가능하다고 예측을 할 수 있다. 그리고 긴 창업으로 살아보면서 창업의 문화로도 얼마든지 사회가 요구하는 사회로 살아 갈 수 있기에 창업국가로 정책을 늘려나가는 것은 바람직한 일이다. 생각을 하게 되면서 벤처의 시장을 살며시 자랑으로 창업의 시장을 예측해 본다.

정부에서도 벤처기업 창업국가로 리더 하는 것 같다.
국회 안전행정위원회는 전체회의를 열고 중소기업청을 중소벤처기업부(문재인 정부) 승격으로 개편하는 내용의 정부조직법 개정안을 진행했고 의결했다. 중소기업중앙회와 벤처기업협회는 논평을 통해 중소

벤처기업부 신설을 환영했다. 그러다보니 중소벤처기업부에서는 앞으로 중소 벤처기업과 소상공인관련 정책 전체를 총괄하는 컨트롤타워 역할을 하며 기존 중소기업청 업무와 산업부, 미래창조과학부, 금융위원회 중소기업 관련 업무를 이관 받아 업무를 하게 되었다.

 그러다보니 창업국가로 갈 수 있는 길이 앞당겨진 것은 사실이다. 이미 정부도 대기업 정책을 벤처육성 정책은 속도를 내면서 비상장 벤처기업이 성장단계에서 경영권 희석 우려 없이 대규모 투자를 받을 수 있는 정책(차등의결권)을 수립하는 것에 예고했다. 이 정책이 실행되면 벤처기업들의 스케일 업과 유니콘 기업의 육성을 위해 비상장 벤처기업에 한정된 시장으로 '차등의결권의 벤처기업육성에 관한 특별조치법' 개정을 정부 입법으로 가능하게 하므로 창업국가로 갈 수 있는 또 하나의 업무 입법으로 성장촉진이 가능하게 되었다. 이러한 정책은 창업보육을 하는 기관이나 참여하는 기업으로서는 기회의 시장으로 보육이 가능하고 성장이 가능하게 된다.

 그동안 보육의 기능이 대학에서 지식기반 중추역할로 했다면 현재는 민간의 영역에서 보육기관으로 민간 자본 투자의 영역이 다소 용이한 창업보육이 활성화 되고 있다. 전국에 분포 되어 있는 대학의 보육센터에서는 정부에서 추진하고 있는 창업문화를 그동안 대학에서 보유하고 있는 다양한 자원들이 입주기업들에게 지원을 하면서 졸업기업으로 후속관리까지 가능하게 지원을 하고 있다. 하지만 입주기업들이 성장하는 과정에는 무엇보다 금융의 자원영역으로부터 무담보, 무이자 민간투자영역과 자문경영이 가능한 투자자원의 필요성이 있었으면 하는 시장으로 이동하고 있다. 이에 대학에서도 대학지주회사 설립으로 창업의 생태계를 위해 노력하고 있는 중이다.

그러다보니 대학의 기능과 민간영역에서 투자기능이 가능한 엑셀레이터 등록 정책을 중소벤처기업부에서 추진했다. 현재는 등록(200여개 회사)한 기업들이 보육, 투자, 자문경영 등으로 왕성하게 활동을 하면서 새로운 보육의 지원기능이 확대되고 있는 추세이다.

중소벤처기업부에서 추진한 엑셀레이터란 유망기업에 Seed 단계의 투자를 제공하여 일부 지분을 획득하고, 데모데이 등을 통한 멘토링과 교육 세션이 정해진 프로그램 운영을 정의하고 있다. 등록기준은 중소기업창업지원법 제19조의2 제2제1호의 요건을 모두 갖춘 자의 등록기준 법이 있다. 등록신청 시 서류는 정관, 사업계획서, 임원이력서, 주주 또는 출자자 명부, 납입자본금 증명서류, 상근 전문 인력 보유현황 및 자격증명 서류, 사무실 확보 현황 등으로 준비된 엑셀레이터 등록 기준을 갖추어야 한다.

기존의 대학의 보육등록 기준과 차이점이 투자기능이 추가된 부분과 투자의 가치에 따른 뉴딜(New Deal)의 가치로 성장 하는 것이 다를 수 있다. 즉 타인의 자금으로 투자를 집행하는 주체로서 무담보 주식투자 형태로 투자를 받고 싶어 하는 기업들에 투자기능을 소규모로 투자하면서 경영자문 기능까지 지원하는 형태이다. 물론 이미 벤처기업들이 왕성하게 성장하는 과정에 함께한 벤처캐피탈은 중소기업창업지원법에 근거한 중소기업창업투자회사와 여신전문 금융업법에 근거한 신기술사업 금융회사 그리고 벤처기업육성에 관한 특별조치법에 근거한 유한회사(Limited Liability Company) 등이 있다.

대학에서 학과에 근무 보직으로 보육센터 기능을 맡겨 되면서 현재 입주하고 있는 기업들의 뉴딜(New Deal)의 정책으로 성장을 촉진하고, 애로사항을 기반으로 지원 업무를 시작하게 되었다. 뉴딜(New Deal)의 민간영역으로 활성화 되고 있는 엑셀레이터 기능을 보육 기업들에 용이하게 적용할 수 있도록 지원을 할 예정이다. 그러나 갈 길은 멀다. 민간 투자기능이 엑셀레이터에 있지만 투자를 이끌어 내기에는 많은 시간이 필요하기에 더 많은 발품을 팔아야하는 문제점 해결이 있어야 했다.

보육의 기능은 성공기업으로 지원하는 보육기능이다.

그러니까 골프 유망선수가 프로골프가 되기까지 수많은 연습과 기량으로 남다른 연습과 프로에 임할 수 있는 경기 율에 대처하는 프로 자제와 정신이 남달라야 한다. 기존의 취미로 즐기는 아마선수보다는 연습하는 시간이 남다르면서 프로골프 선수라는 프로직업관으로 시장으로부터 접점을 만들어 냈을 때 성공하는 프로골프 선수로 성장이 가능하다. 이와 만찬가지로 보육 기업들의 기업가 정신을 만들어 가는 정신에는 프로의 정신이 필요하다.

즉 골프 프로선수는 자기 자신과 싸움에서부터 시장이 원하는 형태로 진입이 가능했을 때 수많은 기회를 잡을 수 있다. 특히 자기 경영을 통해서 대회를 통해서 투자유치와 상금을 유치할 수 있다. 기업을 경영하는 주체에서도 이와 비슷한 경영의 자세로 뉴딜(New Deal)의 시장에 대학에서 보유하고 있는 자원들을 지원할 필요성이 있기에 시장은 확장성이다.

프로골프 선수들도 슬럼프에 빠지는 경우도 허다하다.

그러다 자기싸움에서 다시 원위치로 때로는 실패로 쟁쟁한 프로선수들과의 경기에서 밀려나고 만다. 대학의 보육단계 기업들 역시 기업스스로 자만하는 경영과 시장진입의 험난한 시간의 싸움에서 이겨내지 못하면 경영은 영영 실패의 시장을 맞이하게 된다. 그럼 어떻게 이러한 시간을 피해 갈수 있으며 아니 맞이할 수 있을까. 이러한 문제점을 뉴딜(New Deal)의 정책들로 함께 풀어 나 갈수만 있다면 큰 숙제를 하나씩 해결할 수 있다.

대학에서 할 수 있는 뉴딜(New Deal)의 정책도 중요하지만, 기업에서 뉴딜(New Deal)의 정책에 필요한 활동이 협업이 더 중요하고 네트워크 융합으로 두 기능이 활성화 될 수 있는 기업가 정신을 확대해 나가야 한다.

그래서 여러 정책 기능들이 생겼다가 없어지기도 하는 각종 정책들에 뉴딜(New Deal)의 정신으로 정책들에 반복적인 학습이 가능한 새로운 창업지원과 기업가 정신은 필수이기도 한 활동이 된다.

이러한 활동에 여러 뉴딜(New Deal)의 정책 기능들이 있겠지만, 무엇보다도 기업의 성장은 무담보, 무이자 기능이 있는 정부의 정책 및 투자유치 기능에 필요한 정신을 만들어 가는 것이 무엇보다 중요하다는 생각이 든다. 이러한 환경에는 기존의 대학에 입주기업이 다소 유리한 입장이 다고 볼 수 있다. 왜냐하면 입주기업이 근거리에 있는 자원의 전문가 지식을 겸비한 학자들과 공동연구나, 장비활용 등으로 구체화 활동이 가능하기 때문이다.

특히 대학에서 사전 연구를 통해 보유하고 있는 지식재산권의 확보와 기술이전 업무에 따른 성과로 상용화 과정이 용이하기 때문이다. 이러한 지원제도를 지원하기 위해서 각 대학에서는 기술이전센터를 운영하고 있으면서 보육기업의 필요한 기업가 정신에 뉴딜(New Deal)의 시장으로 지원하고 있다.

뉴딜(New Deal)의 활동은 IP평가에 따른 성장 활동이다.

새로운 가치에 뉴딜(New Deal)의 지원 정책에 따른 가치성장에 많은 도움이 된다. 중소벤처기업부 모직원의 글을 인용하면 성공하는 기업가에게 필요한 두 개의 '이글루'가 필요하다고 글을 올렸다. 이글루란

이누이트들이 얼음과 눈으로 만든 집을 말한다.

놀라운 것은 영하 30도를 밑도는 세찬 바람이 불어도 그 안은 갓난 아이를 키울 수 있을 정도로 따듯하다는 점이다. 그러다보니 이글루가 있다면 그 안에서 자라나 추위에도 사냥하고 먹을 것을 구해 오는 성인으로 성장할 수 있다는 의미로 창업보육과 대학보육의 역할은 이러한 정신이 필요하다는 의미와 실행이 필요하다고 했다.

또한 모직원은 세상을 살아가는데 사람들의 관계는 항상 금이 가기 마련이고 늘 이해하고 상대방은 품을 수 있는 마음을 가지고 인생이나 경영에 임해야한다고 했다. 다음으로는 사업은 이글루를 가져야한다며 빠른 변화 속에서 자신의 비즈니스모델을 만들고 지켜나가기 위해서는 흔들리지 않는 견고한 설계도를 그릴 줄 아는 능력이 있어야 된다고 했다.

현재의 창업 생태계는 변곡점이 단계별로 나타난다.

예비 · 초기 기업으로 출발해 3년 이내 생존여부와 7년 이내의 데스밸리에 생기는 구간이다. 그러다보니 창업보육기관의 역할과 민간보육 엑셀레이터는 이러한 기능에 기업들의 활동으로 초기 성장에 중요한 기업가 정신의 협력으로 보육을 지원하고 있다.

기업들의 도전의 뉴딜(New Deal)의 정책을 조기에 학습하고 더 중요한 정책이 각 구간에 캐시플랜(Cash Plan)을 잘 만들어 가는 기업가 정신이 필요하다. 그 과정에의 기업가 정신은 무엇보다도 협업이 가능하고 각 문제 진단에 따른 문제해결 능력이 탁월해야 한다.

그리고 뉴딜(New Deal)의 변곡점으로 어려움이 처한 지원하는 환경에서 실행력의 리더십은 기업성장에 매우 중요한 경영이다. 그러다보니 대학의 창업보육과 민간보육 엑셀레이터는 정부로부터 융합의 사고로 기업들의 뉴딜(New Deal)의 정책이 성장하는 모든 것에 뉴딜로 이끌어내면서 캐시플랜이 가능하게 지원하고 있다.

이래서 뉴딜(New Deal)의 정책은 정부의 지원으로부터 다양한 기업의 뉴딜의 가치들로 활동이 촉진되는 추세이다. 그래서 가능하면 뉴딜의 정책으로 보육의 단계에서부터 연결이 가능한 지원을 장기적인 플랜으로 유치하는 것도 실패를 줄일 수 있는 활동이 되고 있다.

어느 듯 봄날을 지나 신록이 짙은 개울가 개구리 울음소리가 귓전에 들려온다.

계절은 이래서 인간 사회에서 꾸준한 변신으로 인간사회를 풍요롭게 안내하고 늘 아낌없는 나눔의 정신으로 평생의 꿈을 펼치게 한다. 이 아름다운 세상에 함께 긴 시간으로 살아갈 수 있는 시간들에 감사하고 다음 세대를 위한 자연사랑에 잠시 쉬엄쉬엄 살아갔으면 한다.

국내 스타트업 기업 가치 Top 10

2019년		2021년	
Coupang	11조원	Coupang	57조원
KRAFTON	3.5조원	KRAFTON	15조원
우아한형제들	3조원	Yanolja	3조원
위메프	2.7조원	우아한형제들	5조원
TMON	2.5조원	Toss	3.2조원

출처 : 비상장 공개자료

조사기관에서는 기업가치는 측정치로 정확하지 않을 수 있다고 했으나 5위 순위로만 보아도기업들의 활동영역이나 IPO 가치활동에 따라 순위가 변동되는 것을 알 수 있다.

사회적 책임과 공헌 💡

창업 생태계는 변곡점 있기에 단계별로 지원하고 있다고 했다.

일반적인 정부의 지원제도는 예비, 초기, 도약 단계별로 지원하고 있다고 했다. 가령 창업에 관심으로 예비 기업으로 출발해 3년 구간까지 경영을 하고 있는 과정에 참여했다면 다음 구간에 예비, 초기 창업패키지 지원 사업으로 연구 과제를 통해서 MVP활동으로 기업들이 뉴딜(New Deal)의 정책에 참여하게 하는 정책의 참여이다.

이러한 정책으로 실패하지 않고 3년 이상 생존여부와 7년 이내의 데스밸리에 생기는 구간에 정부지원 정책이 더 다양하게 있다. 그러다 보니 창업보육기관과 민간 보육기관의 역할은 매우 중요하다고 볼 수 있다.

어찌 보면 정부의 정책이 단계별로 지원을 하고 있기에 이러한 정책은 기업들에게는 누구나 관심분야로 뉴딜(New Deal)의 시간으로 소비하는 시간의 역기능도 발생하고 있다. 대체로 참여한 창업은 일반적으로 창업을 하다 보니 단계별로 외, 내부 환경에 의해서 부실로 나타나는 일들에 대안들이 부족하기 때문에 실패의 기업들이 발생하기도 한다.

이러한 정책들은 각 단계별 지원으로 뉴딜(New Deal)의 정책이 되기도 하고, 기업의 경영에 큰 도움도 많지만, 실패로 인해 빠른 실패의 경영으로 갈수도 있다.

이번 코로나19 사태로 인한 환경이 올 수 있다고 누가 생각 했는가? 이래서 평소의 경영은 외부적인 환경으로 기업이 해결해야 하는 문제점은 너무나 많다. 또한 창업의 길은 멀고도 먼 길이기에 피해가 많아 다양한 변수로부터 뉴딜(New Deal)의 부실로 나타나는 경우에 따른 기업들의 애로사항 해결이 어려움으로 나타날 수 있기에 늘 대비하며 경영을 해야 한다.

어디 이뿐인가. 거래처 부실로 인해 거래처 도산, 고정인건비 과다, 조직이탈 부실 등으로 인해 이중고를 안고 해결해야하는 문제점 등으로 어려운 기업경영이 지속될 수 있다. 그래서 알 수 없는 변수 값을 해결하는 부실 값으로 해결해야하는 경영은 수없이 찾아오기 때문에 기업가 정신의 피로 도를 느끼게 된다. 이러한 애로사항의 변곡점 시장에 그동안 경험했던 기업가 및 전문가들의 지식활동이 매우 필요한 시장이 될 수 있다.

전문가의 뉴딜(New Deal)의 정책은 사회적 책임과 공헌을 할 수 있는 경영 자문의 필수 사회로부터 필요로 하는 시장이고, 필요한 시장에 참여하는 정신이 무엇보다 중요하다. 이러한 시장 네트워크 활성화는 아마도 기업들이 경영하는 활동에 큰 도움이 될 수밖에 없기에 보육기관에서는 전문가 모시기에 많은 공을 많이 드려야 하는 지원의 과정이 된다.

지식인 구축으로 각종 정책 참여로 뉴딜(New Deal)의 정책 중에 그동안 경험했던 벤처기업 경영의 지식인은 많은 인프라네트워크에 큰 도움이 된다. 그리고 보육센터나 참여한 지식인이 지원하는 멘토 및 멘토링은 차별화된 활동이 되므로 많은 성과도출이 가능하다. 그래서 소장 역임으로 보육 기업 업무들이 새롭게 성장하고자 하는 비즈니스나 애로사항 분야로 기업에게 필요하다면 언제나 함께 할 수 있는 전문가 풀 구성 구축으로 지원을 해야만 했다.

물론 그동안 소장은 벤처기업 경영을 하는 동안 벤처기업협회 지회장을 역임 하면서 각종 콘텐츠 솔루션 경영으로 성장하는 기업들에 처한 기업의 환경과 애로사항에 문제해결 방법들이 역량강화 시작으로 경영지원을 하는 것에 큰 문제점이 없이 가능했다. 그러다보니 외부 전문가 특강과 멘토가 가능한 인적 네트워크는 사회적 책임으로 벤처 기업가 정신의 확장성에 용이한 지식인으로 자원이 투입일 될 수 있게 프로그램을 운영하고 지원한다.

이러한 활동을 할 수 있는 원동력은 벤처 경영 경력과 전 정부 미래창조과학부 사업의 일환으로 한국청년기업가 정신재단에서 운영하는 K-ICT창업멘토링센터 멘토 선정으로 전국적으로 활동한 경험이 많은 도움이 되었고 두 기관이 MOU체결을 통해서 입주기업을 지원할 수있는 기반조성이 가능했다.

두 센터의 주요기능은 평소 내가 만들어 가고자 하는 사회적 책임과 공헌으로 살아내고자 하는 정신과 많이 닮은 뉴딜(New Deal)의 활동이 가능한 정책으로 볼 수 있다.

즉 사회적 책임의 한 부분으로 후배 벤처 기업에 나눔과 봉사라는 일치한 정책들이 현장으로 투입이 가능했기에 두 기능에 더 많은 정으로 임했기에 긴 활동으로 참여할 수 있었다. 그렇게 시작한 경험적 가치가 있는 멘토 활동은 내 인생의 변곡점 전환이 가능한 뉴딜(New Deal)의 정신으로 보람이 참 많은 정책이었다. 자랑 같지만 단디엔젤조합, 클럽운영과 글로벌창업지원네트워크 설립으로 멘토 활성화 등에 사회적 책임을 할 수 있었다.

개인의 역량으로 처음 창업한 실패로부터 경험적 자원을 창업자들에 뉴딜(New Deal)의 정책으로 두 번째 성공으로부터 벤처경영의 가치는 뉴딜(New Deal)의 벤처기업의 생태계로 확장할 수 있는 정신이 고스란히 현장에 녹아 내렸다.

이러한 나눔의 정신은 새로운 시장에 도전하는 기회자로부터 지원할 수 있는 뉴딜의 기반이 되었으며, 오늘날까지도 여러 멘티 기업들과 해결하고자 하는 문제점에 함께 고민하고 해결점이 확장할 수 있는 뉴딜 시간을 보람차게 활동하고 있다.

뉴딜(New Deal)의 활동은 벤처기업을 경영하면서 부산정보기술협회(PIPA 2000년 설립)의 6대 취임한 회장으로 파트너 경영은 사회적 책임과 공헌을 할 수 있는 길을 걷게 했다. 그동안 본인이 생각한 아이디어로 고객들과 혜택을 받으며 함께하면서 기업의 성장에 몰입을 하였다면 부산정보기술협회 파트너 경영은 본인이 생각하는 회사 성장 몰입보다 지역에서 파트너 경영하는 회사들을 위한 사회적 책임이 가능한 길로 안내하고 뉴딜(New Deal)의 시장에 몰입 했던 시간이 필요했다. 그러나 잘 아시다시피 파트너 길이란 것이 평탄하게 좋은 길도 있지만, 때로는 좁은 길들에 개척하는 정신이 필요하고, 여러 갈래의 길들로 선택하며 같이 걷기도 하고 때로는 막다른 골목길을 만나기도 한다.

그러다보니 벤처기업 경영을 하는 기업들의 시간들에는 평소 생전에 경험하지 못했던 생소한 길 위에 서 있는 시간들이 있기에 몹시 아쉬웠던 경영인지 모르겠다.

아마도 경영을 하는 동안은 가급적이면 한 길로 선택해서 걸어가야만 하는 결단의 길과는 많이 달랐던 길들로 혁신의 시간이 부족했다. 그렇게 시작한 협회장 길은 다소 민간의 영역에서 정부에서 추진하고자 하는 뉴딜(New Deal)의 업무들과 협력이 필요한 부분이 상당히 많은 길을 내어 주었고 시간대비 성과는 하나 둘 보이기 시작했다. 그러다보니 정부에서 협회장과 협치를 하고자하는 일들이 수없이 많았던 시간이었다. 그 길은 가급적 사회적 책임 완수를 위해 하나의 길로 빠른 뉴딜(New Deal)의 정책에 경영을 몰입했다. 이래서 사회적 책임에 의해 여러 회원사들과 새로운 길을 갈수 있도록 사회적 공헌의 시간이 많이 필요한 길들로 함께 걸어갈 수 있었던 추억이 있어 너무 좋다.

지역에서는 부산정보기술협회(PIPA 2000년 설립)의 설립으로 체신부, 정보통신부에 등록된 협회의 위상과 역사성은 대단하다. 지역의 정보기술(IT) 산업업체들의 설립의 의지로부터 지역에서 IT 활동하고 있는 기업들의 주축으로 설립이 되었다. 본 협회 설립은 지역의 정보기술(IT)과 파트너 네트워크의 필요성으로 설립이 되어 오늘날까지 위상을 같이 하고 있다. 그 당시에 벤처붐 정책에 즈음하여 성장의 뉴딜(New Deal)의 사업화 정보에 함께할 수 있는 기반으로 파트너 네트워크가 확장이 되어 성장했다.

특히 중앙 협회의 정책으로 현재까지 지회의 벤처 생태계를 이끌고 있는 벤처기업협회의 지회 등록과 활동은 지역의 벤처기업과 벤처성장 정신에 디딤돌 역할로 뉴딜(New Deal)의 정책이 기업들에 많은 도움이 되었을 것이다.

지역산업을 활성화 시킬 수 있었던 계기도 중요하지만 초대회장부터 10대 회장으로 활동이 가능한 긴 파트너 경영은 깊은 역사성을 가지고 파트너 경영이 가능했다. 그리고 부산 지역의 IT 산업은 소프트웨어 산업으로서 다소 영세한 벤처 기업에 불과한 불모지역을 1997년 IT 지원센터 개소가 중추역할을 할 수 있도록 뉴딜(New Deal)의 정책에 함께 했다. 그렇게 출발한 지원기관은 지역에 있는 부산정보산업진흥원 설립으로 IT기술을 지원하고 콘텐츠 기술(CT)을 육성하는 벤처붐 뉴딜(New Deal)의 정책 등으로 지원체계를 복합적으로 지원하고 관리할 수 있는 체계로 두 기관이 동반 성장할 수 있게 되었다.

뉴딜(New Deal)의 여러 대안들의 정책은 지역에서 부산정보산업진흥원(BIPA 2002년 재단설립)의 정보통신부에 의해 부산의 소프트 타운으로 지정되어 설립되었다. 그야말로 벤처붐으로 벤처 산업육성과 관리체계 등으로 준비된 지원체계를 갖추게 되었다.

뉴딜(New Deal)의 그 정책을 정리해보면 1997년부터 부산소프트웨어지원센터, 2001년 부산멀티미디어센터가 개소되었다.

또한 2002년 '부산정보산업진흥원 설립 및 운영 지원 조례'를 바탕으로 지역의 전략 산업으로 지정되어 풍부한 고급 인력, 대도시 기반의 산업수요 등과 연계가 가능하게 구축으로 정보 통신 산업지원 육성 기관으로 현재는 지원기관이 없으면 안 될 정도로 성장을 했다.

물론 정보화 사회를 거치면서 산업체에서는 지식네트워크는 날개를 다는 형국이 되었지만 지능화 사회 도입으로 현실에 필요한 맞춤형 정책으로 혁신의 뉴딜(New Deal)의 혁신 시간이 필요하다. 이러한 정신이 바로 사회적 책임이고 사회적 공헌을 할 수 있는 뉴딜(New Deal)의 정신이다. 욕심이 꿈으로 연결된다면 이러한 역할에도 경영을 하고 싶은 충동에 생긴다.

지역에서 지원기관이 조성되었기에 함께 할 수 있는 산업체 사회적 책임이 가능한 이음정책으로 뉴딜(New Deal)의 지속성은 반드시 필요하다. 그러나 무엇보다도 산업체를 경영하는 다양한 업체들이 사회적 책임에 필요한 정책과 이음이 더 왕성하게 자리 잡을 수 있도록 뉴딜(New Deal)의 정책을 연구하고 지원이 가능하게 했으면 한다. 왜냐하면 벤처기업 경영을 통해서 경험했던 자원들은 돈으로 살 수 없는 데이터 자원이고 경제의 이음이 가능하기 때문이다.

뉴딜(New Deal)의 책임적 자원들이 개인들에 머물지 않고 사회적 경제로 이양이 가능하게 사회적 책임이 뉴딜(New Deal)의 이음으로 연결이 된다면 더 아름다운 세상으로 만들 수 있다.

특히 일반적인 상속의 기업인보다 벤처기업의 기업인들은 실패의 자원과 성공한 자원이 스스로 만들 수 있었던 자원들 너무 많이 있기 때문에 더욱 값진 가치로 뉴딜(New Deal)의 사회적 책임이 가능할 수 있다.

물론 상속으로 경영하는 산업체도 기업가 정신이 다양할 수 있다. 주요 거래처 대기업 문화들로 벤처기업들이 가질 수 없는 사회적 책임과 이음의 뉴딜(New Deal)의 정책으로 기업들도 왕성하게 지원하고 가능하기 때문이다. 그래서 사회에 필요한 보다 나은 사회를 위하는 사회적 책임이 더 필로로 하는 시장으로 이음과 나눔의 뉴딜(New Deal)의 정책이 사회적 가치로 확장이 되었으면 한다.

현재는 대기업 중심으로 모범적인 나눔을 하고 있는 것에 벤처기업들의 다양성 나눔이 눈여겨볼 행동으로 할 필요성이 있다. 주로 사회적 공헌 정책을 위탁받아서 운영하고 있는 노동부 정책에 참여한 일이 있다. 강의의 대상(50세 이상)은 주로 퇴직을 앞둔 경력자나 퇴직자 중심으로 경력을 검증하고 사회적 공헌이 가능한 업무가 가능하게 지원하는 정책이었다. 그러다보니 현직에 있는 경력자보다 퇴직을 한 경력자가 대다수 지원접수를 했다. 그 과정에 심의를 시작으로 그 경력자들이 현장에서 필요한 사회적 공헌이 가능하게 강연을 통해서 지원이 가능하게 했던 기억에 더 사회적 책임과 봉사를 느낄 수 있었다.

뉴딜(New Deal)의 참여한 경력자는 주로 단체나 개인이 참여하는 형태였으나 단체로 등록한 경우가 많았다. 그 당시 기억에 남는 단체가 있는데 죽음을 앞둔 환자들 대상으로 사회적 공헌과 봉사자들이 운영하고자 하는 나눔의 정책이 기억에 많이 남는다.

주요 고객으로는 이성에서 살아 있는 인생이 얼마 남지 않은 환자들에 사회를 위해서 또는 개인의 살아온 삶이 정리될 수 있도록 하는 단체였다. 참 아름다운 단체로 사회적 가치를 공유하고 못 다한 사회를 위해서 나눔으로 남길 수 있는 일들을 할 수 있게 지원하는 공헌 활동이다.

뉴딜(New Deal)의 나눔 정신을 비롯해 고육을 통해서 접할 수 있었지만 이 분들이 사회적 공헌과 나눔 정신을 하고자하는 프로그램에 초고령화 사회를 연구하고 참여하고 싶은 충동이 생겼다. 이 글을 읽는 분들로 유창한 지식이나 경험이 없더라도 기존 사회의 구성원들을 위한 여러 형태로 참여하는 정신으로부터 필요한 시장이 많으므로 사회적 책임과 봉사차원에서 활동에 참여했으면 한다.

사회는 배려와 나눔으로 떠나는 그날까지 이성으로부터 죽음으로 떠나는 그날까지 혼자만이 가지는 시간이 두려운 세상을 한 동안 나눔의 시간으로 봉사하는 단체를 만날 수 있었다. 교육을 통해서 경험했던 아름다운 시간과 봉사할 수 있는 스스로의 자원들을 보면서 너무 아름다웠던 인생을 정리할 수 있는 분과 봉사하는 마음의 스토리는 더 아름다운 세상을 공헌할 수 있게 했다. 또한 경험의 자원을 나누고자 하는 봉사의 정신으로 영종사진, 자서전 등으로 선도적으로 나눔과 봉사를 하는 정신들도 만날 수 있었다.

이러한 활동을 하시는 분들이 남들보다 더 많은 것을 배운 것이 아니라 아름다운 사회로 함께 할 수 있는 사회적 책임을 할 수 있는 시간에 공헌 뉴딜(New Deal)의 활동을 하고 있었다. 이에 더 많은 관심과 행동의 시작은 어떨까?

죽음을 스스로 평온하게 맞이하고 떠날 수 있는 봉사, 죽음을 앞둔 사람들과의 대화, 영종사진을 찍어주는 사람들 등을 만나게 되면서 사회적으로 다양한 사람들이 살아가면서 더 아름다운 세상을 위해서 노력을 하고 봉사하는 정신을 배울 수 있었다. 그리고 이러한 활동을 하시는 분들이 남들보다 더 배우고 폼 나게 행동을 보여주는 것이 아니라 일상에서 시간을 할애하여 평소에 습관처럼 봉사하는 사회적 책임과 공헌을 하고 있었다. 너무나 아름다운 세상을 만드는 사람들이 아닌가!

최근 경제 주인 이수 ESG는 환경(Environment), 사회(Social) 지배구조(Governace)를 뜻한다. 세계적으로 환경(기후변화, 온실가스 배출, 자원고갈, 폐기 및 오염, 산림파괴)을 중시하고 사회(노동환경, 토착, 지역사회, 분쟁지역, 건강 및 안전, 노사) 지배구조(경영진 보상, 뇌물 및 부패, 정치, 기부, 이사회, 세무) 등으로 현대의 사회적 문제점을 해결하고 세계적인 운동으로 국가적 참여도 해결하는 ESG 운동이다.

이러한 사회를 추구하는 문제점을 연구하고 참여하는 국민의 정신이 매우 필요한 시점이다.

출처 : 고용노동부(2021)

위 자료에서 보여주듯이 사업체 종사자 증감 추이가 보건, 사회복지서비스업이 최고로 증가하는 추세를 숙박·음식점이 마이너스 고용추이를 가장 많이 줄어드는 것을 알 수 있다.

이러한 문제점은 초고령화 사회의 진입과 최저 인건비 상승 및 코로나19로 인한 소비 패턴이 변화된 시장을 알 수 있다. 그래서 지속적으로 연구해서 대처하는 사회적 책임과 공헌 할 수 있는 시장을 확대해 나갔으면 한다.

멘토의 뉴딜 💡

전 정부 미래창조과학부 사업의 일환으로 한국청년기업가 정신재단에서 운영하는 K-ICT창업멘토링센터(2013년 센터오픈)는 대기업의 인프라조성으로 지역의 정부와 창조경제 정신이 맞춤형이 가능한 창업을 지원했다. 특히 인프라구축으로 뉴딜(New Deal)의 정책은 전국적으로 선정된 대기업 담당과 멘토의 참여정신으로는 벤처 1세대 중심으로 스타트업들에 멘토링을 지원하는 사업이었다.

뉴딜(New Deal)의 정책에 참여하는 예비, 초기기업들에 멘토와 멘티 매칭 프로그램으로 장기로 전담제(6개월 단임제)로 운영하는 멘토링 프로그램과 오픈으로 찾은 고객사를 위해 전국적으로 찾는 고객을 위해 멘토링 활동이 가능했다. 본 센터가 초기에 서울 상암동에서 둥지를 틀다 현재는 판교스타트업캠버스로 이사를 하면서 더 많은 뉴딜(New Deal)의 정책을 장기간 운영하고 있다. 이러한 다양한 정책과 참여로 여러 기관들과 협력할 수 있는 시스템 조성이 되었던 것은 새로운 창업의 생태계를 활성화할 수 있었다. 특히 기수별 참여하는 창업가들에 뉴딜(New Deal)의 차별화된 멘토링 프로그램은 많은 성과 중심으로 성장이 가능했다. 전국적으로 활동하고 있는 창조경제혁신센터 중심으로 멘토의 역량은 성장을 촉진할 수 있는 인프라 중심으로 운영되었다.

 스타트업을 경영하는 일은 위험도 있고, 성취감도 높지만 동시에 외롭고 험난한 길에는 틀림없는 길이라고 했다. 그래서 경험과 지식이 있는 멘토와 함께 할 수 전담제 프로그램으로 충분이 성공할 수 있는 뉴딜(New Deal)의 멘토링은 좋은 정책에는 틀림없다. 이럴 때 마음을 활짝 열고 모든 문제를 해결 할 수 있는 좋은 멘토가 있다면 무엇보다 큰 힘이 될 것이다.

 설립된 센터는 그런 역할을 하기 위해 인프라는 빠르게 구축이 되었고, 내실이 있는 프로그램은 고객사 중심으로 구체화 되었고 단기보다는 장기 정책으로 멘토와 멘티가 함께 할 수 있는 활동으로 특이점 확장이 가능했다.

 보통 프로그램은 센터에서는 분기별로 모집을 통해 선발하게 되는데 멘티의 아이디어 모집 프로그램 과정에는 경쟁이 치열하다보니 접수가 마감되면서부터 평가를 통해서 치열한 경쟁에서 멘티 선정의 영광을 얻게 된다. 이렇게 되면 전 기수는 연장선에서 이미 선정된 기수와 함께 6개월 동안 전담제로 멘토링을 받게 된다. 특히 선배 벤처기업 경영인 멘토 매칭으로 예비, 스타트업의 전담 멘티가 되어 멘토링을 제공받게 된다.

 센터에서는 멘티의 전담제 업무 시작으로 글로벌 선진 창업교육, 성장프로그램, 판로개척, 해외 진출, 투자유치 등의 멘토링 교육프로그램으로 창업의 길에 멘토와 함께 할 수 있는 프로그램이다.

 또한 선배 벤처 CEO 멘토 단이 역량강화를 통해서 기술과 시장의 확장성에 필요한 4차 산업혁명 기술을 학습하고 기존에 경험과 지식으로 기업의 전반적인 문제해결에 대해 함께 해결방안을 모색함으로써, 보다 안전적인 성장을 견인하는 중추 역할로 실패를 줄일 수 있는 멘토링이 구체화 된다.

특히 본 센터의 장점으로 운영되고 있는 전담 멘토링 제도이다. 이 전담제는 전담 멘토가 멘티의 전문분야나 니즈에 맞는 다른 전담 멘토를 초청하여 멘토-멘티 간 1:N 또는 N:N 형태의 차별화된 협업 멘토링은 어느 기관에서 찾아 볼 수 없는 차별화된 멘토링 서비스 정신이다.

뉴딜(New Deal)의 벤처 1세대 CEO 멘토 선정(2014년)으로 활동이다.

본 센터 오픈을 시작으로 영남권역에 사무실 구축으로 멘토단이 구성될 시점에 CEO 멘토로 함께 할 수 있는 영광을 얻게 되었다. 서울 상암동에서 구축된 CEO 멘토단(15명 1기수) 활동이 자리를 잡고 있을 무렵 벤처 2세대 젊은 기수와 영남권역 CEO 멘토단이 출범하면서 둥지는 대구창조경제혁신센터에서 보금자리를 틀게 되었다.

대구에서 구축된 창조경제혁신센터는 세계적인 기업인 삼성전자가 함께하는 프로그램이었다. 그러다보니 국내에 경험 많은 CEO 멘토와 세계적인 시장을 이끌어낸 삼성전자 기업가 정신과 구성원의 융합 정신은 국내외 성장에 필요한 정책들 지원하면서 인기가 짱이었다. 이에 충분한 기반을 마련하게 된 구성원과 멘토링으로 뉴딜(New Deal)의 가치로 찾아오는 고객을 위해 준비된 네트워크 구축은 더 많은 기업가 정신을 담아내는데 큰 융합의 네트워크 정신이 현장에 녹아 내렸다.

각 지역에서 대기업 연계 벤처 육성 프로그램은 전 정부에서 대구, 대전, 창원, 부산, 서울 등의 순으로 창조경제혁신센터(Center for creative economy and innovation 2015년)는 정부의 핵심 정책이었다. 정부의 창조경제 정책을 실현하기 위해, 창업 벤처와 중소기업 육성, 지역 특화 사업 기반의 창업 및 신산업 창출 등을 지원한다고 정의 하였다. 그래서 전국 17개 시, 도에 설치하고자 하는 계획 아래 경제혁신 3개년 계획과 함께 중소, 벤처기업을 통한 지역 경제 활성화를 위해 조성된 전국 창조경제혁신센터(2015년)는 각 센터별로 전담 대기업을 두고 대기업과 중소, 벤처기업을 연결하는 가치들에 보다 낳은 경제로 이어지는 정책의 일환으로 인프라구축과 지원체계가 구축이 되었다.

그러다보니 K-ICT창업멘토링센터는 전담 멘토 풀을 현장에 투입하게 된다. 벤처 창업 촉진을 위한 인프라정책은 대기업과 지역정부에서 구축으로 지원한다면 본 센터에서는 CEO 멘토의 참여로 스마트한 벤처 창업가 정신을 할 수 있게 멘토링을 지원했다. 특히 지역의 특화산업 육성에 CEO 멘토단의 역할은 중요한 성장프로그램으로 참여가 가능했으며 기업가 정신의 생태계 이양하기에 충분한 가치 활동이 가능했다.

멘토의 자격으로 벤처 신규 업체들이 성장할 수 있는 각종 뉴딜(New Deal)의 정책은 운이 좋게도 처음으로 출근하게 된 대구창조경제혁신센터 내 상근으로 여러 정책들을 함께한 시간은 어느 시간보다 값진 시간으로 기억에 많이 남는다.

공간은 대구광역시 무역센터 건물이 위치했지만 전국적인 활동에 전혀 문제가 없었고 현재는 삼성전자 창업정신이 있는 북구의 재일모직 자리에 멋지게 구축이 되었다. 삼성전자에 뉴딜(New Deal)의 정책은 대구광역시의 지원도 중요한 역할을 했지만, 세계적인 기업의 삼성전자 브랜드 가치를 타고 몰려드는 중소, 벤처기업들의 수요의 시장은 대단했고, 기대의 심리가 높은 만큼 성장도 대단했다.

뉴딜(New Deal)의 정책들이 언론을 통해서 홍보가 되면서 삼성전자와 인연을 만들어 보고자하는 스타트업들이 공간들에 줄을 이을 정도로 대단했다. 역시나 세계적인 기업의 위상으로 창업의 지원 생태계가 새롭게 정착하는 계기로 대기업과 벤처기업이 하나가 된 정책이었다. 물론 개인적으로 CEO 멘토단과 함께 지역을 위하고 새로운 벤처정신을 이양하는데 자부심도 있었지만 새로운 창업지원 영역으로 공간과 시간을 통해 많이 배울 수 있는 기회의 시장도 되었고 여러 기업들을 만나면서 좋은 성과도 낼 수 있었다.

이러한 창업 생태계는 경남창조경제혁신센터(두산그룹), 부산창조경제혁신센터(롯데그룹), 울산창조경제혁신센터(현대중공업) 등 구축에 따른 멘토링에 내부 전담 CEO 멘토 단으로 활동을 대대적으로 할 수 있었던 것은 잊을 수 없는 기업가 정신이었다.

이러한 정책이 더 많은 뉴딜(New Deal)의 정책은 이번 정부가 들어서면서 기존의 중소기업청이 중소벤처기업부로 승격이 된 계기가 아닐까 생각한다. 즉 대기업 중심 국가 정책에서 벤처기업 육성 정책이 새롭게 정의되면서 창업업무 부처가 일부 조절되면서 정부가 출범되었던 것은 큰 미래의 확장성이었다. 그러다보니 전국에 있는 창조경제혁신센터가 중소벤처기업부로 이양이 되면서 현재는 인큐베이터 업무와 대기업 문화 이음으로 연결하고 예비, 스타트업을 지원하고 있다.

정부의 부서 변경으로 다소 다른 구조로 CEO 멘토 단 하고는 업무 효율성의 연결이 부족한 구조로 각 지역의 특성에 맞게 운영되고 있다. 그러나 중소벤처기업부로 이양된 전국 창조경제혁신센터는 창업기업들의 인큐베이터 업무와 대기업 지원구조로 새로운 프로그램이 도입되면서 효율성 있는 성장프로그램을 많이 진행되고 지원하고 있다.

멘토는 학습이 필요하다.

4차 산업혁명은 기술기업을 지향하고 스타트업들에 적용하기 위한 K-ICT창업멘토링센터는 멘토 역량 강화 교육은 참 훌륭한 지원프로그램이다. 긴 학습을 통해 분기별 기술자문이 가능하게 기술의 분야별 그룹 연구가 가능하게 지원을 한다. 각 분과에서는 4명 전 후로 5G네트워크 및 사물인터넷(IoT), 디지털콘텐츠 및 클라우드, 블록체인, 빅데이터 등의 영역으로 한 해 동안 연구하면서 성과를 발표한다. 연구과정은 가급적 전문지식으로 연구를 하되 실제 창업자 아이디어 적용이 가능한 적용 사례 중심으로 연구가 진행된다.

그리고 기업가 정신 교육프로그램을 지원한다.

벤처 1세대 멘토링센터 명칭으로 오픈되면서부터 멘토들의 역량 강화 차원에서 라이선서 비용을 지불하면서 진행된 교육은 다른 교육보다 값진 기업가 정신 교육이었다.

벤처 1세대 멘토링센터는 미국 카우프만 재단의 대표적인 기업가 정신 교육 프로그램을 도입하고 국내 환경에 적용 및 운영하는 것으로 비창업자의 성공적인 사업 진출을 위해 도입한 교육상품이다.

그렇게 출발한 벤처 1세대 멘토링센터는 멘토들의 역량강화 교육프로그램은 PEV(Planning the Entrepreneurial Venture) 단계별로 Growth Venture Facilitator 교육은 진행이 되었다. 특히 교육을 이수한 멘토들이 전국에 있는 석.박사 대상으로 교육을 진행했지만 미국 카우프만 기업가 정신 재단의 한 프로그램으로 PEV(Planning the Entrepreneurial Venture) & Growth Venture Facilitator 양성과정 교육은 각 대학에서도 교과목으로 도입이 가능했다. 이 교육을 받으려고 하면 미국에 직접 방문해서 교육비용을 지불하고 받을 수 있는 프로그램이다.

다음 프로그램은 본 센터에서는 Facilitator 양성과정 교육을 한국에서 강사초청으로 진행하는 프로그램으로 교육을 받을 수 있게 했다. 물론 미국 카우프만 기업가 정신 재단의 교육자가 직접 방문해서 자격과정을 지도 받을 수 있었으나 한국의 창업문화와 다소 차이점이 있는 교육과정을 발견할 수 있었다. 그래서 교육용으로 번역을 했던 내용으로 멘티 및 교육 받는 교육자에게 PEV(Planning the Entrepreneurial Venture) & Growth Venture Facilitator 양성과정 교육은 미국의 창업방식과 한국의 창업방식의 기업가 정신 마인드셋, 재무관리 등을 동시에 이해할 수 있도록 강의하고 멘토링을 진행했던 기억은 잊을 수 없는 한 추억이다.

멘토의 역량강화는 새로운 창업 생태계로 확장성이 가능했다.
분기, 년 단위로 전담제 운영을 하다 보니 멘티로 선정되기 위한 활동은 매우 도전적이다. 전담제 운영은 창업의 실패로부터 실패를 줄이는 뉴딜(New Deal)의 정책에 도전하는 열정은 대단 활동이 전국적으로 가능했다.
멘토도 열정적이고 도전적인 전담 멘티 발굴을 위한 본 프로그램에 활동이 가능하기 위해서 추천 및 사업계획서 사전 검증으로 지원이 가능하게 했다. 예비 창업 팀으로 선정된 팀도 있고 기존 기업으로 접수해서 선정된 기업도 있다.
선정된 팀과 기업은 새로운 창업교육을 통해서 아이디어를 구체화가 가능했고 팀과 기업의 비즈니스모델이 사업화되는 과정마다 멘토링에 집중을 해 나갔다. 주요 프로그램은 팀과 기업들의 경청에 몰입하고 몰입된 내용을 기반으로 단기, 장기로 나누어서 성장이 가능하게 지원을 했다. 특히 팀과 기업들은 정부의 뉴딜(New Deal)의 정책 발표를 통해서 정책자금을 유치하고 싶은 일들에 경영자문에 사업계획서 작성, 발표학습 등으로 멘토링으로 연결 산업이 가능하게 지원했다.

창업가 정신에 뉴딜(New Deal)의 정책은 지속성이 필요하다. 또한 멘토 역량강화 교육은 필수가 되어야 했으며, 멘토들은 주변 대학에서 교과목 배정 및 겸임교수로 기업가 정신을 확산해 나갔다. 그리고 젊은 인재들에게 기업가 정신교육을 통해서 취. 창업으로 살아가는 뉴딜(New Deal)의 사회의 길목에서 진로설계와 실행설계가 가능하게 지원을 했다. 그리고 가장 기억에 많은 남는 것은 전국에 석·박사과정에 있는 학생들 대상으로 기업가 정신 교육은 새로운 창업국가로 갈 수 있는 희망을 담아보았던 추억이 있다. 그리고 우리도 할 수 있다는 젊은 국가의 비전을 보았다.

2019년 03월 07일 목요일 019면 경제과학

지난해 열린 케이글로벌 창업멘토링 11기 수료식. 2013년부터 시작한 멘토링 사업은 총 989개팀 전담멘티를 배출했다.

창업 4~7년차 기업 멘토링 강화

11~12일 케이글로벌 창업멘토링 결연식
12기 전담멘티 출범…맞춤형 지원 확대

과학기술정보통신부와 한국청년기업가정신 재단은 2019년 상반기 케이글로벌(K-Global) 창업멘토링 멘토·멘티 결연식을 11~12일 이틀 간 경기도 성남시 밀리토피아호텔에서 연다고 6일 밝혔다.

케이글로벌 창업멘토링은 국내 벤처 최고경영진(CEO)의 경험과 노하우를 활용해 창업 기업에 성장단계별 맞춤 멘토링을 제공하는 사업이다.

행사에는 사업멘토링 사업 공모를 통해 선발된 멘티와 멘토 등 170여명이 참석한다.

현장에서는 멘토링 프로그램 안내, 멘티와 멘토의 결연식 등을 개최하고 12기 전담멘티 공식 출범을 알린다.

선정된 전담멘티는 결연식을 통해 전문 기술 분야에 맞는 멘토를 매칭하며 기업 성숙도 측정 결과와 수행계획서를 기반으로 체계적 멘토링을 5개월간 받게 된다. 또 실전창업, 투자역량 강화, 디지털 마케팅 등 창업가가 알아야 할 필수 교육과 이른바 '데스밸리' 구간의 기업에게 필요한 혁신성장 프로그램 등 전문서비스를 받게 된다.

케이글로벌 창업멘토링 사업은 2013년 9월부터 시작해 총 989개팀의 전담멘티를 배출했다. 지속적 멘토링 역량강화 프로그램과 운영 노하우 축적으로 고도화된 멘토링 체계를 지원한다.

12기부터는 창업 후 4~7년차 성장단계기업 지원을 더욱 집중해 '스케일업'이 필요한 기업을 대상으로 한 맞춤형 지원이 폭넓게 이뤄질 예정이다.

최병희 K-ICT창업멘토링센터장은 "센터는 창업초기기업에 집중된 멘토링을 성장단계기업까지 확대하고, 정부가 추진하는 4차 산업혁명 관련 혁신 기술들이 성공적으로 사업화 될 수 있도록 기술멘토링 역량을 더욱 강화해 나갈 것"이라고 말했다.

김명희기자 noprint@etnews.com

출처 : 전자신문, 2019년 3월 7일

💡 나눔의 뉴딜

　나눔의 뉴딜(New Deal)의 정책은 봉사로 한국장학재단에서 활동이 가능하게 했다.

　그동안 미국 카우프만재단 기업가 정신 교육 프로그램인 PEV(Planning the Entrepreneurial Venture) & Growth Venture Facilitator 양성과정으로 퍼실리테이터 자격을 갖춘 나로서는 한국장학재단에서 운영하는 사회리더 대학생 멘토링 프로그램에 참여하는 것은 어쩌면 새로운 진로설계도 있겠지만 젊은 인재들에게 기업가 정신을 확산하고 싶은 마음이 더 강했는지 모르겠다.

　어찌 되었던 한국장학재단에서 운영하는 프로그램은 8기로 참여하면서 관심분야 학생 8명이 멘토의 역량과 관심분야로 신청이 되면 멘토가 심의 또는 위임하여 진행하는 프로그램으로 매칭이 완료된다. 특히 사회경험의 사회지도층 인사가 멘토가 되어 미래 인재인 대학생에게 삶의 지혜와 경륜을 전하는 프로그램으로 경쟁률이 높은 편으로 서로 멘티, 멘토 인연으로 프로그램을 운영하게 된다. 그러다보니 사회리더 대학생 멘토링은 사회 각 분야의 리더가 제안하는 프로그램으로 횟수의 멘토링은 멘토가 자유롭게 10회 정도 10개월 동안 진행하는 형태로 상호 매력적인 활동이 멘토링으로 진행된다.

창업기관에 매칭 되는 멘토링 프로그램은 장학재단 멘토링과 다소 다른 형태로 운영이 된다. 일부 창업기관 멘토링을 분석해 보면 다양한 성공경험과 전문지식을 겸비한 사회지도층 멘토의 활동은 창업의 예비, 스타트업으로 창업 준비부터 초기단계 등으로 각 프로그램에 참여하는 멘토링 프로그램이 많다.

그러다보니 다소 부작용 사건사고도 발생한다. 마치 멘토가 박사라도 되는 듯 멘티의 사업에 지혜를 자문한다는 핑계로 멘티를 가르치는 문제와 멘티의 사업방향을 좌우지하는 문제점으로 멘토의 활용영역은 좀비로 둔갑하기도 한다.

그러나 한국장학재단에서 운영하는 대학생에게는 사례중심 교육이 필요하고, 사례학습이 가능한 현장체험으로 연결의 학습이 무엇보다 중요하다. 참여하는 학생들의 만족도가 높게 나타나고 있는 과정은 멘토로부터 평소 해결하지 못한 고민들을 사회 활동을 통해서 경험할 수 있는 경험을 나눌 수 있게 지원하고 조언하는 역할이다. 그리고 지도하는 리더십은 '미래 대한민국을 이끄는 배움과 나눔의 인재'로 육성해 나가는 목표에 함께하면서 서로 만족의 시장을 만들 수 있는 매력적인 프로그램에 만족할 수 있는 역할이 매우 중요하다.

장학재단 9기 만남은 창업프로그램으로 계획을 했다. 미국 카우프만재단 기업가 정신 교육 프로그램인 PEV(Planning the Entrepreneurial Venture) 자격 소유자 멘토(동의대 교수 저와)와 멘티(부산대1, 동명대2, 동아대1 외 4명)이 한 팀이 되어 1년간 진행한 한국장학재단 프로그램은 이론 중심보다 실전에 필요한 기업가 정신 학습에 많은 발품을 팔았다.

가장 먼저 개인역량을 검증하고 두 팀으로 편성하여 아이디어 발굴을 통해 아이디어 구체가 가능하게 구성을 하였다. 두 팀은 영남권역 대학의 모르는 학생들로 구성이 되었지만, 학생들답게 팀워크가 가능한 분야별로 자유주제로 자유롭게 PEV(Planning the Entrepreneurial Venture) 이론 수업을 시작으로 실습이 가능하게 팀 빌딩을 각 단계별로 진행할 수 있도록 진행을 하였다. 두 팀은 다른 길을 걷고 있었다. 열정 있게 프로그램을 진행하는 팀과 바쁜 일정의 핑계로 팀이 원활하게 진행되지 않은 팀으로 변화고 있었다. 지난 일이지만 멘토의 열정이 너무 과한 일이라 생각이 되어 한편으로 미안하기도 하다.

그래도 두 팀으로 한국장학재단 프로그램은 마무리할 수 있었지만 아이디어가 구체화된 가치를 기반으로 아이디어 검증 단계 공모전에 두 팀이 참여 했으면 하는 의견으로 그동안 학습한 내용을 기반으로 도전이 가능 하게 멘토링을 했다.

두 팀들이 뉴딜(New Deal)의 정책에 '부산국제아이디어대회'(2018년9월)에 참여해 보자는 제안을 멘토가 하였다. 착하게도 두 팀이 다 참여하면서 무박이일 동안 그동안 구체화 했던 아이디어를 기반으로 경진대회에 가능한 활동이 진행 되었다. 그런데 아쉽게도 아이디어는 다른 멘토를 만나면서 혼선이 온 팀도 있었고 다른 아이디어로 바꿔가며 무박이일동안 공모전을 통해 성장한 팀도 있었다.

어떻게 되었던 멘토, 멘토링을 통해서 진로설계를 경험을 통해서 할 수 있었다. 처음으로 아이디어 공모전 대회 경험의 가치는 개인의 역량이나 팀원들의 역량을 담아내는 것들에는 충분한 가치 있는 활동이었다고 생각이 든다.

다음의 기회의 뉴딜(New Deal)의 현장체험을 통한 진로설계 프로젝트는 또 다른 아이디어 경진대회에 참여할 수 있는 기회가 되었다. 이번에 참여할 대회는 광주시에서 개최되는 대회로 거리가 있더라도 참석하면 좋겠다는 의견을 시작으로 한 팀만 구성해서 참여하기로 했다.

여기도 비슷하게 운영하는 프로그램이었는데 운이 좋게도 두 번째 참여한 아이디어 대회는 멘토링 한 팀이 입상하는 기회를 얻게 되었다.

뉴딜(New Deal)의 정책 장학재단에서 운영하는 프로그램은 팀으로 구성하여 아이디어를 구체화는 멘토링으로 사전 검증과 경험의 학습이 가능한 경진대회 참석이다. 그리고 운이 좋게도 공모전에 입상을 통해 참여한 학생들의 기쁨과 미래 진로설계를 하는데 큰 도움이 되는 멘토링 이었다. 뉴딜(New Deal)의 정책은 계속 도전 속에 보람이 쌓여만 갔다.

12기 기수는 진로설계 프로그램으로 계획을 올렸다.

지원학생이 12명이 접수가 되어 모두 합격을 시켜 각자의 지원 목표가 달성할 수 있도록 자치 입교식을 시작으로 디자인싱킹을 통해서 구체화 활동을 하고 있는 중이다. 이번 기수는 무엇보다 코로나19로 인해 더 어려운 환경으로 오프라인 연계성과 체험의 학습으로 피드백 학습을 지원해 주기가 부족한 환경에는 틀림없다. 그러나 장학재단에서 운영하는 사회리더 멘토링 프로그램은 오늘도 멘티가 기다리고 있는 모습이 떠오른다.

12기 기본 역량강화 프로그램

참여 학생 → 기본 디자인 씽킹 → 심화 디자인 씽킹 → 체험 역량강화 → 후속 연계지원

💡 창업가의 꽃길

누구나 사회로부터 창업으로 성공하길 희망한다.

그러나 막상 창업을 하려고하면 어디서부터 어떻게 해야 하는지부터 어디로 접근해야 하는지 시작하기가 싶지 않다. 그래서 예비 창업 단계부터 창업교육을 통해서 본인이 하고 싶은 창업을 준비하는 것이 바람직하다.

우리나라 창업지원은 유별하다.

어느 나라에서도 경험할 수 없는 창업지원 제도이다. 예비, 초기 창업패키지 지원 사업 등으로 각종 뉴딜(New Deal)의 정책으로 준비된 창업이 가능하게 지원하고 있는 정책이다. 그러다보니 준비를 하는 예비, 초기 창업가들이 다양한 정책으로 도전할 수 있는 기반이 될 수 있고 제품 또는 서비스가 조기에 정착할 수 있는 고객가설이 가능한 뉴딜(New Deal)의 각종에 정책에 예산도 지원하고 있다.

이러한 창업의 환경에 창업자와 투자자의 역할은 중요한 이수가 된다.

투자자 영역의 뉴딜(New Deal)의 민간 창업성장 확장형이 가능한 정책이다. 지원하는 신 생태계로 활성화가 되고 있다 보니 정부기관에서도 지원을 아끼지 않는 뉴딜(New Deal)의 펀드 정책이 늘어나고 있는 추세이다. 특히 정부의 지원 기관보다 민간분야 기관들이 보다 나은 창업의 환경을 만들기 위한 뉴딜(New Deal)의 정책이 확장되고 엔젤, 엑셀레이터 등 민간분야 전문가 그룹의 노력이 많아지는 추세이다.

정부에서는 서로가 필요한 영역으로 양 기관이 신 생태계 육성과 협상을 통해서 성장이 가능하게 투자IR, 펀드조성 등으로 지원을 확대하고 있는 현실이다.

뉴딜(New Deal)의 벤처기업의 활동이 필요하다.

성공으로 경영한 기업으로서 투자의 기능으로 보다 나은 투자가 가능한 기업으로 투자 생태로 새롭게 지원하고, 성장을 네트워크 하는 정신이 곳곳에 있다.

필자는 벤처기업의 졸업으로 도전하는 창업가들에 성장하는 꽃길에 조금이나마 도움이 될 것 같아서 벤처기업부에서 지원하는 엔젤클럽, 조합 조성으로 창업가 시장에 민간 투자 활성화에 함께하는 있다. 그러나 넘어야하는 산이 많아서인지 창업가들의 꽃길이 그렇게 순탄하지는 않은 구조로 비 활성화되고 있는 투자 실증이다.

하지만 예전보다 더 좋은 투자유치 환경으로 한국엔젤투협회 중심으로 엔젤투자자 육성 및 엔젤투자자와 창업기업간의 네트워크 구축, 엔젤투자 저변확대, 기업성장 지원 등으로 선순환 하는 정책은 투자 기능에 격려의 힘이 된다.

특히 벤처투자 생태계 조성을 통해 고용창출과 국가 경제성장에 함께 하고 있다는 협회의 비전을 시작으로 여러 엔젤기관들이 동반성장하고 있는 현실에 엔젤투자 참여자로서 대단히 만족하는 창업의 생태계라고 자부해 본다.

한국엔젤투자협회에서 주관하는 뉴딜(New Deal)의 정책이다.

민간투자주도형(TIPS) 기술창업으로 지정기관을 통해서 수시 접수를 통해 인큐베이팅 프로그램으로 성공벤처, 엔젤 1억 이상 투자, R&D 정책지원, 글로벌지원, 운영자금, 공간 지원 등으로 민간투자 주도형이 창업가들로부터 많은 인기가 있는 프로그램이다.

그리고 주로 협회에서는 엔젤투자자 교육, 개인투자조합 지원, 창업지원 사업 연계투자, 전문 개인투자자 육성 등으로 지원을 하고 있으므로 벤처 기업에 관심이 있는 투자자는 엔젤투자자 교육이수를 시작으로 벤처 기업에 투자하면 투자금액에 따라 일부 소득공제가 가능한 정책 등으로 활용이 가능하므로 창업가나 투자자가 서로가 만족할 수 있는 창업의 생태계를 만날 수 있는 기회의 시장이다.

창업가의 꽃 투자기능은 꽃길이다.

뉴딜(New Deal)의 확장성은 창업가들이 우선 투자유치를 통해서 성장하는 기능과 여유자금이 있는 벤처기업, 개인투자자가 창업가들에 투자하는 기능이다. 그러다보니 마치 한 일생의 동반자를 만나 결혼을 하는 만큼 혼을 담아야만 창업가와 투자자의 결실이 만들어진다. 이러한 일들에 자율적으로 서로 만나서 연애결혼을 하듯이 진행이 되었으면 하나, 일부 지원기관에서 중매를 서는 형태로 진행하다보니 실제 투자대회를 통해서 투자가 일어나는 경우가 허다하게 진행되고 있는 실정이다. 가급적이면 투자자 정보 공유에 따른 창업가들의 활동이 더 유연하게 연결될 수 있고 아니면 창업가들의 정보 공유에 따른 투자자들의 활동이 스스로 문제를 해결해 나가는 방식이 다양하게 선행되었으면 한다.

일반적으로 투자유치 기능은 금융기관을 통해서 유치하는 전략도 필요하다. 그러나 신생기업들에 금융권 투자유치는 문턱이 상당이 높은 것은 어제 오늘에 일이 아니다 보니 정부가 바뀔 때마다 변동이 심화되고 있는 실증이다. 그러다보니 실제 고객검증이 부족한 상태에서 금융권 활용으로 성장하기가 싶지는 않기 때문에 민간 투자자 활성화로 일명 창업의 꽃이라고 하는 민간 투자유치는 새로운 대안이 될 수 있다.

특히 금융권이나, 민간 투자기능에서도 각 기업들이 보유한 지식재산권(IP) 거래 활성화는 창업 생태계를 한 단계 높일 수 있는 기회의 시장이다.

뉴딜(New Deal)의 지식재산권(IP) 거래 활성화는 각 연구기관, 대학 등에서 보유한 지식재산권(IP)으로 가치가 새롭게 평가되고 가치 평가에 따른 거래가 활성화 된다면 그야말로 우리나라의 창업 생태계는 어느 나라에서도 갖출 수 없는 경쟁력으로 창업을 차별적 전략으로 수립하고 창업을 촉진 시킬 수 있다. 그렇게 하기 위해서는 지식재산권(IP) 금융거래 활성화, 지식재산권(IP) 기술거래 활성화, 지식재산권(IP) 가치평가 활성화. 지식재산권(IP) 창업 활성화 등으로 성장하는 창업의 생태계가 될 것이다.

뉴딜(New Deal)의 정책은 투자기능에 능숙하게 대처하는 협상의 기술이다. 이러한 정신에 도전하고 싶은 충동이 있는 창조적인 시간이 있었으면 하는 욕심을 내어 본다.

필자도 기술거래사 자격보유자로 IP기반 중소벤처기업에서 활용할 수 있는 기술이전에 많은 열정을 두고 있다. 본 대학에서 연구하여 보유하고 있는 IP자원을 분석해서 기존 기업에 기술이전을 통해 추가 상용화 사업화 및 IP연계 금융거래가 가능하게 지원하는 제조권역에 기술거래를 늘리고 있는 실증사업을 늘리고 있다. 이러한 뉴딜의 정책은 두 기관에서 모두 만족할 수 있는 것에 많은 보람을 느끼고 있다.

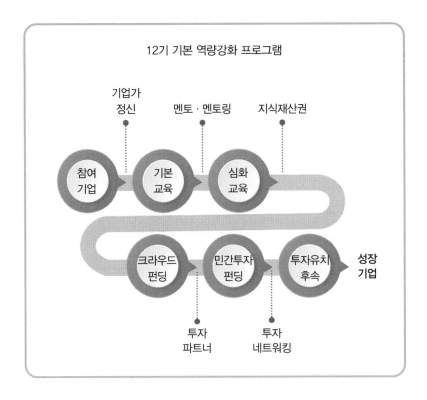

기업의 사회적 책임(CSR) 💡

창업의 생태계가 활성화가 될 필요한 시점이다.

대학에 오기 전까지 기업 활동으로 했지만, 막상 기업을 경영할 때에는 기업의 성장에 몰입하기 때문에 기업의 사회적 책임이 부족하였다. 이러한 책임의식으로 대학에서는 기업가 정신을 중심으로 사회적 책임에 많은 시간을 할애하고 있다.

사회적 책임(Corporate Social Responsibility)은 기업 활동에 영향을 받거나 영향을 주는 직간접적 이해 관계자에 대해 법적, 경제적, 윤리적 책임을 감당하는 경영 기법을 말한다고 지식백과에서는 정의하고 있다. 즉 기업의 수익 추구와는 무관하며 주로 기업의 평판 관리에 활용된다고 보는 시각이 있는 것에 주안점을 둔다. 그리고 기업의 수익 추구와는 밀접한 관련을 맺고 있고 볼 수 있다.

그렇다보니 CSR은 주로 자선, 기부, 환경보호 등으로 사회적 공헌 활동을 중심으로 증가하고 있는 추세이다.(2008년 2조 2,284억 원 기업재단 조사) 또한 기업들의 사회적 논란거리가 많은 기업일수록 CSR에 더 적극적으로 활동하는 것으로 조사가 되어있다.

앞으로 우리나라도 대기업 정책에서 중소벤처정책으로 많은 변화기 있기 때문에 선행지주가 활동 가치로 성장이 가능한 연구는 다양하게 진행되어야 한다. 왜냐하면 그만큼 사회적으로 유럽이나 미국 같은 다국적 기업이 후진국에서 활동하면서 노동과 환경 파괴 등의 문제를 해결 하려는 움직임(1990년)이 많은 성과로 도출이 되고 있기 때문이다. 이러한 활동을 우리나라도 기업의 이해 당사자들이 기업에 기대하고 요구하는 사회로부터 사회적 의무를 충족시키기 위해 노력을 해야 되기 때문이기도 하다.

이랜드(2018년)가 펼친 사회적 공헌활동 중에 주목할 만한 캠페인의 사례를 분석해보면 유사한 사례를 보면 기부 캠페인, 내 생에 첫 나눔, 러브커피 등으로 활동하면서 성과를 많이 만들 수 있는 계기가 되었다고 언론에 노출되어 있다. 이러한 기업들의 활동이 전국적으로 확산이 되어 CSR책임 경영이 된다면 그야말로 아름다운 세상을 만들어 가는데 중추 역할이 아닐까 생각을 해 본다.

또한 지속가능한 경영전략의 일환으로 CSR활동을 한 코카콜라 다국적 기업의 사례는 기업의 수익추구에도 도움이 되면서, 지역사회에도 공헌하는 일종의 윈윈전략으로 코카콜라에서 진행되었던 Bio Cooler 콜롬비아 지역에서 한 내용이다.(2014년) Bio Cooler 개발한 아이디어는 전기 없이 물이 증발 할 때 물건이 가지고 있는 열을 빼앗아 가는 기회의 원리를 이용한 기기라고 보면 된다. 이 기기는 전기가 필요 없는 냉장고를 만드는 것으로 쿨러 위에 식물에 물을 주면 뜨거운 온도 때문에 물이 기화되면서 쿨러 안에 열을 빼앗아 간다는 원리로 내부에는 냉각거울 장치가 있어 증기응축을 하면서 실내의 온도를 더 떨어뜨려 주는 시스템이다. 이처럼 적은 비용으로 문제를 해결하는 것부터 세계적인 기업이 곤란을 겪고 있는 특수한 지역에 적정기술을 적용하며 지원하는 형태로 기업다운 아름다운 CSR 책임경영을 했다고 보인다.

현재 우리나라는 벤처 인증으로 벤처기업을 경영하는 회사가 4만 개사 가까운 회사들이 왕성하게 사회에서 활동하고 있다. 이러한 사회적 활동에 CSR 책임경영이 동시에 많은 정책으로 활성화 될 수만 있다면 보다 나은 벤처 창업 생태계로 성장할 수 있을 것이다. 물론 현재 SK그룹 등으로 CSR 책임경영이 왕성하게 활동되고 있는 부분은 존경스러운 일이다.

벤처기업을 경영하면서 현재는 CSR 책임경영에 연구를 하고 있는 입장에서 본다면 벤처기업 인증 기업 후 벤처기업 경영으로 CSR 활동인증 제도 도입으로 벤처 기업들에 인센티브 제도나 벤처 기업들에 필요한 지원 정책 등으로 CSR 활동인증 제도 활성화는 어떨까 제안을 해본다.

2020년은 코로나19로 인해 유난히도 곤란한 일들이 많은 일상의 연속이다.
사회의 모든 기능들이 기능을 재대로 활동기대에 미치지 못하므로 모든 기능들이 역기능으로 선별적으로 성장이 되고 있는 것 같아 새로운 해결점으로 성장의 돌파구가 절실히 필요한 시점이다.

CSR 전략적 경영연구를 하다 보니 올해는 교수 겸직업무로 파견 교수로 강소기업과 공동 기획 · 참여로 기업의 사회적 책임(CSR) 교육콘텐츠 개발 및 자체 수익성 사업에 필요한 업무를 시작하게 되었다. 무엇보다도 기존의 벤처 성공 강소기업이 참여하는 정신과 지역 대학에서 사회적 가치 활동에 필요한 창업으로 지역의 사회를 한층 더 높일수 있는 기업가 정신 확산으로 모범사례로 만들었으면 한다. 특히 지역경제가 건강할 수 있는 사회를 위해 CSR 책임경영에 매진하고 싶은 욕심이 많이 것은 CSR 전략적 경영연구를 많아 하라는 뜻이요. 뜻이 있는 기업을 더 발굴하고 기존의 대기업 중심으로 했던 책임이 강소 벤처기업이 할 수 있는 생태계 조성이다. 그리고 다양한 기업들이뉴딜(New Deal)의 정책으로 나눔과 봉사를 시작으로 아름다운 사회로이음이 넘치는 착한 사회가 되었으면 하는 희망을 담아 본다.

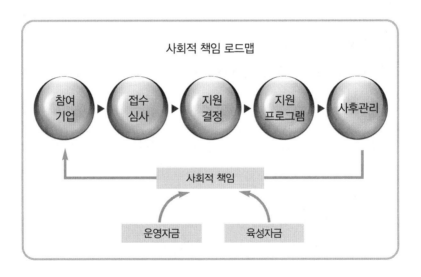

실패의 뉴딜New Deal 💡

　미국의 벤처캐피탈 전문 조사 기관인(CB insights)이 창업으로 활동하고 있는 기업대상(101개사)으로 실패하는 이유를 분석해서 발표한 자료에 의하면 1위가 시장이 원하지 않은 제품 또는 서비스를 톱으로 조사가 되었고 2위로 자금이 부족해서이다. 그 다음으로 팀원 구성 문제 순으로 나타나고 있었다. 결국은 창업자가 원하는 제품 또는 서비스로 아이템이 구상이 되다보니 실패하는 것으로 결국은 소비자가 원하는 아이템으로 출시가 가능해야 성공할 수 있다는 것이다.

　즉 기술과 시장으로 혁신이 진행된다고 하더라도 결국은 사람 중심으로 사람이 원하는 제품 또는 서비스로 변화하는 시장 속에서 소비자 니즈에 맞는 아이템이 좋다는 뜻으로 보여진다. 또한 아무리 좋은 아이템으로 진입을 하더라도 자금 부족은 신생기업으로 일명 데스밸리(Death Valley)를 극복하는 문제점을 해결할 수 없다면 결국은 자금난으로 실패할 수 있다는 것이다. 그래서 자금부족의 해결점은 투자자의 관심이 있어야하고 아이템 자체로 투자유치 중에 투자자의 관심이 떨어져 자금 조달에 실패하거나, 지나치게 빠른 성장으로 현금 흐름(Cash flow)를 예측하지 못해서 실패하는 사례도 종종 있다.

실패의 문제점으로 여러 형태가 있겠지만, 첫 머리에 있는 실패의 이유는 고객이 원하는 제품 또는 서비스를 만들지 않고 자기가 원하는 제품 또는 서비스를 실행하므로 실패를 빠르게 경험한다는 사례를 학습할 수 있다. 그래서 실패의 해결점으로 가장 선행 할 가치 활동으로 조기에 기업가 정신을 학습할 수 있는 정책을 수립하고 전문가 인프라를 구축 하는 제안으로 "실패의 산학혁신학교"가 추진되었으면 한다. 그리고 각종 기업가 정신 보유 전문가 멘토링 학습이 가능했으면 한다.

또한 실패의 뉴딜로 더 성공을 하기 위해서는 실패의 자원을 용인하고 실패의 뉴딜의 정책으로 재도전할 수 있는 예산을 늘리고 지원하는 정책이 매우 필요하다. 그래야 실패를 두렵지 않게 도전하는 창업가 정신으로 무장될 수 있는 환경이 조성되기 때문이다. 또한 실패의 나눔의 정신으로 협력할 수 있는 네트워크 시장에 우리 모두의 시장이 될 수 있게 실패의 박람회, 나눔의 정신과 뉴딜의 정책으로 성공하는 기회의 시장이 되었으면 한다.

평소 기업을 살리고, 사람을 살린다는 착한 지인이 있다. 그 지인은 재단법인 재기중소기업개발원 원장을 역임하면서 실패한 기업을 대상으로 2011년에서 19년까지 많은 실패인을 컨설팅하면서 오늘날 함안에 있는 폐교를 얻어 깔끔하게 인테리어하여 몸도 마음도 지친 재도전 기업인 본인은 물론 가족분들도 힐링이 필요한 부분을 강조하며 "재도전사관학교"개소를 하였다.
이러한 정신이 민간 영역에서 할 수 있는 것이 기업가 정신이요 더 활성화 되어야할 진정한 기업가 정신이다.
또한 4차 산업혁명 시대에 산업의 성장과 창업으로 없어지는 직업

군도 있지만 새로운 직업군으로 함께 성장하는 시대를 맞이했다. 그
래서 스타트업은 도전 없이는 실패를 경험할 수 없다. 그리고 우리는
할 수 있다.

* 실패로부터 배운 것이 있다면 이 또한 성공이다.(말콤 포브스)
* 뜨거운 열정보다 중요한 것은 지속적인 열정이다.(마크 주커버그)
* 끝을 조절하기를 처음과 같이 하면 실패하는 일이 전혀 없다.(노자)
* 실패는 누구나 할 수 있다. 실패로부터 뉴딜(New Deal)은 개인만이
  할 수 있다.(필자)

　창업, 축의 전환을 편집하면서 너무 성공할 수 있는 용기를 부여했는지 다소 걱정이 되지만 우리는 창업국가로 혁신을 했으면 했다. 그리고 누구나 도전하는 정신에도 실패를 할 수 있다.

　그 과정에서 시대적 변화와 도전하는 타이밍에 따른 실패를 줄일 수 있고 실패를 했더라도 실패를 용인하는 사회로부터 실패로부터 뉴딜(New Deal)을 할 수 있는 용기야말로 진정한 창업국가로 가는 기업의 꽃 길이다 싶은 마음이 앞서 부족하지만 조심스럽게 책을 내어본다.

　고맙습니다.

저자 올림
(sam moon@deu.dc.kr)